Michael Broadbent

WEINE

prüfen · kennen
genießen

Deutsche Bearbeitung:
Hanspeter Reichmuth

Hallwag Verlag Bern und Stuttgart

Die drei ersten Auflagen dieses Buches erschienen unter dem gleichen Titel im Raeber Verlag, Luzern, in Zusammenarbeit mit Christie's Wine Publications, London.

Lektorat: Urs Aregger
Umschlag und Gestaltung: Robert Buchmüller

4., aktualisierte und vollständig durchgesehene Auflage, 1992

7. Auflage, 1996

Satz und Druck: Hallwag AG Bern

ISBN 3-444-10394-8

Hallwag

Inhalt

Anstelle eines Vorwortes

Der dem Wein die Sprache gab

Die Geschichte dieses Buches und seiner weltweiten Verbreitung ist auf das engste verbunden mit der Geschichte der in den sechziger Jahren einsetzenden und noch immer anhaltenden Breitenentwicklung des guten Weines. Ein Naturerzeugnis, über das zuvor wenige sich wohl zu unterhalten wußten, wurde mit wachsendem Wohlstand von einer rasch steigenden Zahl von Menschen erworben und geschätzt. Michael Broadbent, aus dem Weinhandel kommend und seit 1966 Direktor des Weindepartementes im Auktionshaus Christie's, London, erkannte als einer der ersten die Notwendigkeit, die technischen Ausdrücke den Önologen und die Schönfärbereien den Scharlatanen zu überlassen und dafür eine allgemeinverständliche Veranschaulichung von Wein in Wort und Bild zu suchen. Sinneseindrücke benennen zu können ist geschmacksbildend, fördert das lehrreiche Vergleichen, führt zu begründeten Ansprüchen an den Erzeuger und trägt dadurch wesentlich bei zur Erhaltung der Vielfalt und Qualität auf hohem Niveau. Es kann nicht deutlich genug gesagt werden, daß der Bereich des Weines nicht zuletzt dank diesem Bollwerk des Wissens der Bemächtigung durch Großfirmen und der daraus resultierenden Vereinheitlichung entgangen ist. Ja, er konnte sich zu einer Hochblüte entwickeln, dank der heute ungezählte individuelle Geschmackswünsche befriedigt werden können.

Als ich Mitte der siebziger Jahre, damals gerade zehn Jahre im familieneigenen Qualitätsweinhandel tätig, mich an die Bearbeitung des englischen Originals *Wine Tasting* machte, stand das gleiche Motiv zu Gevatter: unseren Kunden Weinwissen in einer verständlichen Sprache weiterzugeben. Das gleiche Anliegen hatte fünf Jahre zuvor zur Gründung des *Cercle Européen Hommage* *au Vin* geführt, dessen Mitglieder meine deutsche Fassung mit ihrer großen Erfahrung im Umgang mit Wein ergänzten und präzisierten, um dadurch auch Gültigkeit für ihre Länder zu schaffen: Für Deutschland war es Hermann Segnitz, Bremen, für Österreich Bruno Gottardi, Innsbruck, und in der Schweiz stand mir mein Bruder Rolf Reichmuth, Zürich, zur Seite. Das Kapitel VI über die Wege der Sinnesempfindungen ist damals vom Rhinologen Fritz Langgraf vollständig neu gefaßt worden. Alle haben sie in dankenswerter Weise dazu beigetragen, daß Broadbents Handbuch im deutschen Sprachraum so großen Anklang gefunden hat und neben Hugh Johnsons Weinatlas* zu einem unentbehrlichen Klassiker geworden ist.

Bevor ich nun eine vergnügliche Lektüre wünsche, noch eine Anmerkung: Im Grunde genommen kann natürlich kein Buch sagen, wie Wein riechen und schmecken soll, und seien die darin verwendeten Wörter noch so sehr von Sensibilität und Erfahrung getragen. Wenn es eines aber tun könnte, dann am ehesten wohl dieses: Sein Verfasser schreibt nicht bloß aus reichem Wissen, vielmehr gelingt es ihm, den Wein zu sich sprechen zu lassen. Er besorgt dann, wie Broadbent selbst schreibt, nur noch die Übersetzung.

Mir scheint, daß in dieser Interpretation die Besonderheit des vorliegenden Buches und vielleicht auch der Grund für seinen Erfolg liegt, ist es doch eine Haltung, die einzunehmen jedem von uns möglich ist. Sie läßt entdecken, wie guter Wein sich tatsächlich mitteilt und wie gelöst und heiter man sich um diesen Freund dann bemühen wird.

Schwyz, im Sommer 1992 *Hanspeter Reichmuth*

* *Der Große Weinatlas*, Hallwag Verlag Bern und Stuttgart, 24. Auflage, 1992, 333. bis 352. Tausend. Erste deutsche Ausgabe: 1972.

Einführung

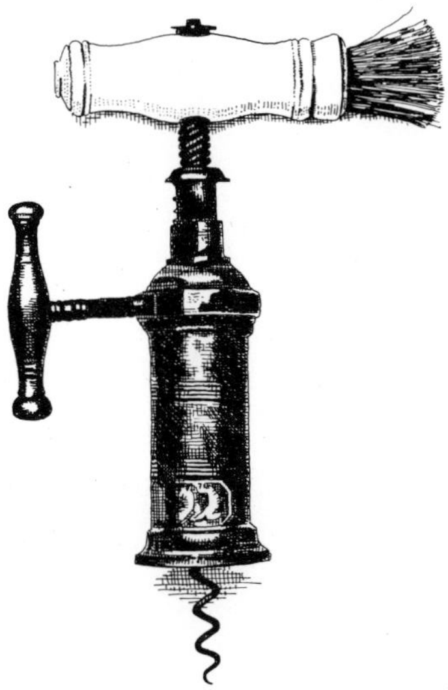

Die Kunst des Verkostens ist die Grundlage
der Kunst des Trinkens.

Emile Peynaud,
«Le goût du vin», 1980.

Von den 35 Auflagen, die von diesem Handbuch seit 1968 publiziert worden sind, erschienen 17 in englischer Sprache. Doch ist die vorliegende Edition nicht bloß alter Wein in neuen Schläuchen. Grundsätzliches über die Annäherung an ein Gewächs, wie es anzusprechen und zu ergründen ist, blieb zwar bestehen, und nur gerade seine Darstellungsform paßte sich kontinuierlich meinem wachsenden Erfahrungsschatz im Umgang mit Wein und Menschen an. Erweitert aber wurde sie durch ein Kapitel über den Weineinkauf sowie mit konzisen Ratschlägen über die Aufbewahrung und das Kredenzen.

Einige Leser mögen sich fragen, ob über das Dekantieren noch irgend etwas Neues gesagt werden kann und ob Empfehlungen zum Korkenziehen, eine gelegentlich kritische und auch trickreiche Operation, nicht als etwas schulmeisterlich zu werten sind. Doch sind es just diese Fragen, die mir immer und immer wieder gestellt werden, so daß meine Anmerkungen da und dort vielleicht doch noch eine Lücke schließen können.

Ich war kürzlich Zeuge, wie die US-Filiale eines renommierten Burgunderhauses anläßlich einer 200 Dollar Eintritt kostenden «Weinprobe im Smoking» unbewußt eine fast perfekte Demonstration darüber gab, wie man *nicht* dekantiert. Und, um ehrlich zu sein, ich bin mir nicht so sicher, ob meine eigene Lehrzeit schon ganz abgeschlossen ist. So meine ich, daß eine helfende Hand eigentlich nicht ganz fehl am Platz sein kann.

Und weil dieses Handbuch praktisch und nützlich sein will, ist es auch ein Kellerbuch. Dazu gehört ein Kapitel über die Lagerung von Flaschenweinen, das auf vielfältiger Erfahrung beruht. Was ich als Auktionator von feinen und seltenen Gewächsen bei einem Angebot zuvorderst prüfe, sind die Bedingungen, unter denen ein Wein aufbewahrt worden war, denn sein Zustand, seine Verkäuflichkeit und seine Trinkbarkeit hängen davon ab. Und die Art und Weise, wie Flaschen im Privathaushalt aus dem Keller heraufgeholt oder im Ladengeschäft vom klimatisierten Regal herunter- und nach Hause genommen werden, verdienen ebenfalls ein paar Gedanken. Nicht, daß achtsames Behandeln den Wein verbessern würde; unachtsames kann den Genuß jedoch erheblich mindern.

Die Möglichkeiten zum Weineinkauf sind in ihrer heutigen Vielfalt für den privaten Weinliebhaber kaum mehr überblickbar. Ja selbst ein Lexikon, in welchem sämtliche Namen, Qualitäten und Geschmacksrichtungen verzeichnet wären, würde nur Verwirrung stiften und zudem sehr rasch an Aktualität verlieren. Im 18. Kapitel habe ich versucht, einen Überblick zu schaffen. Dabei rede ich nicht davon, welche Provenienz in welchem Laden zu welchem Preis verfügbar ist. Doch scheue ich mich auch nicht, meine bevorzugten Gewächse zu bezeichnen oder – weil ich häufig darüber befragt werde – zu begründen, was ich momentan zu Hause mit meiner Familie trinke. Die Darstellung der Angebotsmärkte möchte den Leser deren Vor- und Nachteile selbst abwägen lassen. Beim Nachdenken über dieses Thema fällt mir heute auf, daß nie zuvor im Laufe der Geschichte dem Weinfreund eine derart breite Palette von Typen und Qualitäten aus so vielen Anbaugebieten der Welt zur Verfügung stand. Wenn dies vielleicht auch nicht als das goldene Zeitalter des Wein-Erzeugens bezeichnet werden kann, wie ein renommierter Önologe meinte, so ist es unzweifelhaft das goldene Zeitalter der Verteilung und Verfügbarkeit.

Wenn ich nochmals zurückblicken darf auf das Saatgut, aus dem dieses Buch erwuchs – oder vielleicht sollte ich eher von Pfropfreisig sprechen –, dann sehe ich meine Anleitung «Notizen über die Technik des Degustierens» vor mir, die ich 1962 für die Firma Harvey's of Bristol als internes Ausbildungsinstrument verfaßte. Kurz darauf wurde sie in Serienform von einem monatlich erscheinenden Weinmagazin veröffentlicht. Als ausgewachsenes Buch kam sie 1968 unter dem Titel «Wine Tasting» in den Handel. Trotz der Bedeutung des Themas für unsere Branche war es das erste Traktat über das Prüfen von Wein, das in englischer Sprache geschrieben worden war. Jede der folgenden englischen Auflagen habe ich meiner wachsenden Erfahrung gemäß zu erweitern und zu verdeutlichen versucht. Dabei kamen mir die eindringlichen Fragen der Übersetzer in acht andere Sprachen zugute und in vermehrtem Maße noch der Wissensdurst von Weinlehrlingen und bewanderten Amateuren während der 30 Jahre meiner Lehrtätigkeit. Das alte Sprichwort redet von «jenen, die's nicht können, lehren». Dem möchte ich beifügen: «Und jene, die lehren, lernen.»

Es ist üblich und höflich, den Dank jenen Menschen gegenüber auszudrücken, die bei der Erarbeitung dieses Werkes und bei meiner Karriere mitgeholfen haben. Um mit letzterem zu beginnen: Ich war ein Spätzünder. Im Alter von 25 Jahren erst kam ich zum Weinhandel, ohne Erfahrung, ohne Verbindungen. So hatte ich schnell zu lernen, und weil dieses Gelingen immer auch vom Lehrer abhängt, komme ich nicht umhin, die Vorsehung zu preisen, die mich mit meinen ersten Förderern und Vorgesetzten zusammenbrachte: Tommy Layton, der mich kosten lehrte; Sir Guy Fison, der Einkäufer von Saccone & Speed's und spätere Kollege in Komitees, die sich mit der Ausbildung des Nachwuchses befaßten; und bei Harvey's war es der damals schon legendäre Harry Waugh, heute ein lebhafter Achtziger – was für eine herrliche Werbung für den guten Wein! Dankbar bin ich auch jenen, vor allem Weinfirmen, die mich all die Jahre hindurch zu ihren Proben luden, und vielleicht mehr noch der (vor allem amerikanischen) Großzügigkeit, dank der ich an Proben von unvergleichlicher Qualität und Auswahl teilnehmen durfte, wobei – ich darf es gestehen – mein Teil redlich verdient war, hatte ich sie doch stets zu präsidieren oder zu kommentieren. Ihre Namen sind auf Seite 375 dieses Buches aufgeführt.

Aber noch einmal: Am meisten habe ich von jenen gelernt, die ich lehrte und heute noch unterweise. Für mich ist jede Degustation eine Offenbarung. Und den Teilnehmern versuche ich zu erklären, daß es eigentlich der Wein ist, der redet. Ich besorge bloß die Übersetzung. So hoffe ich, daß dieses Buch den Anfänger dazu befähigen wird, in ein freundschaftliches Verhältnis zum guten Wein zu kommen, indem er lernt, wie man ihn behandelt, wie man ihm sich nähert und auf was dabei zu achten ist. Dem erfahrenen Weinkenner und Fachmann erlaubt es vielleicht, sein Steckenpferd auf eine neue Art zu betrachten und besonders auch etwas über Sprachgebrauch und Weinkultur nachzudenken.

Was das Buch selbst betrifft, so war es Kathleen Bourke, die Besitzerin und Herausgeberin des Magazins Wine, die mich ursprünglich dazu anspornte, einen Druck herauszugeben. Später wurde ich mein eigener Verleger, und mit dem Anwachsen der Zahl meiner Publikationen legte ich ihr Schicksal in die Hände von Fachleuten. So habe ich beim Verlag

Mitchell Beazley dem damaligen Herausgeber, Chris Foulkes, zu danken, der ob meiner Gemütsruhe angesichts allerletzter Termine an Gewicht und Haaren verlor. Wessen Idee es war, eine Kellerbuch-Registratur und Degustationsblätter einzubinden, weiß ich nicht mehr. Die erstere ist von praktischem Wert, die letztere mag den zusätzlichen Gewinn haben, den Leser dazu anzuregen, seinen Wortschatz aufzufrischen oder gar zur Beschreibung der Prüfmethoden zurückzublättern. Vielleicht bringen sie ihn gar in Versuchung, den Text vom Anfang bis zum Ende durchzulesen. Ich hoffe es.

London, im Herbst 1991 *Michael Broadbent*

I
Die Annäherung

Sémillon

Wenn ich von mir in der Einzahl schreibe und spreche,
dann ist das wie eine Plauderei mit dem Leser;
er kann prüfen, erörtern, zweifeln und sogar lachen.
Wenn ich mich aber mit dem furchteinflößenden *wir* wappne,
dann lehre ich, und es heißt sich beugen.

Brillat-Savarin,
«Physiologie des Geschmacks», 1825.

Grundsatz

Es ist nicht notwendig, alles über den Verbrennungsmotor zu wissen, um ein Auto fahren zu können. Anderseits ist es allgemein bekannt, daß Fahrlektionen unumgänglich sind und schließlich Übung den Meister macht. Ebenso sind Kenntnisse über Rebpflege und Kellerwirtschaft nicht Voraussetzung für den Weingenuß, obwohl das Verständnis für einige grundsätzliche Gegebenheiten, etwas Erfahrung und ein einigermaßen wahrnehmungsfähiger Gaumen wesentlich dazu beitragen, den Wein als etwas mehr als bloß ein gewöhnliches Getränk schätzen zu lernen.

Wahrnehmungsfähigkeit

Wer Speisen wirklich schmecken kann, der kann auch Wein degustieren. Allgemein gesprochen: was gut riecht und schmeckt, ist gut; was sonderbar riecht oder einen widerlichen Geschmack aufweist, ist schlecht. Meiner Erfahrung nach liegt hier der Grund dafür, daß die meisten Menschen zur Erstellung einer treffenden Rangordnung von verschiedenen Weinen fähig sind – einfach deswegen, weil dieser oder jener besser riecht und schmeckt als der andere. Dieses spontane sinnliche Urteil legt in angemessener Weise die relative Qualität eines fraglichen Weines fest. Qualität jedoch zu *begründen,* dazu reicht Spontaneität allein nicht aus. Das will gelernt sein. Immerhin gibt es Ausnahmen von der Regel: Ein überreifer Wein kann – wie ein überreifer Käse – einen Fäulniston in Geruch wie Geschmack aufweisen. Uneingeweihte mögen das als wenig verführerisch, ja gar als abstoßend empfinden, Kenner dagegen können nicht genug davon schwärmen. So ist alles eine Frage des Geschmackes und der Erfahrung. Und Erfahrung aneignen – es ist eine Binsenwahrheit – braucht Zeit. Gekauft werden kann sie nicht.

Grundlagen

Wie viele Bücher, Artikel und Vorträge über Wein handeln vom Geschmack und davon, wie die durch ihn ausgelösten Empfindungen umschrieben werden können und was sie bedeuten? Im Laufe von Jahren unersättlichen Lesens bis zu jener Zeit, da ich die erste Fassung zu diesem Buch schrieb, begegnete mir nicht ein einziges Werk und kaum ein Kapitel über das Thema «Geschmack», das doch als grundlegend zu betrachten ist. Damit sei nicht gesagt, daß Basisinformationen über Regionen, Bodenbeschaffenheit, Rebsorten, Kellermethoden und Produzenten nicht interessant oder wertvoll wären. Soweit sie Farbe, Geruch und Geschmack beeinflussen, haben sie auch Eingang in dieses Buch gefunden. Immerhin, in den letzten Jahren sind einige mehr oder weniger geglückte Versuche unternommen worden, über dieses Thema zu publizieren, und besonders die Franzosen haben etwas Terrain wettgemacht, wie die Liste in der Bibliographie bezeugt. Gewiß ist es überaus schwierig, sachlich zu bleiben, denn der Geschmack ist subjektiv, die Sprache für eine adäquate Beschreibung von Weingerüchen und Geschmacksnoten noch immer schlecht definiert und weit entfernt von universaler Gültigkeit.

Was hilfreich sein kann, ist die Annäherung an den musikalischen Ausdruck. Die Probleme ähneln sich in mancher Weise, denn sowohl Musik wie auch Wein sprechen die Sinne an – im ersten Fall durch das Gehör, im andern durch Geschmack und Geruch. Beide Eindrücke sind flüchtig, weder Schall- noch Geruchwellen können festgehalten werden. Anderseits trifft Wein wie Musik oft auf Hochschätzung, ja auf Liebe, selbst bei Menschen, die nicht viel darüber wissen oder kein tieferes Interesse dafür aufbringen können. Um jedoch auf die Höhe eines echten Verstehens zu gelangen und dies andern mitteilen zu können, ist etwas mehr verlangt als Gefühl.

Die erste Stufe der Annäherung an Wein liegt also im Bewußtsein dieser Sachlage, die zweite im Erwerb von detaillierten Kenntnissen davon, was hinter Farbe, Geruch und Geschmack steckt, und die dritte im Sammeln von möglichst viel praktischer Erfahrung.

Übung und Gedächtnis

Obwohl Wein durchaus mit Freude getrunken werden kann ohne das heute nicht unweit verbreitete Brimborium, muß eine vernünftige Beurteilung von hochklassigen Gewächsen auf Wissen gründen, das nur durch jene Art von Degustationspraxis erreicht werden kann, welche ein «Wein-Gedächtnis» entwickelt – ein Gedächtnis, welches die wichtigen Anhaltspunkte, die Normen und die Ausnahmen von den Regeln kennt und aufbewahrt.

Zweifellos sind einige Menschen mit einem feiner empfindenden Gaumen ausgestattet als andere. Das allein jedoch ist weniger bedeutsam als ein normaler, gut trainierter Gaumen. Der gute Degustator, der wirkliche Weinkenner also, zeichnet sich aus durch verfeinerte Sinnesempfindungen *und* ein wohlfunktionierendes Gedächtnis. Sehr gut in diesem Bereich aber wird nur, wer sein Erinnerungsvermögen stetig ausweitet. Darum ist es ratsam, sich Notizen zu machen.

Gesunder Menschenverstand

Eine Weinprobe macht nur dann Sinn, wenn diese zwei Aspekte berücksichtigt sind: Verwenden Sie Zeit und Mühe nur auf Weine, die besonderer Aufmerksamkeit wert sind. Reden Sie darüber nur mit Menschen, denen diese Sachlage auch bewußt ist.

II
Warum degustieren?

Pinot Noir

Dies ist die einzige Art, Wein zu genießen:
wenn ein paar kundige und begeisterungsfähige Freunde
zusammenkommen und sich frei fühlen,
in unverhülltem Entzücken zu schwelgen . . .

T. G. Shaw,
«Wine, the Vine and the Cellar», 1863.

Wein ist ein Getränk von großer landwirtschaftlicher und kommerzieller Bedeutung. Jeder Tropfen der jährlich produzierten Millionen von Hektolitern hat nur ein Ziel: konsumiert zu werden. Indem er Lippen netzt, über Zungen fließt und den Hals hinunterrinnt, wird er gekostet, ob hinterher nun ein gewissenhafter Kommentar oder ein persönliches Urteil abgegeben wird oder nicht. Allerdings: Der Begriff «Degustieren», angewendet auf Wein, ist zu verstehen als beabsichtigter, bewußter und subjektiver Akt mit dem Ziel, die Qualitäten eines bestimmten Weines zu beurteilen. Die Verdeutschung des französischen Wortes *dégustation* hat sich in unserem Sprachraum so sehr eingebürgert, daß ich es hier in diesem allgemein anerkannten Sinn verwende und es dem etwas pedantischeren und akademisch klingenden Terminus «organoleptische Sinnesprüfung» vorziehe.

Zwang zum Degustieren?

Müssen *alle* Weine auf diese Weise geprüft werden? Die Frage ist deutlich zu verneinen. Denn von den oben erwähnten Millionen von Hektolitern gehört der weitaus größte Teil zur gewöhnlichen Getränkekategorie namens Wein, produziert, um als gefälliger Begleiter zu einem Essen oder einfach als erfrischendes und bekömmliches Getränk zu dienen. Diese Art von Wein erhebt nicht Anspruch auf Würdigung und wird weder zum Ausgangs- noch zum Mittelpunkt eines geistvollen Gespräches. (In diesem Zusammenhang ist unerheblich, ob Weinkonsum freundlichere Mienen und gelöste Zungen zur Folge hat. Gewöhnlicher Wein ist gut fürs Gespräch, aber nicht über ihn selbst.)

Bevor wir nun den Sektor der einfachen und ehrlichen (wie zu hoffen ist) Tischweine verlassen, noch ein Wort zur Massenproduktion.

Önologie, Handel und Mittelmass

Dank neuen Pestiziden, neuen Methoden zur Kontrolle des Gärverlaufes und anderen Erkenntnissen wird auch in der Weinwirtschaft kaum mehr etwas dem Zufall überlassen. Erstklassige Jahrgänge können zwar nicht und werden nie künstlich produziert werden können. Schwache Jahrgänge dagegen fallen heutzutage weniger schwach aus als früher.

Das ist sicherlich positiv zu werten, doch hat auch diese Medaille ihre Kehrseite. Önologen dürfen sich zu Recht einer Verbesserung des durchschnittlichen Qualitätsniveaus rühmen, doch sind sie mitverantwortlich für den Verlust an Charakter und Individualität von Hochgewächsen in gewissen klassischen Weinregionen. Und je höher die Produktion von ordentlichen und soliden Weinen, desto mehr muß auch verkauft werden. Massenmärkte aber entwickeln eigene Gesetzmäßigkeiten, wie beispielsweise die Forderung nach stets steigenden Umsatzzahlen oder nach einer Verteidigung der Marktanteile *à tout prix*. Ihnen kann nur entsprochen werden, wenn möglichst problemlose, d. h. allgemein gefällige Weintypen fabriziert werden.

Ob wir es wollen oder nicht: Wir leben in einer Welt, in der Leitbilder erdacht und einer Massenzivilisation als leichte Beute vorgeworfen werden. Es ist kein Zufall, daß *leicht* und *mild* heutzutage Geschmacksmaßstäbe sind, die auf beinahe alle Konsumartikel Anwendung finden (*mild flavoured cornflakes*, leichte Whiskies, leichte Zigaretten usw.). Unglücklicherweise fördern kommerzielle Überlegungen diese Richtung ganz entschieden. Geschmackliche Eigenheiten und Extraktstoffe werden oftmals aus dem Rohprodukt extrahiert, so daß dem Konsumenten keine Möglichkeit mehr zu einer positiven, für das Produkt charakteristischen Geschmackswahrnehmung bleibt. Extraktion führt zum gleichen Resultat wie Mischen, denn oft wird zuwenig bedacht, daß das Zusammenbringen von individuellen Geschmacksnoten eine ähnliche Wirkung hat wie das Mischen von Farben: Je mehr man mixt, desto grauer, unpersönlicher wird das Resultat. Massenweine müssen vermischt werden. Sie gehen also ihrer Individualität verlustig, ein «grauer», ein neutraler Wein entsteht. Neutrale Weine aber fordern nicht heraus, weder in positivem noch in negativem Sinne. Sie werden deshalb der Mehrheit zumindest nicht mißfallen – womit der Verkaufserfolg vorprogrammiert ist. In diesem Zusammenhang kann nicht eindringlich genug empfohlen werden, das kritische Degustieren am Leben zu erhalten, es auszufeilen und auch zu versuchen, das Interesse hiefür zu wecken. Denn nur jene, die sich nicht scheuen, wohlbegründet persönliche Ansprüche an ein Produkt zu stellen, helfen mit bei der Eindämmung des Massenhaften. Ansprüche stellen aber kann nur, wer etwas weiß, wer sich also nichts weismachen läßt von hochglänzenden Überredungskünstlern und wer auch sieht, daß bei weitem nicht jeder technische Fortschritt zu erhöhter Lebensqualität führt.

Es wäre bedauerlich, wenn das sich in seinem Unterscheidungsvermögen eher zurückbildende Sensorium des Zivilisationsmenschen noch weiter verkümmern würde und mit ihm – darüber besteht kein Zweifel – das Empfinden von Lebensfreude.

Gründe zur Degustation

Nach dieser Feststellung gehen wir den Gelegenheiten nach, bei denen Wein degustiert wird. Hierbei ist wichtig zu wissen, daß Wein sein ganzes Leben hindurch an verschiedenen Orten von verschiedenen Leuten und für einen ganzen Strauß von praktischen Gründen verkostet wird. Hier sind die wichtigsten:

□ Im Produzentenkeller *(chai, quinta, cantina* – oder was für ein lokaler Name auch immer gegeben ist) amten Besitzer und Kellermeister – oft beide zusammen – als Geburtshelfer. Sie kosten von jenem Moment an, wo der Most sich in Wein verwandelt hat, bis zu seinem Verkauf; sie beobachten die Lebens- und Umweltbedingungen, sein Gleichgewicht, seine Entwicklung.

□ Der Vermittler *(courtier)* und der Händler kosten während dieser Periode ebenfalls, ohne bereits schon an einen Kauf zu denken. Für den Laien kann die Prüfung des Weines ab Faß – so romantisch das auch scheinen mag – eine herbe Enttäuschung sein. Wenige Dinge können dermaßen rauh und ungefällig sein wie ein Mundvoll neuen violettroten Weines. Es empfiehlt sich, ihn in diesem Stadium den Fachleuten zu überlassen.

□ Musterflaschen müssen einer offiziellen Kommission zur Verfügung gestellt werden, damit die bemusterte Partie ihre Handelsfähigkeit zugesprochen erhält. So veröffentlichte beispielsweise die französische Regierung im Jahre 1974 neue gesetzliche Bestimmungen, wonach alle Weine einer Analyse *und Degustation* unterworfen werden müssen, um die Appellation contrôlée *bestätigt* zu erhalten.[1] Die besseren deutschen Gewächse unterliegen ebenfalls einer offiziellen Verkostung, bevor ihnen ein Gütesiegel zuerkannt wird.

□ Im Keller der Weingroßhändler am Ort *(négociant, shipper)* wird der ausgewählte Wein im Faß weitergepflegt bis zu jenem Zeitpunkt, wo er entweder weiterverkauft oder in Flaschen abgefüllt werden kann. Während dieser Periode prüfen ihn Einkäufer im Hinblick auf Eigenart, Entwicklungsmöglichkeiten und Preis.

□ Degustationswettbewerbe an Weinausstellungen: Sie sind ziemlich weit verbreitet in weinproduzierenden Ländern, so besonders in Kalifornien und Australien. Als Verkaufsinstrument gewinnen sie aber auch in Europa zunehmend an Boden.

□ Nach dem Faßtransport[2] zum Import-Weinhandel ruht der Wein in dessen Keller bis zur Flaschenreife. Die Degustatoren dieser Firma – und der Analytiker, sofern ein Laboratorium vorhanden – prüfen ihn kurz vor der Flaschenfüllung. Im Anschluß daran ist die Überprüfung Sache einer mehr oder weniger intensiven Qualitätskontrolle, welche sich in unterschiedlichen Zeitabständen über die Weiterentwicklung bis zum Verkauf und darüber hinaus erstreckt.

□ Als nächstes sind die vom Handel organisierten Weinproben zu nennen, an denen andere Händler, Wiederverkäufer oder institutionelle Käufer Weine aussuchen. Solche großangelegten Vergleichsdegustationen machen nicht selten Schlagzeilen, wenn sie in einem kerzenbeleuchteten, geräumigen Keller durchgeführt werden. Ruhiger und wohl auch etwas seriöser laufen sie in beinahe klinisch anmutenden Degustationsräumen ab.

□ Weitere Kostproben werden organisiert von Wein-Schulen, Wein-Clubs usw., zumeist in kleinerem Rahmen.

□ Und schließlich ist der Weinliebhaber zu erwähnen, der eine kleine oder größere Önothek aufgebaut hat und die Entwicklung seiner Bouteillen degustativ verfolgen will oder auswählt für einen lieben Gast oder ein bestimmtes Gericht. Auch er wird vor dem Servieren kosten, um sicherzugehen, daß sich der Wein in guter Verfassung und in angenehmer Temperatur befindet.

Zusammenhänge

Durch alle zitierten Instanzen hindurch prüfen Degustatoren den Wein in einem andern Zusammenhang und unter einer besondern Optik:

der Produzent mit einem väterlichen Auge, der Händler mit einem Blick auf den Preis und die Absatzchancen. Der Önologe kontrolliert die Stabilität und den Allgemeinzustand, der Wiederverkäufer achtet auf eine attraktive Relation von Qualität, Preis und Aufmachung, und der Konsument urteilt mit Gaumen, Geldbeutel und dem, was ihm dieser Kauf in Zukunft an genießerischem, sozialem – und eventuell gar finanziellem – Gewinn einbringen wird.

Die Aussagekraft einer Verkostung steigt, allgemein gesprochen, proportional mit der Anzahl der präsentierten Weine. Selbst bei einem privaten Diner kommt ein großes Gewächs besser zur Geltung, wenn zuvor ein anderes von geringerer Güte, aber von verwandtem Charakter kredenzt worden ist.

Einschränkend ist allerdings zu bemerken, daß jede Kategorie von Degustatoren sich auf gewisse Aspekte konzentriert, woraus die Gefahr erwächst, ein einseitiger und vielleicht auch etwas langweiliger Spezialist zu werden. Dem entgeht eigentlich nur der sich berufsmäßig mit allen Provenienzen befassende Weinfachmann, obwohl auch er der Verflachung durch Routine erliegen kann.

[1] Die wichtigsten Vorschriften des neuen Dekretes 74–871 sind folgende:
Artikel 1: «Weine, für welche eine AOC beansprucht wird, können nicht in Umlauf gesetzt werden ohne ein ‹Certificat d'agrément›, ausgestellt vom *Institut National des Appellations d'Origine des Vins et Eaux-de-Vie* (INAO), basierend auf einer Prüfung gemäß den Bestimmungen in Artikel II des EWG-Gesetzes Nr. 817/70 des Europäischen Rates vom 28. April 1970.»
Artikel 2: «Die Prüfung wird durch das INAO oder lokale Arbeitsgruppen (zusammengesetzt aus Courtiers, Händlern und Winzern) organisiert und besteht aus Analyse und Degustation, wobei letztere nach offiziell genau festgelegten Richtlinien durch eine Spezialkommission ausgeführt wird.»
[2] Der Transport im Faß nimmt in Europa ab, weil immer mehr Produzenten dazu übergehen, den Wein entweder im Rebgut oder in einem Handelshaus im Produktionsgebiet auf die Flasche zu ziehen. In den USA ist der Faßtransport verboten.

III
Über den Zeitpunkt einer Weinprobe

Blauer Portugieser

Die Geschmacksempfindung ist ein chemischer Vorgang
auf nassem Weg, wie wir früher sagten,
das heißt, daß die schmackhaften Moleküle
in irgendeiner Flüssigkeit aufgelöst werden müssen,
um dann von den Nervenbündeln, Geschmacksknospen
oder Sauggefäßen, die das Innere des Schmeckapparates
ausfüllen, absorbiert zu werden.

Brillat-Savarin,
«Physiologie des Geschmacks», 1825.

Die morgendliche Frische

Die beste Zeit für eine konstruktive und schöpferische Tätigkeit ist jene, in welcher der geistige und physische Zustand am frischesten ist. Für die meisten Menschen – ob sie es nun mögen oder nicht – ist das der Morgen. Man sagt, daß der Gaumen zu dieser Tageszeit Sinneseindrücke am deutlichsten empfängt, weil seine Aufnahmebereitschaft durch hungrige Erwartungen geschärft ist. Das unterstreicht den Vorteil einer vormittäglichen Weinprobe.

Tatsächlich beginnt die Mehrheit der professionellen Degustationen etwa morgens um zehn Uhr, was ein ruhiges, konzentriertes Prüfen ermöglicht. Verkostungen, zu welchen Handel oder Private eingeladen sind, beginnen um elf Uhr und enden mit einem kalten Buffet oder einem leichten Lunch, bei dem ausgewählte Weine zu entsprechenden Speisen vorgestellt werden. (In diesem Zusammenhang darf festgehalten werden, daß die Weine sich um so deutlicher zeigen, je einfacher die Mahlzeit ist; die Ablenkung durch intensive Geschmacksnoten der Speisen ist geringer. Kaltes Roastbeef und milder Käse beispielsweise eignen sich als unaufdringliche Begleiter zu französischen Rotweinen.)

Abendveranstaltungen

Frühabendliche Proben sind ebenfalls verbreitet. Sie werden normalerweise zwischen 18 und 20 Uhr durchgeführt, um dem Interessenten eine Teilnahme zu ermöglichen, ohne daß er seinen Arbeitstag unterbrechen muß. Von derselben Seriosität wie bei einer Morgendegustation kann hier nicht gesprochen werden, da die Teilnehmer von ihrem Tagewerk müde sind und eigentlich eher ein leichtes Erfrischungsgetränk benötigen als eines, zu dessen Beurteilung volle Konzentration aufzubringen ist. Vorteilhaft ist es, wenn Berufstätige die Möglichkeit haben, sich vor der abendlichen Degustation zu Hause etwas zu erholen und sich umzuziehen. Es liegt allerdings in der Natur der Dinge, diesen Unterbruch als solchen zwischen Arbeit und Vergnügen anzusehen, was die Teilnehmer eher zur Erwartung eines lustigen, gesellschaftlichen Ereignisses verführt. Der gastgebende Weinhändler, der auf diese Weise seine Weine verkaufen will, möge sich daran nicht stoßen, solange die

Gäste seine Veranstaltung in so gutem Zustand verlassen, daß sie sich zumindest positiv an seinen Firmennamen erinnern! Degustationen, organisiert von gastronomischen Vereinigungen oder Zirkeln von Weinfreunden, finden ebenfalls abends statt. Hier ist der Grad der Aufmerksamkeit und Konzentration oft bemerkenswert hoch.

Was zu beachten ist

Bevor wir nun zum eigentlichen und seriösen Degustieren übergehen, ist eine Anzahl von Regeln zu erwähnen. Nicht alle haben die gleiche Bedeutung für Fachleute und Amateure. Einige müssen, andere dürfen befolgt werden, und die Erwähnung von zwei, drei Punkten mag gar überflüssig erscheinen. Ohne Anspruch auf eine Rangfolge sind dies:
Rauchverbot. Rauchen in einem Degustationsraum wird nicht nur als Ergebnis schlechter Erziehung betrachtet und als Beleidigung empfunden, sondern verringert das Beurteilungsvermögen der Weinprüfer in erheblichem Maß – besonders das der Nichtraucher. Das Heraustüfteln von Geruchsnuancen ist schon schwierig genug, ohne daß es durch die Nasenöffnungen angreifende Rauchschwaden noch zusätzlich erschwert werden soll. Wer das anzweifelt, möge einmal Rauch in ein halbgefülltes Weinglas blasen und hernach das «Bouquet» riechen.

Gleichzeitig sei aber auch präzisiert, daß das Rauchverbot nicht gleichzusetzen ist mit einem generellen Rauchverbot für den Weinprüfer selbst. Es ist bisher nicht erwiesen (und die Wahrscheinlichkeit, daß dieser Beweis jemals erbracht werden kann, ist äußerst gering), daß die Urteilsfähigkeit eines Rauchers weniger gut sein soll als jene eines Nichtrauchers. Der Gaumen scheint den regelmäßigen Überzug von Tabakrauch und Nikotin von sich aus auszugleichen, und es gibt zahlreiche Beispiele im Handel, wonach selbst starke Raucher gute Degustatoren sind. Einige sind sogar bekannt dafür, daß sie größere Proben unterbrechen und sich eine starke französische Zigarette anzünden «pour changer le goût», um also die Wahrnehmungsfähigkeit ihrer Geschmackszellen wieder zu schärfen.
Eindrücke notieren. Sich an den Geschmack eines Weines zu erinnern, aber dessen Namen vergessen zu haben – oder umgekehrt –, ist

eher deprimierend. Diese Lücken treten beim Debütanten ebenso auf wie beim Fachmann, dessen Gedächtnis mit einer Vielzahl von Namen und Beispielen bestückt ist. Ernüchternd wirkt sich das aus, wenn der Händler dem Interessenten eine Empfehlung geben oder einen Tag nach der Degustation diesem etwas verkaufen möchte – und keiner kann sich mehr an den Namen erinnern ...

Solche Mißgeschicke bleiben durch Notizen erspart. Schreiben Sie zumindest auf ein Stück Papier Name und Jahrgang des Weines und ob er Ihnen geschmeckt hat. Das Notieren kann in Fetischismus ausarten; es kann aber auch zum Steckenpferd werden wie Briefmarkensammeln. Die Notiznahme – selbst in bescheidenem Umfang – ist auch für das beste Gedächtnis eine wertvolle Unterstützung. Verschiedene Methoden dazu sind in Kapitel 12 aufgezeigt.

Goutieren in guter Gesellschaft. Ein Gedankenaustausch hilft eine Meinung zu formulieren, zu bestätigen oder zu korrigieren. Ein erster Sinneseindruck, der vielleicht an der Oberfläche steckenblieb oder einseitig ausfiel, kann abgerundet werden, indem der Partner Aspekte anführt, die sonst vielleicht unbemerkt geblieben wären. Es ist selbstverständlich, daß die jeweilige Gesellschaft in gleicher Weise interessiert und mit derselben Sprache vertraut sein muß wie Sie selbst. Es gibt nichts Lähmenderes, als Weine zu verkosten in einem Klima von Indifferenz oder in Gesellschaft von Mengentrinkern.

Eine organisierte Gruppe, bei der die Teilnehmer im voraus echtes Interesse bekunden oder bei welcher der Einladende die Teilnehmer und ihre Interessen kennt, ergibt wahrscheinlich die beste Zusammensetzung. Es ist übrigens nicht die schlechteste Tugend eines Weinhändlers, in Lebensauffassung und Kaufkraft ähnlich gelagerte Interessenten zusammenzufassen und die Breite und Klasse des präsentierten Degustationssortimentes diesem Niveau anzugleichen. Der beste Rat für einen Anfänger ist natürlich der, mit einem Experten oder zumindest einem einigermaßen erfahrenen Verkoster zu degustieren.

Der Wert des Vergleichens. Es ist ohne weiteres möglich, einen guten Wein für sich allein zu versuchen. Seine wahren Qualitäten aber profilieren sich erst dann, wenn er neben einem anderen Gewächs gekostet werden kann, selbst wenn dieses von grundsätzlich anderer Herkunft ist. Die bei weitem aufschlußreichste Art von Prüfung ist jene, bei der Weine desselben Jahrgangs, aber aus verschiedenen Distrikten verglichen werden (z. B. Bordeaux Jahrgang 1975 aus den Distrikten Médoc, Graves, St-Emilion, Pomerol) oder aus dem gleichen Weinberg, jedoch aus verschiedenen Jahrgängen (vgl. Seite 181).

Die adäquate Reihenfolge. Trockene Weine vor den süßen, junge vor den alten, bescheidene vor den großen. Ob rote vor weißen Gewächsen auf die Zunge genommen werden sollen, hängt vom relativen «Gewicht» ab (vgl. Tabelle Seite 100). Leichte, trockene Weißweine müssen vor schwere Rotweine gestellt werden, leichte, junge Rotweine hingegen vor körperreiche Weißweine mit viel Extraktstoffen und natürlicher Restsüße.

Anzahl Degustationsweine: Quantität gegen Qualität: Für einen professionellen Weinprüfer ist die Bewertung der relativen Qualität von 30 bis 60 verwandten Weinen möglich. Diese Zahl läßt allerdings daran zweifeln, ob mehr als ein oder zwei wesentliche Aspekte herausgeschält werden können. Für den Laien wäre eine solche Menge unsinnig. Ein gutes Dutzend Muster darf als vernünftiges Maß bezeichnet werden. Was darüber hinausgeht, findet bereits ermüdete Geschmackspapillen und einen umwölkten Geist vor. Die Qualität eines Urteils ist somit direkt abhängig von der Anzahl der Vergleichsweine.

Wo viele Weine für eine Verkostung auf der Liste stehen, bedenke man zuerst die verfügbare Zeit und überlege sich, wieviel man davon pro Sorte aufwenden will. Reicht es nicht zu einer seriösen Beurteilung für alle, so wähle man jene aus, die von Interesse sind. Nichts ist enttäuschender, als bei Abbruch der Degustation entdecken zu müssen, daß man all seine Zeit einer Handvoll Weine gewidmet hat, die zu Beginn vorgestellt worden waren. Eine fachlich einwandfrei konzipierte Weinprobe stellt die schönsten Beispiele stets an den Schluß. Wer also planlos an eine größere Auswahl herangeht, dem fehlen für die besten Weine plötzlich Zeit und Kraft.

Temperaturen und Präsentation. Rotweine bei Zimmertemperatur, weiße Weine (auch Rosés, Champagner, Sherry) bei Kellertemperatur (vgl. dazu auch Seite 311). Die Flaschen sollen nicht allzulange vor Beginn geöffnet werden: eine Stunde vorher ist vernünftig. Eine Ausnahme bilden große, junge Rotweine, die durch Sauerstoffaufnahme ihre Bouquetstoffe deutlicher zeigen, wenn die Flaschen zwei bis drei Stunden vorher geöffnet und womöglich dekantiert werden. Alte, reife Weine *müssen* in eine Karaffe umgegossen werden, damit das Depot beim Einschenken nicht ins Degustationsglas gelangt.

BLIND DEGUSTIEREN. «Ein Seitenblick aufs Etikett ist 50 Jahre Erfahrung wert» – eine zynische Wahrheit; denn wie beeinflußbar sind wir doch! Dies gilt selbst für den diszipliniertesten Degustator.

Absolut objektiv kann eine Beurteilung nur dann erfolgen, wenn die Weine in numerierte Gläser gegossen werden (benützen Sie einen Filz- oder Wachsstift oder kleben Sie Etikettchen auf die Oberfläche des Glasfußes), wobei die Nummern mit jenen der Flaschen übereinstimmen müssen, die irgendwo versteckt sind. Eine andere Methode besteht im «Bekleiden» der Flasche mit einer Serviette oder mit Papier, wobei diese Hülle vom Flaschenboden bis knapp zum Ausguß reichen muß. Die Gläser werden vor diese Flaschen gestellt. Wenn auch hiefür keine Möglichkeit vorhanden ist, sollen die Flaschen zumindest so hingestellt werden, daß das Etikett nicht sichtbar ist.

NICHT TRINKEN – SPUCKEN. Wer sich durch eine ganze Verkostung hindurchtrinkt, weist sich durch erhebliche Unkenntnis aus. Selbst kleine Portionen genügen schon, um von den letzten Weinen in der Reihe nur noch einen flüchtigen Eindruck gewinnen zu können. Diese Regel gewinnt an Bedeutung, wenn es um die Beurteilung von alkoholverstärkten Weinen geht.[1]

Kritisch zu degustieren ist eine Sache – Wein zu einem Essen zu trinken eine andere! Die Unvereinbarkeit beider Vorgänge zwingt zum Ausspucken während einer Degustation, und dies wird weder als unanständig noch als unwürdig betrachtet. Es ist im Gegenteil eine sehr vernünftige Handlungsweise.

In einem Produzentenkeller gilt es als normal, wenn die Probe auf den Boden gespuckt wird, um so mehr, als dieser oft aus gestampfter Erde besteht. Zementböden sind oft mit Sand oder Sägemehl bestreut, oder es stehen Behälter mit Sägemehl zur Verfügung. (Zum Zielen verlangen Sie beim Weinbauern ein Spuckvisier – dies jedoch nur dann, wenn Ihr Besuch auf den 1. April eines Jahres fällt ...)

Saubere Degustationsräume sind mit Spuckbecken mit fließendem Wasser ausgerüstet. Wird die Verkostung in einem öffentlichen Lokal oder privat durchgeführt, sollten Spucknäpfe aufgestellt werden. Einfachere Champagnerkübel eignen sich gut hiefür, wobei sie entweder mit Sägemehl oder mit 2 bis 3 cm Wasser gefüllt werden sollten. Beides ist einfach vorzubereiten und weist eine Dimension auf, die selbst die schlechtesten «Schüsse« verkraften kann. Es sollte sich erübrigen zu erwähnen, daß man nicht auf den Teppich spuckt!
VERKOSTEN SIE NUR DAS BESTE. Massenweine sind da, um getrunken zu werden, und keiner kritischen Prüfung wert. An solchen von bescheidener bis mittlerer Herkunft kann die Degustationspraxis zwar geübt werden, materiell jedoch geben sie wenig her, da sie selten von ausgeprägtem Charakter sind. Die typischen Merkmale einer Weinbauregion, einer Domäne oder eines Jahrganges sind nur in Gewächsen von hoher Qualität zu erkennen. In jedem Fall kann die Beurteilung eines mittelklassigen Weines nur vorgenommen werden, wenn ein Muster von höherer Qualität verfügbar ist und als Bezugsgröße dient. Schon aus diesem Grunde sollten Sie gelegentlich einen großen Wein kaufen und festzustellen versuchen, was ihn von den andern unterscheidet.
PHYSISCHE BENACHTEILIGUNGEN. Vergeuden Sie keine Zeit mit Degustationsversuchen, wenn Ihre Nase läuft oder wenn Sie an Heufieber leiden. Schneuzen Sie sich die Nase.

Versuchen Sie auch nicht zu degustieren, wenn sich noch Spuren von fremden Geschmacksstoffen in Ihrem Mund befinden. Alkalische Zahnpasten vermögen die Säure eines Weines zu neutralisieren, was eine objektive Beurteilung ausschließt. Früchte mit hohem Säuregehalt beeinträchtigen das Geschmacksempfinden ebenfalls. Der beste Wein zeigt sich nur noch als ein «Häufchen Elend», wenn Sie vorher in einen kräftigen Boskop-Apfel hineingebissen haben. Und mit würzigem Essig angemachte Salate zerstören jeglichen Geschmack usw.
METHODE UND DISZIPLIN. Es gibt nur eine richtige Reihenfolge: Prüfen Sie zuerst das äußere Erscheinungsbild eines Weines, sein Bouquet als nächstes und endlich seinen Geschmack.[2] Achten Sie innerhalb dieser drei Prüfbereiche auf die wichtigsten Eigenheiten.

Ein in diesem Ablauf vorbereitetes Degustationsblatt oder -buch kann von großer Hilfe sein und schützt vor allem vor der Versuchung, von einem Glas zum andern zu springen und dem Zufall Tür und Tor zu öffnen.

Das bedeutet allerdings nicht, daß man nicht zurückgehen dürfte. Nachdem die Reihe in der Folge der aufsteigenden Klasse oder der immer älter werdenden Jahrgänge durchdegustiert worden ist, kann das Qualitätsbild eines vorangegangenen Weines deutlicher umrissen werden, wenn man ihn nach Abschluß der Reihe nochmals auf die Zunge nimmt.

SICH DER WECHSELBEZIEHUNGEN BEWUSST SEIN. Diesen ist eine Bedeutung zuzumessen, die oft unterschätzt wird. Es gibt zwei Aspekte von Belang: Klima wie Essen spielen einen wichtigen Part im Einstimmen eines gastronomischen Konzertes. Ein charmanter, leichter Weißwein mit erfrischender Fruchtsäure als Begleiter zu einer fangfrischen Forelle beispielsweise, getrunken an einem lauen Mittsommerabend an den Ufern der Loire; oder ein Vinho Verde[3], komponiert zu einem Schweinshals in der portugiesischen Provinz Minho – welche Köstlichkeiten! Beide Provenienzen können jedoch völlig anders schmecken, wenn sie an einem kalten, nebligen Herbsttag irgendwo in Schottland zu Rauchlachs serviert werden! Ganz abgesehen von der Notwendigkeit, einen passenden Wein zum Essen zu finden, spielen Temperatur, Luftfeuchtigkeit und Jahreszeit mit. Je kälter das Klima, desto körperreicher soll der Wein sein.

Es ist kein Zufall, daß Portwein, so wie er sich heutzutage präsentiert, von den Briten in Portugal für ihre Landsleute zu Hause produziert wurde: Sie wußten genau, daß ein hoher Alkohol- und Zuckergehalt Leib und Seele ihrer Mitmenschen wärmen würde. Ebensowenig ist es Zufall, daß Cream und Brown Sherry[4] (im Moment etwas aus der Mode gekommen) sich in Ländern mit nördlichem Klima besonders gut verkaufen ließen. Und Vintage Port ist zu Hause in den kalten Gemeinschaftsräumen der Colleges an den englischen Universitäten. Anderseits gehört Chianti in die Osteria Toscana als – je nach Herkunft – feurig-starker oder auch elegant-vornehmer Begleiter zu einer Scheibe zarten Ochsenfleisches aus dem Chianatal, gebraten über dem Holzkohlenfeuer und angerichtet mit feinstem Olivenöl und Salz und Pfeffer. Und auf den freundlichen Terrassen an den Ufern eines Schweizer Sees sind die frischen, spritzigen Chasselas-Weine aus der westschweizerischen Waadt ideale Essensbegleiter.

Wein und Essen

Die enge Beziehung zwischen Speisen und Wein dürfte allseitig bekannt sein. Endlose Bücherreihen behandeln das Thema mit mehr oder weniger Kompetenz. Die Feststellung soll hier genügen, daß die guten Qualitäten eines Gewächses durch die Wahl eines falschen Gerichtes zerstört werden können. Es mag als Ausdruck von Ängstlichkeit erscheinen, doch ist es gewöhnlich sicherer und klüger, die konventionellen Regeln zu befolgen.

Etwas weniger bekannt dürfte sein, daß ein Gaumen, der sich hauptsächlich an alkoholverstärkte Weine (Sherry, Port) gewöhnt hat, bei der Beurteilung sehr leichter Tischweine auf erhebliche Schwierigkeiten stoßen kann. Es resultiert hieraus oft eine Einseitigkeit, die auch dort zu beobachten ist, wo sich ein Weinliebhaber im allgemeinen nur hochklassige Gewächse leistet und sein Interesse auch nur auf diese Provenienzen konzentriert: er unterbewertet fast durchwegs die Qualität von tieferklassigen Weinen.

Der gegenteilige Fall tritt natürlich nicht ein. Ein regelmäßiger Konsument von Massenweinen ist nicht versucht, ein feines Gewächs überzubewerten. Wenn er überhaupt eine Reaktion zeigt, dann höchstens das Unverständnis darüber, daß jemand so verrückt sein kann, für eine einzige Flasche so viel Geld auszulegen, wie ihn das Durstlöschen während einer ganzen Woche kostet.

[1] Alkoholverstärkter Wein: natürlicher Wein, bei dem der Alkoholgrad im Laufe des Alterungsprozesses durch Beigabe von Weinbrand auf 18 bis 20° erhöht worden ist. Beispiele: Sherry, Port, Madeira.

[2] Color (Farbe), Odor (Geruch), Sapor (Geschmack) = COS als leichtfaßliche Formel für die Reihenfolge (Anmerkung des Übersetzers).

[3] Sehr leichter portugiesischer Weißwein.

[4] Zwei an Alkohol und Zucker besonders reiche Weine aus Jerez de la Frontera (Südspanien).

IV
Der Ursprung der Geschmacksmerkmale

Chenin Blanc

Was läßt schließlich eine Fähigkeit noch zu wünschen übrig,
die einen solchen Grad von Vollkommenheit erreicht hat,
daß die römischen Feinschmecker am Geschmack unterscheiden konnten,
ob ein Fisch zwischen den Brücken des Tibers
oder weiter unten geangelt worden war?
Sehen wir das nicht auch noch heutzutage, wo uns die Entdeckung gelang,
daß der Schenkel, auf den sich das Rebhuhn beim Schlafen stützt,
besser schmeckt als der andere?
Und sind wir nicht von Feinschmeckern umgeben,
die den Breitengrad, auf dem ein Wein gereift ist,
mit ebenso großer Sicherheit angeben können,
wie ein Schüler von Biot oder Arago eine Sonnenfinsternis
vorauszusagen vermag?

Brillant-Savarin,
«Physiologie des Geschmacks», 1825.

Dieses Kapitel behandelt nur die Hauptfaktoren, die beim Wachstum der Reben und in der Weinbereitung zur Bildung und Beeinflussung des Geschmackes beitragen. Es ist ein sehr weitläufiges Thema, und in der Kürze seiner Behandlung liegt eine gewisse Unvollständigkeit.

Mit Rebsorten, Bodenformationen, Klimaverhältnissen, Methoden der Rebkultivierung und der Weinbereitung haben wir uns zu befassen, und dies aus *einem* Grund: All diese Teilbereiche beeinflussen Farbe, Geruch und Geschmack. Ihre Kenntnis ist *nicht* erforderlich für den spontanen Weingenuß. Denken Sie also nicht, Sie *müßten* weiterlesen. Wir wollen das Kapitel jedoch zu meistern versuchen, weil es Ihre Weinkennerschaft vertiefen und dieses Bewußtsein die Sinnesfreude steigern wird.

Wenn Sie also mehr lernen *wollen,* wo beginnen? Was hat den größten Einfluß auf Stil und Geschmack eines Weines? Die Rebsorte. Und ist dieser Einfluß stets gleich gewichtig? Nein, er hängt ab von der Beschaffenheit des Bodens, auf dem die Rebe wächst. Und dieses Verhältnis Rebe : Boden, ist es immer gleich bedeutend? Nein, der geographische Breitengrad, das Klima, die Sorgfalt in der Rebpflege, die Länge des Gärprozesses und – natürlich – das Können und Wollen des Menschen sind von prägender Wirkung. Jeder dieser Produktionsfaktoren kann theoretisch für sich allein betrachtet werden und durchaus lehrreiche Aufschlüsse geben. In der Praxis jedoch ist die Absonderung eines einzelnen Faktors unsinnig, denn nur im Zusammenspiel entsteht das Endprodukt Wein.

Die Rebsorten

Ihnen kommt eine Schlüsselstellung zu. Ausgewählt werden sie nach Maßgabe der Bodenbeschaffenheit, der Klimaverhältnisse und der wirtschaftlichen Gegebenheiten einer Region. Viele gute Weinbücher benennen und beschreiben die Hauptsorten, einige behandeln auch die Rebkrankheiten, das Spritzen, das Pfropfen usw. Wenige aber nehmen Bezug auf den Endgeschmack. Was ich hier also vorschlage, ist ein Auflisten der wichtigen Sorten in alphabetischer Reihenfolge, wobei die besten *(cépages nobles)* mit einem Stern ausgezeichnet und einige Schulbeispiele angegeben sind.

Vorgängig aber sei nochmals daran erinnert, daß der bei weitem größte Teil der Weltweinproduktion von gewöhnlicher, einfachster Qualität ist – aus Rebsorten gewonnen, deren Wachstumsbedingungen vergleichsweise problemlos (wenig pflegeintensiv) und die sehr ertragreich sind. Trauben unterschiedlichster Sorten werden zusammen gepreßt, fertige Weine werden gemischt. Das sich schließlich ergebende Erscheinungsbild von Geruch und Geschmack ist für gewöhnlich einer näheren Betrachtung nicht wert.

Die großen Weine der Welt, jene also mit ausgeprägten Geschmacksmerkmalen und von verfeinerter Qualität, stammen aus einer begrenzten Zahl von sogenannten «noblen» Traubensorten, den schon erwähnten *cépages nobles.* Dies ist keine aristokratische, sondern die technische Bezeichnung für veredelte, das heißt aufgepfropfte Reben. Die vier führenden Varietäten heißen *Cabernet Sauvignon, Riesling, Pinot* und *Chardonnay.* Doch sei gleich präzisiert, daß aus ihnen erzeugte Provenienzen nicht automatisch Spitzengewächse sind. Bei weitem nicht! Aber Spitzenweine stammen in der Regel aus diesen Sorten. Sie werden zumeist angebaut auf schwierigen, ja fast armen Böden und unter bedenklich ungewissen, um nicht zu sagen riskanten Klimabedingungen. Professor A. Dinsmoor Webb von der Davis-Universität in Kalifornien sagt dazu: «Eine jahrhundertealte Erfahrung weist darauf hin, daß nur relativ wenige aus den vielen hundert zur Weinerzeugung verwendbaren Rebsorten geeignet sind, das komplexe Aroma und Bouquet eines idealen, vollkommenen Weines zu entwickeln.» Machen Sie sich mit ihnen vertraut! Sie befriedigen die Sinne auf das schönste, und ihre Merkmale bleiben in einem wohlausgebildeten Sensorium leichter haften als jene aus Weinen von minderen Sorten. Diese können zwar interessant und gefällig sein, doch verdienen sie kaum eine nähere Betrachtung. Ihre Rolle ist es, den angenehmen Begleiter zu einem gut gekochten Essen zu spielen.

Und noch ein wichtiger Punkt, der oft übersehen wird. Im allgemeinen ist bekannt, daß eine neu gepflanzte Rebe in den ersten drei Jahren keine weinbringende Frucht trägt. Danach steigt ihre Qualität stetig mit zunehmendem Alter des Weinstockes, dessen Wurzeln nahrungssuchend immer tiefer und breiter ausgreifend in Boden und Unterboden eindringen. In den ersten 20 bis 30 Lebensjahren kombiniert die Rebe hohe Qualität mit einem guten Ertrag. Je nach Pflege und Beanspruchung schneller oder langsamer wird die Pflanze dann hart und müde, und der Ertrag fällt zurück auf ein unwirtschaftliches Niveau.

ALIGOTÉ. Weiße Sorte, aus der in Burgund kleinere Weißweine gewonnen werden. Blaßfarben; gefälliges, aber nicht bemerkenswertes Aroma; trocken, leicht, angenehme Säure.

ALVARINHO. Die wichtigste Sorte für Vinho Verde. Nur in den besseren Provenienzen von frischem, trockenem Stil.

ARAMON. Fruchtbare, ordinäre Sorte, im französischen Midi zu sehr auf Mengenwachstum angebaut.

BLANC FUMÉ. Siehe *Sauvignon Blanc.*

BUAL. Weiße Sorte, aus der einer der reichhaltigeren Madeiras erzeugt wird.

CABERNET FRANC. Eine der wichtigen Varietäten des Bordelais. Nahe verwandt mit *Cabernet Sauvignon,* ziemlich ähnlich im Stil. In St-Emilion unter dem Namen *Bouchet* bekannt.

*CABERNET SAUVIGNON. Ohne zu zögern setze ich *Cabernet Sauvignon* an die Spitze der feinen Rotweintrauben der Welt – nicht weil ich selbstherrlich genug wäre, den besten Bordeaux über den besten Burgunder zu stellen, sondern weil diese Sorte Eigenart und Charakter selbst außerhalb ihrer klassischen Heimat Bordeaux beibehält. Ein akkurat vinifizierter roter Cabernet aus Italien, Australien oder Kalifornien beispielsweise weist eine deutlich erkennbare Familienähnlichkeit auf, trotz aller Eigenheiten, die ihm von den unterschiedlichen Böden und Klimata mitgeteilt werden.

Cabernet Sauvignon gibt dem Bordeauxwein seine Qualität, Tiefe und den Reichtum in Farbe, Würze und Bouquet, seine Haltbarkeit, den edlen Geschmack und nachhaltigen Abgang. Die drei Schlüssel zu seiner Erkennung liegen in der tiefen Farbe, im charakteristischen Traubengeruch von frischen, schwarzen Johannisbeeren (Cassis) und/oder Zedernholz und in seinem besonders konzentrierten Fruchtgeschmack in Verbindung mit Tannin und Säure. All dies mag in der Intensität etwas variieren, nicht nur infolge unterschiedlicher Bodenbeschaffenheit und Mikroklimata innerhalb der Region Bordelais, sondern weil

Cabernet Sauvignon selten allein, hingegen oft neben und in Kombination mit andern Bordeauxreben verwendet wird, hauptsächlich mit *Cabernet Franc* (der *Sauvignon* ähnlich, jedoch weniger vornehm) und *Merlot* (weicher und «fetter» im Charakter).

Es ist lehrreich, sich mit *Cabernet Sauvignon* vertraut zu machen, und zwar mit Beispielen, in denen der Charakter am deutlichsten hervortritt. Wenn es Ihr Geldbeutel erlaubt, verkosten Sie einen reifen Château Mouton-Rothschild aus einem guten Jahr. Die Tiefe seiner Farbe grenzt an Undurchsichtigkeit, das Bouquet zeigt eine fast überreiche Fülle, und die Konzentration der Geschmacksnuancen macht ihn fast zur Karikatur eines großen Bordeauxgewächses. Will sich das Budget mit einem «Premier grand cru classé» nicht so recht vertragen, verkosten Sie einen Château Malescot-Saint-Exupéry (Margaux) oder einen Château Lynch-Bages (Pauillac) aus einem guten Jahr. Halten Sie besonders das Traubenaroma in Erinnerung.

CARIGNAN. Sehr produktive, eher neutrale Rotweintraube (Frankreich, Nordafrika).

*CHARDONNAY. Das ist die weiße Version des *Pinot,* sie erzeugt die großen weißen Burgundergewächse der Côte de Beaune, die Chablis und die Blanc-de-Blanc-Champagner. Ebenso prägt Chardonnay die vielleicht feinsten *Varietal-Wines*[1] Kaliforniens und wird erfolgreich angebaut in Australien, Neuseeland und selbst in Italien.

Sie gedeiht auf kalkhaltigen Böden und produziert einen Wein, dessen Farbe vom blassen, zarten Gelb bis zu einem ziemlich kräftigen Strohgelb (Merkmal vieler Meursaults und kalifornischer Chardonnays) reicht. Gute Beispiele weisen ein frisches, lebendiges, manchmal «rauchiges», fruchtiges (aber nicht «traubiges») Bouquet auf – ziemlich schwer zu beschreiben. Die Weine sind trocken; von der deutlichen, mit einem Hauch von Salz geprägten Trockenheit eines Chablis und zu einem gewissen Grad auch eines Puligny-Montrachet bis zur etwas weicheren Trockenheit eines Meursault und zur nußartigen Trockenheit eines Corton-Charlemagne. Säure und Körper sind in guten Proportionen vorhanden. Die Feinheit und Herbe im Geschmack zieht in ganz besonderem Maße den Bordeauxliebhaber an, was ja auch ganz verständlich ist.

Hochqualifizierte weiße Burgunder verfügen über reiche Geschmacksnuancen, die oft erst durch die Flaschenalterung spürbar hervortreten; geringe Qualitäten können dünn und fad sein. Louis Latour produziert seit langem feine Corton-Charlemagnes, so wie aus den Domänen des Comte Lafon immer herausragende Meursaults stammen und aus der Domäne Leflaive gute stahlige Puligny-Montrachets. In Chablis verkosten Sie am besten eine «grand-cru»-klassierte Lage wie Vaudésir, Les Clos, Grenouilles usw. In Kalifornien gibt es Dutzende von Chardonnays von erstklassigen Produzenten, an deren Spitze Chateau Montelena, Chalone, Freemark Abbey und der Pionier Stonyhill stehen. In Australien heißen sie etwa Tyrrell, Rosemount, Petaluma.
CHASSELAS. Weiße Sorte, ertragreich, gefällige Weine ergebend. In Deutschland *Gutedel,* im Schweizer Kanton Wallis *Fendant* genannt.
*CHENIN BLANC. Eine Hauptsorte, aus der die trockenen bis halbsüßen Weißweine im Gebiet der mittleren Loire gewonnen werden. Gefälliges, wächsernes Aroma, voll erfrischender Säure. Auch in Kalifornien, Australien und Südafrika (unter dem Namen *Steen*) kultiviert.
CINSAULT. Gute Rotweintraube aus dem Midi, zu finden in den besseren Tavels und Châteauneuf-du-Papes.
FENDANT. Siehe *Chasselas.*
FOLLE BLANCHE. Weiß und ordinär.
FUMÉ BLANC. Kalifornische Bezeichnung für *Blanc-fumé.* Hat den Sortencharakter der *Sauvignon Blanc.*
FÜRMINT. Ungarische Weißweintraube, aus welcher der am wenigsten bekannte große, klassische Wein Europas erzeugt wird: Tokaj. Strohfarben, mit einem in der Jugend nach überreifen Äpfeln riechenden Aroma und im Alter mit einer reichen Honig-Nase. Sowohl trocken wie auch süß verfügbar, bis hin zur konzentrierten Essenz.
GAMAY. Obwohl ziemlich bekannt, gehört sie nicht zu den erstklassigen Sorten. In einer Region – in Beaujolais nämlich – bringt sie allerdings Weine von unübertrefflichem Charakter hervor, so daß sie dort im Geschmack direkt nach dem *Pinot* rangiert.

Die *Gamay* erzeugt hauptsächlich leichte Rotweine, oft von lichter, violettroter Farbe und leicht in Alkohol und Extrakt. Die markantesten Merkmale sind ihr beschwingter Charme, das stark duftende Fruchtbouquet – einmalig im Charakter und schwer zu beschreiben, aber so typisch, daß es einfach zu erkennen ist. Leichtgewichtig und frisch am Gaumen, mit sehr wenig Tannin und ziemlich viel Fruchtsäure. (Daher *muß* ein originaler Beaujolais kellerfrisch und jung getrunken werden!)

Die Händler-Beaujolais sind in den seltensten Fällen so. Es gibt wahrscheinlich keine andere Provenienz, deren Gewicht mehr verändert wird als jenes der Beaujolais. Wenn Sie ein Schulbeispiel haben möchten, wählen Sie eine unvermischte Originalabfüllung aus einem exakt bezeichneten Rebberg im Beaujolais. Solche Gewächse sind im allgemeinen zu erschwinglichen Preisen erhältlich.

*GEWÜRZTRAMINER. In gewisser Weise die am wenigsten anerkannte Sorte unter den noblen Weintrauben. Einerseits besitzt sie zwar eine auf den ersten Blick attraktive und sofort erkennbare «Nase», die leicht – zu leicht vielleicht – erkennbar ist; anderseits aber kann der etwas opulente Geschmack aufdringlich wirken und verliert dadurch seinen ganzen Reiz. Es ist wie mit den Menschen: Was zu leicht erobert oder sofort durchschaubar ist, wird schnell langweilig. Ein Weißwein, dessen schönste Beispiele aus Süddeutschland (besonders aus der Pfalz) und dem Elsaß kommen. In der Farbe oftmals tiefer und gelber als der *Riesling,* ist sein Auftritt meistens von hochparfümiertem Traubenaroma, seltener von herber Würze begleitet. Im Geschmack kann er von «ziemlich trocken» bis «halbtrocken» variieren; das blumige Bouquet ist weich und samtig und läßt die prickelnde, erfrischende Säure eines *Rieslings* oft vermissen. Probieren Sie eine Flasche aus einer genau bezeichneten Domäne und von einem guten Jahrgang.

Die alten, klassischen *Traminer* aus der Rheinpfalz waren außerhalb Deutschlands nie sehr populär und verlieren dort an Boden, weil sie für das Geschmacksempfinden zu schwergewichtig sind: Man muß sich durch sie «hindurchbeißen» wie durch eine Wagnersche Oper. Damit sei nicht gesagt, daß es nicht auch herrlichen Traminer geben kann, und der geneigte Leser merkt vielleicht, daß die Art und Weise der Vinifikation hier eine ausschlaggebende Rolle spielt.

GRENACHE. Fruchtige, gefällige Rotweine: leicht in der Farbe, aber nicht im Alkoholgehalt; angenehm, gewisses Fruchtaroma. Kultiviert im südlichen Rhonetal, im Midi, in Kalifornien und Australien.

GROS PLANT. Synonym für *Folle blanche*. Ergibt einen brauchbaren, eher neutralen, trockenen Wein im unteren Loire-Gebiet.
GRÜNER VELTLINER. Milchweicher, trockener Weißwein aus Österreich, bei sorgfältiger Pflege von guter Qualität.
KADARKA. Rotweintraube aus Ungarn, Hauptsorte des sogenannten «Stierenblut». Auch in Österreich und Jugoslawien zu finden.
MALMSEY. Weiße Sorte auf Madeira, die einen tief bernsteinfarbenen, süßen Dessertwein erbringt mit dem charakteristischen «warmen» und kräftigen Bouquet.
*MERLOT. Keine Spitzensorte, aber eine sehr gute Weintraube, die im Bordelais ergänzend oder auch als Hauptsorte angebaut wird. In die Komposition mit *Cabernet Sauvignon* bringt sie Weichheit und Fülle ein. Dominant ist sie im Pomerol. Bestes Beispiel in diesem Zusammenhang: Château Pétrus.

Im schweizerischen Kanton Tessin und in einigen Weindistrikten Oberitaliens wird *Merlot* allein gekeltert und ergibt einen milden, lieblichen Rotwein ohne viel Körper und Finesse, aber mit angenehmer Frucht.
MOURVÈDRE. Eine fast vergessene Rotweintraube (Südfrankreich), wenig ergiebig, aber sehr schmackhaft, besonders wenn auf kalkreichen Böden kultiviert. Ausnehmend geeignet für hochklassige würzige Roséweine in der Provence. Verkosten Sie einen Bandol Rosé von den Domaines Ott.
MÜLLER-THURGAU (AUCH: RIESLING × SILVANER). Eine Kreuzung mit dem Ziel, einige Nachteile des reinen *Rieslings* – wie zum Beispiel späte Reife – für das von Sonne und Wärme nicht verwöhnte Deutschland, die Schweiz und England auszumerzen. *Riesling × Sylvaner* ist eine gute Weintraube, die attraktive Weine produziert, durchscheinend grünlichgelb in der Farbe, duftintensiv und gefällig am Gaumen, mit einer passenden Säure, oft sehr leicht im Körper.
MUSCADELLE. Ein vertrauter Name, von dem man volle Traubenfrucht in Geruch und Geschmack erwartet – zu Recht. Ihr gewöhnlich sehr deutlich zutage tretender Charakter wird in kleinen Dosen zur geschmacklichen Ergänzung von weißen, süßen Bordeauxweinen verwendet.

MUSCADET. Name sowohl einer Rebe wie auch eines Weintyps vom unteren Loire-Gebiet: blaß, knochentrocken, weiß, eher neutral.
MUSCAT. Eine Traube, die reiche, bernsteinfarbige, alkoholverstärkte Dessertweine produziert, mit festem Aroma, eindringlichem Geschmack und madeira-ähnlicher Säure. Wird an verschiedenen Orten angebaut, erreicht ihren Gipfel im australischen Nordost-Victoria.
MUSCAT (d'ALSACE). Eine etwas ungewöhnliche Verwandte der *Muskateller*-Traube. Ihre Weine sehen wie jeder trockene Weißwein aus, sie riechen überwältigend «traubig» und süß, sind am Gaumen üblicherweise jedoch knochentrocken. Die besten Elsässer *Muscat* (Hugel erzeugt ein paar gute Beispiele) scheinen Traubenfrucht und Reichtum des *Traminers* mit der Trockenheit und Frische eines *Rieslings* zu kombinieren.
NEBBIOLO. Könnte Anspruch auf die edelste Rotweintraube der Welt erheben, wenn sie andernorts auch angebaut würde. Im oberitalienischen Piemont werden aus ihr die tiefen, reichen und klassischen Barolo (z. B. von Angelo Gaja und Giacomo Conterno) sowie die etwas leichteren Barbaresco erzeugt (z. B. von Bruno Giacosa). Die Farbe ist leuchtend granatrot, das Bouquet erinnert an Teer und Veilchen, und im Geschmack präsentiert er sich meistens sehr trocken. *Nebbiolo* ist von Natur aus etwas hart, und die Sitte, diese Weine relativ lange in den Holzfässern zu lagern, verstärkt diese Härte. Das wiederum ruft nach langer Flaschenlagerung.
PALOMINO. *Die* Sherry-Traube: blaßfarben, trocken, verfeinert. Dank der *Flor*-Kultur entwickelt sich das charakteristisch würzige Bouquet, unnachahmlich, aber schwierig zu beschreiben.
PEDRO XIMÉNEZ. Klassische Sherry-Traube, als Komponente verwendet. In viktorianischen Zeiten als Dessertwein getrunken: braun, fast schwarz; reich, verbrannte Nase; übertrieben süß, reichhaltig und schwer.
PETIT VERDOT. Zumeist als vierte Komponente in roten Bordeaux verwendet, wenn auch in sehr kleinen Proportionen. Im Charakter etwas säuerlich, in kleinen Jahren grün und scharf.
*PINOT NOIR. Der Sorte *Pinot* weise ich den zweiten Platz in der Rangfolge der besten Rotweintrauben der Welt zu, denn obwohl sie in Bur-

gund Weine von großartigem Reichtum und feinster Qualität hervorbringen kann, kommt ihr Charakter – wenn in andern Regionen kultiviert – nicht in gleich deutlicher Ausbildung zum Vorschein, wie das bei *Cabernet* der Fall ist. Vielleicht sollte hier erwähnt werden, daß *Pinot noir* – zusammen mit ihrer weißen Verwandten – *die* Traubensorte der Champagne ist.

Reife *Pinot*-Trauben aus einem guten Climat[2] in der Côte de Nuits, vinifiziert nach traditioneller Methode, erfreuen das Auge mit einer samtigen Farbtiefe (das wahre Burgunderrot) und mit deutlicher Viskosität. Ihr Bouquet ist «süßer» und voller als das ihres Gegenspielers *Cabernet Sauvignon* im Bordelais; ihre Beschaffenheit am Gaumen ist beides – weich und voll zugleich, alkoholreich und samtig. Das erste Haupterkennungszeichen wird von der Nase entdeckt im *Pinot*-Traubenaroma, das zu beschreiben ich persönlich für unmöglich halte, trotz der Empfehlung des Leiters einer Weinfachschule, «gekochte Randen» als Eselsbrücke zu benützen. Der *Pinot*-Geruch muß von jedem selbst identifiziert, isoliert und dann im Gedächtnis gespeichert werden. Doch lassen Sie mich nochmals unterstreichen: Nur reife Trauben, also sehr gute Jahrgänge, geben das wahre *Pinot*-Aroma ab!

Der zweite Faktor zur Aufschlüsselung liegt im Gewicht des Weines, verbunden mit dem Eindruck der Weichheit. Der Gehalt an mundaustrocknendem Tannin ist erheblich geringer als im Bordeaux – ein Merkmal, das Weine aus dieser Sorte leichter zu verstehen, zu trinken und zu verkaufen macht.

Es ist überaus schwierig, perfekte Schulbeispiele in der tieferen bis mittleren Preiskategorie anzugeben, und nur um ein weniges leichter in der höheren Klasse. Um Geschmack und Charakter eines guten *Pinot* aus der Côte de Nuits zu entdecken, erstehen Sie sich am besten einen guten Jahrgang von einem führenden Produzenten wie de Vogüé, Armand Rousseau, Jean Grivot oder einen guten Côte de Beaune aus einer Domäne von Louis Jadot oder eines Erzeugers wie Jean-Marie Laleure.

Achten Sie besonders auf unbedingte Originalität, das heißt nach Möglichkeit auf eine Produzentenabfüllung, noch besser auf eine Abfüllung auf der Domäne des *propriétaire-récoltant*.

PINOTAGE. Rotweinsorte. Eine Kreuzung zwischen *Pinot* und *Hermitage*, kultiviert in Südafrika. Ergibt eher etwas dicke, alkoholische Weine ohne Eleganz.
PINOT BLANC. Wird gelegentlich verwechselt mit *Pinot Chardonnay*. Obwohl von ähnlichem Stil, weniger charaktervoll.
PINOT GRIGIO. Die trockene italienische Version des *Pinot gris*.
PINOT GRIS. Ergibt einen eher «vierschrötigen» Weißwein.
*RIESLING. Deutsche Weinfreunde mögen diese Sorte auf den ersten Platz setzen. Für mich kommt sie an zweiter Stelle (nach *Cabernet Sauvignon*) in der Hierarchie der Spitzensorten. Gewiß ist sie die anpassungsfähigste und am weitesten verbreitete der noblen weißen Reben. Man findet ihre Kulturen in mehreren europäischen Weindistrikten wie auch in fast jeder wichtigen Weinregion anderer Kontinente. Wie *Cabernet* behält sie ihre prägenden Charaktereigenschaften, wo immer sie auch angepflanzt wird. Die Sorte ergibt Weine mit einer Farbe, die vom blassen Strohgelb mit einer Spur Grün über Hellgelb bis zum kräftigen, fast dunklen Goldgelb reicht. (Letzteres wäre eine reiche Spätlese mit Flaschenalter.) Ihr Bouquet ist fruchtig, nicht «traubig», in die Nase springend, erfrischend und sauber wie ein Flötenton; manchmal blumig, manchmal honigartig und, wenn aus vollreifen Trauben produziert, mit einem Anflug von Muskat. Die meisten *Rieslinge* sind trocken bis halbtrocken, aber – ein weiterer Beweis ihrer Vielseitigkeit – aus ihnen werden auch die reichsten süßen Dessertweine der Welt erzeugt. Ein völlig anderes, markantes Gesicht ist bei jenen Gewächsen anzutreffen, die einen festen, fast «stahligen» Körper aufweisen. In Deutschland haben sie nie einen sehr hohen Alkoholgehalt, weisen sich jedoch durch ein exzellentes Gleichgewicht und einen schönen Abgang aus. Die höchste Qualitätsstufe erklimmt sie im Rheingau, in der Pfalz und an der Mosel; am spontansten erkennbar jedoch ist sie in elsässischen Provenienzen. Wenn ich Schulbeispiele angeben müßte, so würde ich eine *Riesling Réserve spéciale* oder *exceptionnelle* von einem der besseren Produzenten wie Hugel, Trimbach oder Faller empfehlen. Das sind bemerkenswert sauber gepflegte Gewächse, die einen guten Gegenwert bieten. Wenn Sie einen reicheren Riesling verkosten möchten, wählen Sie eine Spät- oder Auslese aus einem Spitzenjahr von einem der etlichen ausge-

zeichneten Erzeuger wie von Simmern, Dr. Weil, von Buhl, Matuschka-Greiffenclau oder Bürklin-Wolf. Diese Weine sind nicht billig, doch denken Sie an die Preise von andern Spitzenleistungen aus dem Burgund und dem Bordelais, und Sie werden feststellen, daß sie keineswegs übertrieben sind.

RULÄNDER. Synonym für *Pinot gris,* aus dem in den Rheingebieten Deutschlands ein gefälliger, eher harmloser Wein produziert wird. Blaßfarbig, grasähnliches Aroma, mild.

SANGIOVESE. Eine ausgezeichnete Rotweintraube Italiens. Sie ist die Hauptvariante im Chianti-Gebiet, besonders für Chianti Classico (Toskana). Die sorgfältig produzierten Weine sind nobel, voll, langsam reifend und von vornehmer und doch feuriger Trockenheit, im Abgang manchmal mit einem Hauch von Bitterkeit. Versuchen Sie einen Nozzole, Vignavecchia, Uzzano oder einen alten Frescobaldi.

*SAUVIGNON BLANC. Eine eigenartig anziehende Rebsorte; in Geruch und Geschmack etwa wie eine Kreuzung zwischen *Cabernet Sauvignon* und *Traminer:* sie kombiniert ein würziges Cassis-Aroma mit einer saftigen Säure. *Sauvignon blanc* ergibt elegante, feine Weine, die bei kleiner Qualität aber auch recht dünn ausfallen können.

Sie wächst unter diesem Namen im Bordelais und ist eine der Komponenten in den Barsac- und Sauternes-Weinen, denen sie die notwendige Säure und Frische verleiht.

Aus derselben Rebfamilie, aber *Blanc Fumé* genannt, ist sie verantwortlich für die wundervoll saftigen, trockenen und fruchtigen Gewächse aus Pouilly-sur-Loire (z. B. *Pouilly Fumé* von Ladoucette) und jene mit ähnlichem Stil aus der Nähe von Sancerre.

SCHEUREBE. Eine erfolgreiche Kreuzung, angebaut in Deutschland und dort vor allem in Rheinhessen und in der Pfalz. Zeigt ein überaus «traubiges» Aroma und einen gleichgearteten Geschmack. Es fehlen die Nerven und die Harmonie des *Riesling.*

SÉMILLON. Sie gehört zu den Traubensorten, die andere unterstützen, ist weiß und gilt als Hauptkomponente in Sauternes- und Graves-Weinen. *Sémillon* besitzt Qualität und Stil, eine weiche, reiche Nase, läßt aber die Fruchtsäure etwas vermissen, weshalb sie normalerweise mit *Sauvignon blanc* zusammen vinifiziert wird.

SERCIAL. Ursprünglich eine *Riesling-Traube,* die heute den blassesten und trockensten Madeira produziert.
SEYVAL BLANC. Eine weiße Hybride, ziemlich weit verbreitet in England, erzeugt einen sauberen, trockenen, etwas neutralen Wein.
SHIRAZ. Rotweintraube, beheimatet in Australien und Südafrika, wo aus ihr tieffarbige, schnellreifende und doch langlebige Weine erzeugt werden, weich und alkoholisch und als solche an die Rhone-Provenienzen erinnernd, mit einem unverwechselbaren, etwas scharfen Aroma, dessen Charakterisierung Assoziationen mit dem Geruch eines verschwitzten Sattels weckt.
SIEGERREBE. Eine weitere etwas exotische Sorte, aus der in Deutschland ein nach Trauben riechender Weißwein gewonnen wird.
SILVANER. Keine Spitzensorte, eher bescheiden, aber doch unterscheidbar. Es wäre unfreundlich und irreführend, wollte man sie als «des kleinen Mannes Riesling» bezeichnen. Sie produziert einen sehr anständigen, trockenen Wein von weniger stark ausgeprägtem Charakter, weniger Finesse und Frische als die *Riesling.* Gute Beispiele sind im Elsaß zu finden, teilweise auch in Rheinhessen und Franken und im Schweizer Kanton Wallis (unter dem Namen Johannisberg).
STEEN. Eine seit langem kultivierte Varietät, ähnlich, vielleicht gar identisch mit *Chenin blanc.* Angepflanzt in der Kap-Region von Südafrika. Aus ihr wird zweifellos der beste und charaktervollste trockene Weißwein Südafrikas erzeugt.
SYRAH. Eine feine Sorte, zu finden vor allem im Rhonetal und dort verantwortlich für die roten Hermitages, verwendet auch im Châteauneuf-du-Pape: ergibt tiefe, starke, langlebige Weine.
TOKAY. Synonym für *Pinot gris* im Elsaß. Ein fester Weißwein mit wenigen Charaktermerkmalen. Nicht zu verwechseln mit dem ungarischen Tokaj.
TRAMINER. Siehe *Gewürztraminer.*
TREBBIANO. Eine wichtige italienische Rebsorte, aus der die weißen Soave, Orvieto, Chianti und andere Provenienzen gewonnen werden. Ihr Stil hängt von der Weinbereitung ab, doch zeigen sie zumeist ein Strohgelb und eine wächserne Nase mit wenig Frucht; am Gaumen trocken, von wenig aufregendem Geschmack und Abgang.

VIOGNIER. Eine ungewöhnliche Rebsorte, die in Condrieu – namentlich im Château Grillet – im Rhonetal einen frischen Weißwein hervorbringt, der sich durch Stil und Noblesse auszeichnet.
ZINFANDEL. Eine eigenartige Sorte und eine wohlgeeignete dazu, um in Kalifornien einen Rotwein von Charakter zu erzeugen, der zumeist sehr langlebig ist.

BODEN

Der Weinprüfer kann sich mit dem Wissen begnügen, daß dank Überlieferung und jüngeren Forschungsergebnissen heutzutage sehr genau festgehalten ist, welche Rebsorte auf welchen Böden am besten gedeiht. Dies gilt zumindest für die klassischen Weindistrikte Europas. Interessant ist die Tatsache, daß die besten Gewächse sehr oft von Böden stammen, die zu arm sind für den Anbau einer anderen Kultur: Granit- und Schiefergestein (Port), Kies-, Sand- und Lehmböden (Bordeaux), Schiefer (Mosel), Kieselstein (Châteauneuf-du-Pape) sind solche Beispiele.

Es scheint, daß der Boden zwar durchaus eine Hauptrolle im Wachstum spielt, jedoch eher in Form einer zurückhaltenden Unterstützung, indem er unaufdringlich *nur gerade jene* Nährstoffe, Mineralien und Feuchtigkeit vermittelt, die dem Rebstock erlauben, um seine Existenz zu kämpfen. Gewiß: Fruchtbare Böden ermutigen die Rebe zu reichem Ertrag – überreichem vielleicht, und produzieren so Quantität auf Kosten der Qualität. Die übermäßige Verwendung von Düngemitteln hat übrigens dieselbe Wirkung und kann den Trauben zudem unerwünschte Fremdgerüche mitteilen.

Feine Weißweine, die nach Frische und Säure verlangen, gedeihen am besten auf Kalkböden – Fino Sherry und Champagner beispielsweise. In der burgundischen Côte de Beaune kann die natürliche Anpassung der Rebe an den Boden höchst eindrücklich beobachtet werden: Spazieren Sie vom Rotwein-Rebberg «Corton» rundherum zum kalkigen Abhang von Corton-Charlemagne, wo nur weiße Trauben wachsen.

Einige Provenienzen – rote Graves, einige Rhone-Weine, Pfälzer beispielsweise – riechen und schmecken «erdig». Andere wiederum reflektieren den hohen Eisengehalt des Bodens in einem Eisengeschmack – wie in Teilen von St-Emilion. (Wenn Sie je einen eisengetönten oder einen eher an eine Medizin erinnernden australischen «Burgunder» getrunken haben, so werden Sie dieses Phänomen kennen.) Der kalifornische Napa-Valley-Boden gibt seinen Weinen eine deutlich erkennbare vulkanische Erdigkeit mit.

Unterboden

Die Bedeutung des Unterbodens kann nicht genug betont werden. Die Rebe gehört zur Pflanzenfamilie der Lianen, deren Wurzeln nahrungssuchend tief und ausladend in den Boden greifen. Reichtum und Extrakt eines Weines stammen aus der geeigneten Art von Unterboden.

Die Zusammensetzung dieses Unterbodens kann so stark variieren, daß oft feine und komplexe Unterschiede zwischen den Gewächsen aus zwei benachbarten Reblagen feststellbar sind, obwohl beide aus denselben Rebsorten und auf gleiche Art vinifiziert worden sind. Diese Unterschiede rühren hauptsächlich von der Beschaffenheit von Boden und Unterboden (letzterer ist wichtiger) und der Ausgewogenheit der Mineralstoffe her. Entwässerung und Lage des Weinberges (Neigung und geographische Ausrichtung) spielen ebenso ihre Rolle, besonders im Hinblick auf die lokalen Temperaturverhältnisse.

Selten allerdings sind *direkte* Auswirkungen des Bodens auf den Geschmack festzustellen. Sind sie einmal vorhanden, so manifestieren sie sich eher in Bei-Tönen in der Nase oder am Gaumen. Ihre Herkunft ist sehr schwierig zu definieren, und man müßte sich dem Studium von Boden- und Mineralgeschmacksvarianten sehr intensiv widmen, um etwas herauszukriegen. Der Weinprüfer sollte sich einfach ihrer Präsenz und ihres unleugbaren Einflusses *bewußt* sein und vielleicht versuchen, jene Boden-Charakteristika herauszutüfteln, die tatsächlich erkennbar sind.

Klima

Nach den schwer erfaßbaren, komplizierten Einflüssen des Bodens sind jene des Klimas oft untersucht und beschrieben worden und deshalb auch besser zu verstehen. Das Erkennen des Endproduktes und eines Jahrganges fällt um so leichter, je mehr man die Reaktionen der Rebe auf Sonneneinstrahlung, Kälte und Regen begreift.

Die geographischen Einflüsse wie die Begrenzung durch den Breitengrad, die Nähe von Flüssen und Seen, die Höhe über dem Meeresspiegel usw. dürften für den Degustator von sekundärer Bedeutung sein, denn die Weine, die er kauft, stammen normalerweise aus klimatisch geeigneten Weinbauregionen. Dennoch beanspruchen die hier auftretenden Unterschiede ein beträchtliches Interesse. Es gibt drei den Wein betreffende Hauptaspekte:

ZONE. Der erste Aspekt ist die Berücksichtigung und der Vergleich der Wirkung von zwei ganz verschiedenen Klimata: die zwar milden, doch bedeutsamen Unterschiede in einer gemäßigten Zone (z. B. in der nördlichen Hälfte Europas) und die ausgeglichenere, heiße, trockene Zone wie etwa Nordafrika, das Hochland von Südafrika, die bewässerten Regionen von Südaustralien und Südkalifornien. Die verhältnismäßige Gleichförmigkeit und Zuverlässigkeit der letzterwähnten Zone gestaltet das Leben eines Winzers weniger riskant und aufregend – aber auch jenes des Weinfreundes, wird er doch mit Weinen konfrontiert, die ebensowenig aufregend und gleichförmig sind wie ihre Wachstumsbedingungen. Solche Gewächse erklimmen keine Höhen, und jene, die es tun, sind freundliche Überraschungen. Das Leitmotiv für hochklassige Weine könnte also heißen: «Nil sine labore» (nichts ohne Mühe), denn es ist der Kampf mit den Elementen, der zu höchster Qualität führt.

JAHRESUNTERSCHIEDE. Der zweite Aspekt gehört nur in die gemäßigte Zone. Es sind die jährlich anzutreffenden Schwankungen, welche von enormer Bedeutung für das Konzept von Jahrgangsweinen sind. Einzelheiten über diesen Punkt finden Sie weiter unten.

MIKROKLIMA oder «Kleinklima» ist der dritte Aspekt. Von ihm betroffen ist die Lage des Reblandes innerhalb eines Weindistriktes. Diese mikroklimatischen Variationen wie Sonnenhänge, Frosttaschen, Nebelzonen, Föhngegenden, Wärmeintensität dank Wassernähe usw. nehmen direkten Einfluß auf die Qualitätsstufe eines Weines und führen zu Unterschieden von Weinberg zu Weinberg.

Der Weinliebhaber hierzulande wird hauptsächlich mit den Jahrgangsschwankungen konfrontiert sein. In der Beschreibung der allgemeinen Wirkung von zuviel Sonne und zuviel Regen werden jedoch auch die Extreme des ersten Aspektes beleuchtet. Weine, die unter klimatischen Randbedingungen erzeugt werden, weisen folgende Eigenschaften auf:

Zuviel Sonne und zuwenig Regen (in einem gegebenen Jahr oder in einem besondern Teil der Welt) vermindern die Saftmenge der Trauben, gerben die Beerenhäute und produzieren extrem viel Farbstoff und Tannin. In einigen nördlichen Zonen können die Häute am Ende der Reifeperiode schrumpfen und platzen, was eine unerwünschte Bakterienbildung fördert. Die erste Gärung kann dann nur schwer kontrolliert werden, man riskiert den Verderb. (Durch die Wahl von Rebsorte und Boden, durch Bewässerung und Faßkühlsysteme versucht man in heißen, trockenen Zonen, solche Gefahren zu bannen.) Als Resultat kommen vollfarbige, alkohol- und tanninreiche, schwere, grobe und harte Rotweine zustande. Bei Weißweinen mangelt es an Säure, und als Folge davon wirken sie schwer, flach und schlaff, ohne Anmut und mit wenig Bouquet.

Zuviel Regen und ungenügende Sonnenbestrahlung fördern die Saftbildung. Die Trauben werden jedoch nicht voll ausreifen, der Zuckergehalt bleibt gering und die falsche Art von Säure (Apfelsäure) hoch. Das Resultat ist ein oft ungenügender Alkoholgrad und eine blasse Farbe (bei Rotwein). Der Wein wird dünn, säuerlich, ohne Gleichgewicht und kurzlebig. Wird während der Vinifikation etwas unternommen, um den Zuckergehalt künstlich zu erhöhen und den Wein zu stabilisieren, kann er in ein akzeptables Getränk umgewandelt werden, doch wird nie ein feines Gewächs daraus.

JAHRGANGSTABELLEN. Diese gelobten und kritisierten Kärtchen stellen zumindest ein handliches *aide-mémoire* für die allgemeinen Wetterbedingungen in einer speziellen Region dar. Das Jahr 1977 beispielsweise erhält auf der Jahrgangstabelle der *International Wine & Food Society* in der Rubrik «Roter Bordeaux» nur zwei von sieben Punkten. Diese tiefe Einstufung spiegelt getreu die völlig ungenügenden Wetterbedingungen und entsprechenden Weine dieser Region. Dagegen erfreute sich der Norden Portugals im selben Jahr einer hervorragenden Kombination von Sonnenschein und Regenfall. Unter dem Titel «Portwein» sind deshalb sieben Punkte angegeben.[3]

Es sind Jahrgänge wie 1964, bei denen Verallgemeinerungen gefährlich werden. Schwere Regenfälle mitten in die Weinlese hinein zeitigten für jene Winzer verheerende Folgen, die mit der Lese warten wollten in der Hoffnung, das schöne Wetter würde noch andauern. Wer beizeiten, also vor dem Regen erntete (wie z. B. Château Latour), konnte sich glücklich schätzen und produzierte sehr gute Weine. Die «Spätleser» aber, eingeschlossen die Rebgüter von Lafite- und Mouton-Rothschild, Calon-Ségur, Lynch-Bages, Beychevelle usw., erzeugten verhältnismäßig dünne, schwächliche Weine, die nach fünf Jahren bereits überaltert waren. In St-Emilion regnete es nicht so stark wie im Médoc, und die Weine waren einheitlich erfolgreicher. Der geneigte Leser sieht: Jahrgangskärtchen können nützlich sein, doch wollen die vielen Ausnahmen beachtet sein. Immerhin sind Verallgemeinerungen besser als überhaupt keine Information.

Anfänger mögen sich von den Ausführungen über Jahrgänge nicht zu sehr beeindrucken lassen. Vergessen Sie Flasche und Etikett für eine Weile und erinnern Sie sich daran, daß das köstliche Naß aus einer Ernte stammt, welche von Wetterbedingungen betroffen ist wie jede andere Ernte auch. All die Jahrgangsgespräche und -meinungen können entkrampft werden, wenn wir uns das Wetter in einem bestimmten Jahr zu vergegenwärtigen suchen: Erfreuten wir Mitteleuropäer uns eines ungewöhnlich schönen, heißen Sommers, dann ist auch der Jahrgang höchstwahrscheinlich gut.

Weinbereitung (Vinifikation)

Die Pflege der Reben – diese jährliche, mühevolle Arbeit im Weinberg – unterscheidet sich in ihrer Sorgfalt von Winzer zu Winzer. Vernünftigerweise darf heute ein im Durchschnitt gutes Niveau vorausgesetzt werden, verdienen sich doch die meisten Weinbergbesitzer ihren Lebensunterhalt mit dem Verkauf ihres Erzeugnisses. Sie wissen, daß sich die Qualität ihrer Bewirtschaftung auf die Menge und die Güte auswirkt. Sie sind sich bewußt, daß die übermäßige Verwendung gewisser Düngemittel den Geschmack beeinträchtigt. Die Fähigkeiten und erprobten Methoden des Besitzers und/oder Kellermeisters sind es also,

die den unmittelbarsten Einfluß auf Farbe, Bouquet und Geschmack ausüben. Jeder gute Wein trägt die Handschrift seines Erzeugers.
FORTSCHRITT. Dank der Aktivität von önologischen Lehranstalten und Weinbaufachschulen, von staatlichen und privaten Instituten und Beratern werden heutzutage bedeutend weniger schlechte Weine erzeugt als noch vor einer oder zwei Generationen. Es wäre jedoch grundfalsch zu glauben, daß ohne die Hilfe der obengenannten Institutionen keine guten Weine hätten erzeugt werden können. Große Gewächse wurden produziert, bevor sich die Önologie als exakte Wissenschaft etablierte, ebenso wie Wein verkauft wurde, bevor Marketingkonzepte erfunden worden waren. Die Wissenschaften und Pseudowissenschaften sind Diener und moderne Hilfen – selten die Urheber, nie die Meister.

In der Vergangenheit, als Wissen, Kenntnisse und Kontrolle noch einen kleineren Platz einnahmen als heute, kam es öfter vor, daß beispielsweise eine Gärung durch wilde Hefen davongaloppierte, den Wein zum Kochen brachte und ihm einen Fremdgeschmack verlieh, daß Schwefel im Übermaß verwendet wurde usw. All diese Fehler und Unterlassungen beeinträchtigten Geruch und Geschmack in erheblicher Weise.

Das Hauptübel in unserer Zeit – was Rotwein betrifft – besteht im Verlangen des Großhandels nach schnellreifenden Weinen im Hinblick auf einen schnellen Lagerumschlag. Das führt zu beschleunigten Gärprozessen und vermehrtem Verschnitt. Im ersten Fall weist das Produkt weniger Frische und Tiefe in der Farbe, weniger Tannin und Extrakt auf, und Verschnitt neutralisiert die Qualität zu einem Typ unter Verlust jeglicher Individualität. In beiden Fällen geht deutlich eine Reihe von originalen Charakterzügen verloren zugunsten eines problemlosen, möglichst vielen Konsumenten gefallenden, nicht erklärungsbedürftigen Weines.
SORGFALT UND SAUBERKEIT. Die Sorgfalt, die dem Wein vor der Flaschenfüllung zuteil wird – oder eben ausbleibt –, kann den Geschmack direkt beeinflussen. Beispiele: der Holzton (Faßgeschmack) bei Weinen, die zu lange in neuen Fässern gelegen haben oder überhaupt zu lange darin aufbewahrt wurden; die stechende Schärfe einer Überschwefelung; der saure Oberton eines Weines, der zulange auf der Hefe gele-

gen hat; der Essigstich eines vermutlich vernachlässigten Weines oder Behälters.

Die Wirkung des Alters

Es ist eine etwas übertriebene, aber nützliche Vereinfachung zu sagen, Wein sei ein «Lebewesen». Gemeint ist damit, daß der fertige Wein in einem dauernden Entwicklungsprozeß begriffen ist, zuerst im Faß, dann in der Flasche. Der Leser möge auch uns eine Vereinfachung gestatten, nämlich die Verwendung und den Wirkungsbereich von glasausgekleideten Weintanks, Ionisation, Pasteurisation und von all den «aufgeklärten» modernen Werkzeugen und Techniken in der Weinbereitung zu übergehen. Das sind Dinge, die heute von vielen größeren und großen Unternehmen angewendet werden, um ihre Weine möglichst stabil und unveränderlich auf den Markt bringen zu können. In diesem letzten Abschnitt über die Geschmacksveränderung durch Alterung und Reife geht es aber nur um qualifizierte Jahrgangsweine.

QUALITÄT UND REIFE. Vielleicht sollten wir den Ausdruck «qualifizierte Jahrgangsweine» oder *vin de garde* definieren: Es ist ein Gewächs aus einem guten Rebberg und Jahrgang, dessen originale, jugendliche Teilkomponenten in genügender Stärke und passendem Gleichgewicht vorhanden sind, so daß nach einigen Jahren Faß- und hauptsächlich Flaschenlagerung diese Komponenten sich verschmelzen und zu einem harmonischen, charaktervollen Ganzen abrunden werden.

ROTWEIN. Junge Rotweine beginnen ihr Leben mit einer vollen Farbe, mit viel Tannin, Säure und Alkohol. Nach einer Periode, deren Dauer von der Stärke und dem Grad dieser Basiselemente abhängt, wird der Farbstoff durch Tannin ausgefällt (vgl. Kapitel X über die Veränderungen der Farbe), welches einerseits die herbe, trockene Wirkung allmählich verliert. Der Säuregehalt sinkt ab, der Wein wird reifer, milder, sein Geruch «süßer» und reicher, mit subtilen Obertönen und Wohlgerüchen. Der Eindruck am Gaumen wird ebenso weich, zart und harmonisch – ohne störende Kanten – mit feinsten Geschmacksnuancen, einem langen Abgang und einem positiven Nachgeschmack.

Rotweine münzen die Geduld, die für die Lagerung aufzubringen ist, am schönsten in einen Hochgenuß um.

Alle Rotweine? Nein. Billige Markenweine, typisierte Weine ohne Jahrgang sowie die einfachen Herkunftsbezeichnungen selbst aus dem Bordelais und dem Burgund verbessern sich generell nur innerhalb einer Flaschenlagerungszeit von sechs Monaten bis zwei Jahren. Sogar gut vinifizierte *Bourgeois*-Weine, besonders aus dem Bordelais, gewinnen durch eine allzulange Lagerung nichts hinzu. Es ist wichtig, diese Dinge in der richtigen Perspektive zu sehen: Ein 20 Jahre alter «Bourgeois» aus dem Médoc kann sich nicht zur Qualität eines «Grand cru classé» emporlagern. Er mag weicher geworden sein, aber im Endeindruck wird er immer noch wie ein *Bourgeois* schmecken, nur älter, müder und möglicherweise auch etwas trauriger.

Weisswein. Es ist eine landläufige Meinung, *trockene* Weißweine nicht zum Aufbewahren zu erstehen, sondern sie jung und frisch zu trinken. Auf die Mehrheit dieser Gewächse trifft das zweifellos zu. Weniger bekannt ist die Tatsache, daß trockene weiße Spitzengewächse, besonders aus den klassischen Weinregionen, sich nicht nur gut halten, sondern mit der Flaschenlagerung höchst bemerkenswerte Qualitäten in Farbe, Bouquet und Geschmack entwickeln. Ein 1966er Montrachet, ein 1952er Corton-Charlemagne oder gar ein 1947er Vouvray, viele trockene 1959er Qualitätsweine von Rhein und Mosel können sich noch immer in perfektem Reifezustand befinden. Voraussetzung hiefür ist eine einwandfreie Lagerung in konstanter, eher kühler (10 bis 12 °C) Temperatur. Vom finanziellen Standpunkt aus haben sie nicht – wie gleichwertige rote Gewächse – proportional zur Qualitätsentwicklung zugenommen. Von den vielfältigen Sinneseindrücken und der Lebensfreude her gesehen können sie jedoch eine Offenbarung sein, was – wenn man es sich recht überlegt – doch das eigentliche Vergnügen am Wein ausmachen sollte ...

Je älter, desto besser? Das Fazit aus diesen Ausführungen: Das Älterwerden verleiht einem gewöhnlichen oder Mittelklassewein nicht mehr Qualitäten als jene, die er schon von Anfang an besaß. Die einzigen Provenienzen, die über lange Jahre hinweg in jeder Beziehung aufblühen, sind nur «reinrassige», solche mit Stammbaum: die klassifizierten Bordeauxgewächse; die als *Grand cru* klassierten Burgunder aus klar bezeichneten Einzellagen (Climat) und von ihren Besitzern dort abgefüllt; die seltenen, aristokratischen Chianti Classico (auch aus exakt umschriebenen Weinbergen) und Barolo; die großen Dessertweine wie Vintage-Port, ein reicher Tokaj Aszu, die großen, süßen Sauternes und Loire-Weine (besonders Côteau du Layon) sowie die Beeren- und Trockenbeerenauslesen von Rhein und Mosel. Und neu hinzu gestoßen sind einige Spitzenqualitäten aus Kalifornien und Australien.

[1] *Varietal-Wines:* Wein benannt nach der Traubensorte, aus der er gekeltert ist, z. B. Cabernet Sauvignon, Pinot Chardonnay, Zinfandel.
[2] Im Zusammenhang mit Wein bezeichnet «Climat» in Burgund einen bestimmten, namentlich erwähnten Weinberg, ohne Rücksicht darauf, ob er einem einzigen oder mehreren Besitzern gehört.
[3] Das Thema der Jahrgangsunterschiede hat Michael Broadbent in seinem Werk *Das große Buch der Weinjahrgänge* ausführlich behandelt. Auf den Herbst 1993 erscheint die aktualisierte Zweitausgabe dieses monumentalen Werkes.

V
Die Charakteristika der Weinbauregionen

Kadarka

Florentius (GEOPONICA VII 7) empfiehlt dem Käufer,
vor dem Erwerb eines Weines diesen bei Nordwind zu probieren,
weil er da die beste Chance habe, ein zutreffendes Urteil
über die Qualität zu formulieren.

Henderson,
«A History of Ancient and Modern Wines», 1824.

Dieses Kapitel ist ein Versuch, dem Leser Hinweise darauf zu geben, worauf besonders zu achten ist, wenn er vor einem Wein aus einer Region, einem Distrikt oder einem bestimmten Stil steht. Die Beschreibung von einzelnen Weinen würde eine Enzyklopädie füllen. Die Beschränkung auf charakteristische, unterscheidende und ungewöhnliche Grundzüge drängt sich auf. Es mag hilfreich sein, den Daumen beim Kapitel IV über die Rebsorten einzuschieben und mit der rechten Hand gleichzeitig das Glossar zu bedienen.

Die Stichworte sind nach Land, Region, Distrikt (manchmal auch Gemeinde) und Typ angeordnet. Die guten, mittleren und schlechten Jahrgänge werden bei jeder Region erwähnt. Das Kapitel schließt mit einer tabellarischen Übersicht über die Einordnung von trockenen, süßen, leichten und schweren Weinen ab.

Dieser Aufbau erscheint vielleicht etwas streng, gewisse Verallgemeinerungen als zu weit gehend. Als vereinfachter Führer durch die Weinlandschaften jedoch wird er sich im Rahmen unseres Themas als nützlich erweisen. Degustieren ist derart subjektiv, daß ich es dem geneigten Leser überlassen möchte, seine Kenntnisse auf *seine* Weise und durch eigene Kostproben zu vertiefen.

FRANKREICH

Rot, weiß, trocken, süß, stille und schäumende Weine, alkoholverstärkte, *vins liquoreux,* gewürzte, vom Feld-Wald-und-Wiesen-Wein bis zum feinsten und seltensten Gewächs: Frankreich produziert die ganze Skala. Hier eine Kurzbeschreibung der wichtigsten Weinregionen und -distrikte:

BORDEAUX (ROT)

Bordeaux ist als eher *leichter* Wein zu betrachten. Er kann sich jedoch unterscheiden von tieffarbig und recht «gewichtig» bis zu hellrot und leicht – je nach Distrikt, den Klimaverhältnissen in einem Jahrgang, der geographischen Situation des Weinberges und der Methode der Vinifikation.

Médoc

Der klassische Bordeauxdistrikt: feste, trockene Weine, purpurrot und tanninhaltig in der Jugend, elegant und harmonisch im Alter. Die Lebensspanne hängt vom Jahrgang ab, vom Gewicht und der Klasse einer Provenienz. Hier die wichtigsten *Gemeinden:*

PAUILLAC. Tiefe, konzentrierte Farbe, fast undurchsichtig in der Jugend; unverkennbares und kompaktes *Cabernet-Sauvignon*-Aroma (vgl. Seite 43), deutlicher Tannin- und Säuregehalt, solange unreif. Die größten Gewächse lagern und entwickeln sich sehr gut. Heimat der drei Weine (von vier im Médoc) «Premier grand cru classé»: Lafite-Rothschild, Latour, Mouton-Rothschild.

ST-ESTÈPHE. Tieffarbig, starke und herbe Fruchtigkeit; *Cabernet* tritt etwas weniger hervor; voll, kräftig, stark gerbstoffhaltig. Langsame Reife. Sehr solide Weine aus schweren Lehmböden.

ST-JULIEN. Bordeaux, wie er im Buche steht: etwas leichter und zarter; eher Zedern-Bouquet; ausgeglichen, elegant, harmonisch. Nicht die längste Lebensdauer, jedoch zu höchster Finesse fähig.

MARGAUX. Zeigt verschiedene Stile, aber im ganzen gesehen in Farbe und Gewicht ähnlich dem St-Julien; sehr vornehm, kompaktes, stark parfümiertes *Cabernet*-Bouquet. Entwickelt sich gut.

MOULIS, LISTRAC, SOUSSANS UND SAINT-LAURENT. Diese im Hinterland des mittleren Médoc gelegenen Gemeinden produzieren fruchtige und trockene Weine, ohne die stark hervortretenden Charakteristika der obenerwähnten Gemeinden und Rebberge. Sie lagern gut, schließen die Entwicklung jedoch etwas früher ab.

Graves

Ähnlich im Gewicht wie die Médocs, jedoch eher schneller reifend. Granatrot zu Beginn, zeigen sie erdige, rotbraune Farbtöne etwas früher. In Bouquet und Geschmack merkbarer Erdton, in guten Lagen mit schöner Frucht verbunden, weich und abgerundet.

Pomerol

Zwei Arten: die eine tief, fest und Médoc-ähnlich, aber mit vollem, seidigem *Merlot*-Reichtum, langsam sich entwickelnd; die andere leicht in Farbe und Gewicht, «süßer», sanfter und schnellreifend. Beide Arten besitzen ein merkbar samtenes Gefüge. Leichte Jahrgänge entwickeln sich rasch.

St-Emilion

Ebenfalls zwei Arten: die größere Gruppe von den «Côtes» um das Städtchen St-Emilion herum (z. B. Château Ausone, Canon, Belair), tief, aber schnellreifend, «süßer» in Bouquet und Geschmack. Leichtverständlich, blumig.

Die kleinere Gruppe von den «Graves» (Kiesboden) nahe Pomerol; feste, feine, fruchtige Weine, intensiv in Farbe und Geschmack. *Cabernet*-Aroma mit einer Spur von Eisen-/Erde-Charakter, spürbar in Nase und Gaumen (z. B. Château Cheval-Blanc, Figeac).

Fronsac

Gute, tieffarbige Weine; hart, fruchtig in Bouquet und Geschmack, gerbstoffhaltig; benötigt Flaschenlagerung, obwohl nicht zu großer Entwicklung fähig. Ähnlich einem festen, harten Pomerol. Herb, aber rein und charaktervoll.

Bourg und Blaye

Der Médoc des armen Mannes – wenn man diese Weine so charakterisieren kann, ohne beleidigen zu wollen. Trocken, geradlinig, ziemlich ungehobelt. Benötigen etwas Flaschenreife, sollen jedoch nicht zehn Jahre lang vergessen werden. Alles, was daraus resultieren würde, wäre ein immer noch geringer, ungehobelter Wein – zehn Jahre älter.

BORDEAUX-JAHRGÄNGE

Große Jahre: 1928, 1929, 1945, 1947, 1949, 1953, 1959, 1961, 1966, 1970, 1982, 1990.

Gute Jahre: 1933, 1934, 1943, 1948, 1950, 1952, 1955, 1962, 1964, 1971, 1975, 1976, 1978, 1979, 1981, 1983, 1985, 1986, 1988, 1989.

Mittelmäßig oder sehr unterschiedlich: 1937, 1954, 1957, 1958, 1960, einige 1964er, 1967, 1969, 1972, 1974, 1977, 1980, 1984, 1987, 1991.
Ausgesprochen kleine Jahre: 1951, 1956, 1963, 1965, 1968.

REIFESPANNE
Große Weine: 12 bis 30 Jahre. *Gute Weine:* 8 bis 20 Jahre. *Kleinere:* 5 bis 10 Jahre.

Bordeaux (weiss)

Sie sind anzutreffen in den Kategorien «sehr trocken bis halbtrocken», von «halbsüß bis sehr süß». Farbe: von blassem Strohgelb (etwas gelber in heißen Jahren) über golden bis zum tiefen Altgold eines ehrwürdigen Sauternes. Der gemeinsame Nenner in der Nase ist der weiche Duft der *Sémillon*-Rebe, frisch und saftig in der Jugend, tief, reich und honigartig in der Vollreife.

Graves

Farbskala wie oben. Sehr trocken bis halbtrocken, mit mehr Körper und weniger von der etwas ziehenden Säure der weißen Loire-Weine, weniger duftintensiv als Rheingewächse. Sehr fein auf dem Höhepunkt, den er zwischen dem dritten und dem achten Flaschenjahr erreicht. Die weniger guten Gewächse sind oft matt und flach und nicht gerade inspirierend.

Sauternes

Tief und goldener in der Farbe. Typischer honigartiger Geruch von überreifen Trauben (*pourriture noble* = Edelfäule). Im wesentlichen süß und körperreich, obwohl in Gewicht und Reichtum von Jahr zu Jahr unterschiedlich und abhängig vom Gegengewicht, welches durch die Säure gebildet wird. Erfassen Sie vor allem die Konzentration und den Nachgeschmack eines wirklich großen Gewächses. Feine Sauternes halten sich nicht nur gut, sondern benötigen geradezu die Flaschenalterung. Ein unterbewerteter Distrikt.

Barsac

Ähnlich in Stil und Absicht wie der Sauternes, obwohl manchmal etwas blasser, grünlicher in der Jugendfarbe; oftmals erfrischenderes, entgegenkommenderes Bouquet; etwas leichter im Körper und weniger gehaltvoll, besonders in kleinen Jahrgängen.

WEISSE BORDEAUX-JAHRGÄNGE

Feinste, klassische Jahrgänge: 1921, 1928, 1937, 1945, 1947, 1949, 1955, 1959, 1983, 1988, 1990.

Sehr gute Jahre: 1929, 1934, 1943, 1948, 1950, 1952, 1953, 1962, 1967, 1970, 1971, 1975, 1976, 1985, 1989.

Gute, etwas leichtere Jahrgänge: 1957, 1961, 1969, 1966, 1973, 1979, 1981, 1982, 1984, 1986, 1991.

Unterschiedlich oder klein: 1951, 1956, 1963, 1964, 1965, 1968, 1972, 1974, 1977, 1978, 1980, 1987.

REIFESPANNE

Große Sauternes: 10 bis 100 Jahre, am besten zwischen dem 20. und 30. Jahr.

Gute Sauternes: 8 bis 40 Jahre, am besten zwischen dem 10. und 20. Jahr.

Kleinere Süßweine und die trockenen Gewächse: 2 bis 10 Jahre, am besten zwischen dem dritten und dem achten Jahr. (Beste Graves aus großen Jahrgängen: 10 bis 30 Jahre.)

Burgund (rot)

Es ist schwierig, in Burgund zu verallgemeinern. Entscheidend ist der von einem Produzenten oder Händler angestrebte Stil. Immerhin darf festgehalten werden, daß Burgunder im Verhältnis zu Bordeaux grundsätzlich verschieden ist in bezug auf Stil, Gewicht und Entwicklung. Innerhalb dieser Region können große Abweichungen in Farbe, Körper und Qualität auftreten. Die besten sind tief und reich in der Farbe, von feinem, reifem *Pinot*-Aroma und -Duft, ziemlich alkoholreich, aber samtig und dank der Absenz von adstringierendem Tannin von schnellerer Entwicklung.

Die folgenden Notizen beziehen sich ausschließlich auf originale Domänenweine aus guten Jahren und die Gewächse einiger guter Produzenten-Händler.

Côte de Nuits

Der klassische Distrikt für rote Burgunder, erzeugt volle, feste und langlebige Weine. Die *Gemeinden:*

Gevrey-Chambertin. Im besten Fall (das heißt guter Jahrgang, Einzellage, erstklassiger Produzent) tieffarbig, unnachahmliches Bouquet; reich, männlich, komplex, mit «fleischigem» *Pinot*-Aroma; körperreich, stark und doch samtig, langlebig.

Chambolle-Musigny. Fast das Gegenteil: leichter, vornehmer, feminin, elegant; berühmt für sein duftendes Bouquet. Der «Margaux» der Côte de Nuits.

Morey-St-Denis. Zwei Arten: die eine groß und fruchtig, die andere leichter und etwas loser strukturiert. Die besten Beispiele sind fest und elegant. Manchmal etwas dünn und kurzlebig.

Vougeot. Das berühmte «Clos» ist allzu stark parzelliert, als daß *eine* Beurteilung abgegeben werden könnte. Zu viele renommieren damit. Unterschiedliche Qualitäten. Im besten Fall: ziemlich voll, fest, schmackhaft und langlebig.

Echézeaux. Über Vougeot gelegen, von fester Konstitution und Struktur, elegant; bei erstklassiger Vinifikation können diese Weine sehr delikat sein.

Vosne-Romanée. Das Herz der Côte de Nuits. Farbe: variabel in der Tiefe; reich duftendes Bouquet, fähig zu außergewöhnlicher Opulenz und Würze. Am Gaumen nuancenreich, samtig, aber nicht schwer. Erstklassige Winzer können in einer Spitzenlage den Inbegriff von Burgunderwein in Eleganz und Stil erzeugen.

Nuits-St-Georges und Prémeaux. Erste Provenienzen könnten als Schulbeispiele für Burgunderwein dienen, jedoch ohne die Würde des Chambertin oder die stattliche Fülle des Vosne-Romanée. Angenehm, voll, fest, schmackhaft. Beachten Sie das feine, an Rauch und Eiche erinnernde *Pinot*-Aroma in den Gewächsen aus ersten Domänen, wie zum Beispiel jenen von Henri Gouges oder Robert Chevillon.

Côte de Beaune

Allgemein weniger kompakt, weniger konzentriert und von kürzerer Lebensdauer als Nuits. Beschwingt und angenehm, aber – wie bei allen Burgundern – nur die besten Domänen geben ein ehrliches Bild der *Pinot*-Traube und ihrer Herkunft.

Aloxe-Corton. Nicht mehr (aber auch nicht weniger) als gefällige, mittelgewichtige Weine, ausgenommen «Le Corton» und die Spitzenlagen wie Bressandes, Perrières usw., die manchmal mit einem Chambertin in bezug auf Gewicht, Körper, «Fleisch» und dem leicht rauchigen *Pinot*-Aroma konkurrieren können. Diese Lagen erbringen langlebige Weine.

Beaune. Das Zentrum des Burgunds, geographisch wie auch im Stil seiner Weine. Die besten sind ausgewogen im Körper, elegant, mit gutem *Pinot*-Geschmack.

Pommard. Dem Beaune nicht unähnlich. Nur die «Climats» von Epenots und Rugiens produzieren vornehme Weine, die sich gut entwickeln. Im allgemeinen überbewertet.

Volnay. Leichter in Farbe und Konstitution; fest, elegant, ziemlich delikat. Gute Lagen sind voll Finesse. Der Chambolle-Musigny der Côte de Beaune, jedoch eine Idee tiefer einzustufen.

Santenay. Der südlichste Wein der Côtes und relativ klein. Echter Santenay ist leicht und ehrlicherweise nicht mehr als gefällig. Erwarten Sie weder Tiefe noch Finesse.

ROTE BURGUNDER-JAHRGÄNGE

Große Jahre: 1911, 1915, 1919, 1923, 1928, 1945, 1947, 1949, 1959, 1971, 1978, 1985, 1988, 1990.

Gute Jahre: 1924, 1926, 1929, 1933, 1934, 1937, 1948, 1952, 1953, 1955, 1961, 1962, 1964, 1966, 1967, 1970, 1976, 1982, 1983, 1986, 1989.

Ziemlich gut: 1954, 1957, 1972, 1973, 1974, 1977, 1979, 1980, 1981, 1984, 1991.

Kleine Jahre: 1951, 1956, 1958, 1960, 1963, 1965, 1968, 1975, 1987.

REIFESPANNE

Große Jahre: 8 bis 30 Jahre. *Gute Weine:* 6 bis 15 Jahre. *Kleine Weine:* 3 bis 8 Jahre. (Einige Spitzenprovenienzen aus den 20er Jahren sind noch immer gut. Verallgemeinerungen sind wirklich relativ.)

Burgund (weiss)

Im wesentlichen sind alle weißen Burgunder von blasser Farbe und trocken. Heiße Jahre wie 1959 und 1964 hatten ausnahmsweise eine tiefere Farbe zur Folge, mehr Körper und einen Hauch von Süße. Reife Gewächse aus erstklassigen Weingärten können sich auch in andern Jahrgängen durch Intensität und Körperreichtum hervorheben.

Chablis

Bekannt für sein ansprechendes, helles Strohgelb mit einem Grünton darin; die «Climats classés grands crus» oder «Premier crus» zeigen eine zarte, stahlige Nase, sind sehr trocken, frisch und weisen am Gaumen einen «Feuersteingeschmack» auf; Feinheit und langer Nachgeschmack wiegen die Herbheit auf.

Côte de Beaune

Puligny-Montrachet. In Gewicht und Stil dem Chablis nicht unähnlich, die besten jedoch zeigen ein bemerkenswert duftiges Raucharoma von der *Chardonnay*-Rebe. Fest, sauber, erfrischend am Gaumen. Schulbeispiel für weißen Burgunder. (Leflaive ist erstklassig.)

Le Montrachet. Strahlendes Gelb, welches mit der Reife in reine Goldfarbe übergeht; tief, komplex, reich im Bouquet. Trocken, nervig, rund, vornehm, lang im Abgang, eindrücklich im Nachgeschmack. Großes Gewächs, wenn von einem ersten Produzenten (z. B. Comte de Lafon).

Bâtard-Montrachet. Fein, voll, trocken, «eichig». Substanzreich und von hoher Qualität.

Chevalier-Montrachet. Etwas zarter, leichter, eleganter.

Chassagne-Montrachet. Der benachbarten Gemeinde Puligny nicht unähnlich, aber eine Spur weniger elegant, weniger streng. (Produziert auch sehr gute Rotweine.)

Mersault. Oft gelber in der Farbe; etwas weicher, trockener, etwas breiter angelegt in Struktur und Charakter.

Corton-Charlemagne. Bekannt für sein volles Aroma, das an Nüsse und Vanille (Eiche) erinnert. Körperreich und langlebig.

JAHRGÄNGE FÜR WEISSE BURGUNDER

Große Jahre: 1952, 1967, 1969, 1971, 1978, 1989.

Gut: 1953, 1955, 1959, 1961, 1962, 1964, 1966, 1970, 1974, 1976, 1979, 1981, 1982, 1983, 1985, 1986, 1990

Mittelmäßig: 1957, 1972, 1973, 1975, 1977, 1980, 1984, 1987, 1988, 1991.

Klein: 1956, 1958, 1960, 1963, 1965, 1968.

Südburgund

Südlich der Côte d'Or, zwischen Chagny und dem Randgebiet von Lyon, liegt ein Gürtel von Weinbezirken mit relativ geringer Bedeutung – nicht kommerziell, sondern degustativ. Sie erzeugen gefällige, aparte Weine, die jedoch keinen Anspruch auf besondere Distinktion erheben.

Chalonnais

Rully, Mercurey und Givry sind rote, mittelgewichtige Provenienzen von burgundischem Charakter: fruchtig, aber eher jung zu trinken. Aus Montagny stammt ein guter, ausgewogener, trockener Weißwein; angenehm, aber nicht groß.

Mâconnais

Beste Mâcon Rouge und Mâcon Blanc sind sauber, leicht, freundlich und trocken. Man soll nicht mehr erwarten. Pouilly-Fuissé, obwohl eine Idee höher zu stellen, wird oft überschätzt und zu hoch bewertet. Gute Pouilly-Fuissé sind blaßfarbig, trocken, sauber und erfrischend. Große Feinheiten oder erinnerungswürdige Unterschiede fehlen.

Beaujolais

Es gibt zwei Arten von echtem Beaujolais: der momentan in Mode stehende, modern vinifizierte Beaujolais *Nouveau,* der eine Hauptrolle in der Vermarktung der Ernte spielt. Er zeigt sich in durchscheinend violettrotem Kleid, hat ein in die Nase springendes, stark parfümiertes Traubenaroma, ist trocken, sehr leicht (dünn in kleinen Jahren), schmackhaft am Gaumen und weist eine deutliche, erfrischende Säure auf. Er *muß* jung getrunken werden, da er schnell bereitet wird und keine Anlagen zum Reifen besitzt. Allerdings stammt feiner Beaujolais, nach dem zu suchen sich lohnt, nach wie vor aus Einzellagen, ist unverschnitten und nach traditionelleren Methoden vinifiziert: tiefer und substantieller in Farbe und Körper, mit einem eleganten, weinigen *Gamay*-Bouquet und -Geschmack, besser mit etwas Flaschenlager: 2 bis 5 Jahre, je nach Lage und Jahrgang.

Weißer Beaujolais ist üblicherweise bleich und trocken, oft mit etwas mehr Körper als Mâcon Blanc oder gar Pouilly-Fuissé ausgestattet.

BEAUJOLAIS-JAHRGÄNGE

Die eher seltenen Spitzenjahrgänge jüngeren Datums sind: 1976, 1978, 1983, 1985, 1989.

Rhonetal (rot)

Die Hauptmerkmale dieser Provenienzen widerspiegeln die Beschaffenheit des Terrains und die Intensität der Sonnenbestrahlung. Oft vollfarbig und tief in der Jugend; körperreich, schwer, weniger elegant und weniger Säure als Burgunder.

Châteauneuf-du-Pape. Entspricht etwa dem, was sich die meisten Leute als Rhonewein vorstellen: dunkelrot (ausgenommen in kleinen Jahren oder bei schneller Vinifikation), vierschrötig, fruchtig, weich bei gutem Gleichgewicht. Weiniges Bouquet, jedoch kein deutliches Sortenaroma, was auf die *mélange* von diversen Rebsorten zurückzuführen ist (bis 13). Tannin und Säure sind weniger ausgeprägt als in Bordeaux. Die besten Provenienzen können mit dem Alter trotz allem eine gewisse Finesse erreichen.

Hermitage. Obwohl ähnlich tief und vollfarbig, steht ihr Stil im Gegensatz zum Châteauneuf-du-Pape: weniger schwer, etwas feineres Bouquet, beträchtliche Eleganz und ausgeglichen. In diesem Sinne eher Bordeaux-ähnlich. Verbessert sich mit dem Alter.

Côte Rôtie. Etwas vom Gewicht und der Wärme eines Châteauneuf, jedoch mit der Eleganz eines Hermitage. Langlebig.

Lirac, Ventoux, Gigondas. Obwohl aus dem heißen Südteil des Rhonetales stammend, handelt es sich um eher leichtere, Beaujolais-

ähnliche Weine. Die besten sind köstlich, fruchtig und nicht zu ernst zu nehmen. Tiefe und Finesse fehlen meistens.
TAVEL ROSÉ. Der Rosé, der einem Rotwein am nächsten kommt. Deutlichste Merkmale sind seine Trockenheit, sein mittlerer Körper und eine gewisse Herbe. Weniger frivol als die meisten Rosés.

RHONETAL (WEISS)

Die geographische Lage deutet auf Gewicht und Charakter hin. Hellgelb in der Farbe, körperreicher als weiße Burgunder und mit weniger Säure. Das Bouquet ist nicht sehr ausgeprägt, ausgenommen bei wirklich gutem Hermitage, Condrieu und dem Château Grillet.
CHÂTEAUNEUF-DU-PAPE BLANC. Selten zu finden. In guten Jahren von ungewöhnlichem Charakter. Voll in Farbe und Körper, tief, reich.
HERMITAGE BLANC. Zitronengelb; der Geschmackston einer ausgedrückten Zitronenschale ist denn auch im stilvollen Bouquet und Geschmack zu finden. Trocken, oft edel.
CHÂTEAU GRILLET. Frankreichs kleinste Lage mit eigener Appellation contrôlée (1,6 ha). Ein ungewöhnlicher Wein, der das Recht auf eine eigene Bezeichnung durchaus verdient. In einem guten Jahr (1969 beispielsweise oder 1971) vollgelbe Farbe; weinig, blumiges Bouquet; trocken, ziemlich rund, stilvoll; im Geschmack eine Spur Caramel mit anhaltendem, würzigem Abgang. Langlebig.

RHONE-JAHRGÄNGE

Sehr gut: 1929, 1949, 1952, 1953, 1955, 1957, 1959, 1960, 1961, 1962, 1964, 1966, 1967, 1969, 1970, 1976, 1978, 1979, 1982, 1983, 1985
1988, 1990.
Mittlere Jahre: 1971, 1972, 1974, 1977, 1980, 1981, 1984, 1986, 1987, 1989, 1991.
Klein: 1956, 1963, 1965, 1968, 1975.

LOIRE

Totaler Gegensatz zur Rhone. Hauptsächlich Weißweine, sehr trocken bis mitteltrocken; viel leichter im Körper, mit prägnanter, erfrischender Säure.

SANCERRE UND POUILLY-FUMÉ. Wiederum ist hier die grünliche Tönung im blassen Gelb zu finden; deutliches, köstliches, an schwarze Johannisbeeren erinnerndes *Sauvignon-Blanc*-Aroma; sehr trocken, manchmal etwas spitz, leicht (dünn in kleinen Jahren), mit pikanter Frucht und hoher Säure.

VOUVRAY. Obwohl mit hohem Säuregehalt, ist er breiter im Stil als Sancerre, mit angenehmem, nicht sehr deutlichem, weichem Vanille-Aroma. Entweder trocken oder halbsüß (*demi-sec*). Letzterer kann langlebig sein und eine honigartige Fülle entwickeln.

Es gibt auch gefälligen *Vouvray pétillant* (leicht moussierend) und vollmoussierende Weine, nach der Champagner-Methode erzeugt.

SAUMUR. Dünne, aber schmackhafte Weiß- und Rotweine (Champigny). Hervorragende Schaumweine, lebendig, mit attraktivem Traubenaroma, halbsüß, leicht und sauber.

CHINON UND BOURGUEIL. Die beiden Hauptbezirke für Rotweine. Mittlere, Beaujolais-ähnliche Farbe, violettrot in der Jugend. Pikantes Himbeeraroma, trocken, leicht, sehr schmackhaft und fruchtig, aber scharf und dünn in kleinen Jahren.

SAVENNIÈRES. Gelb; elegantes, wachsweiches Bouquet; trocken, fest und ausgewogen.

CÔTEAUX DU LAYON. Gelb; eher unterspieltes, weiches Aroma, welches sich mit dem Alter vertieft und deutlicher ausprägt. Haupttyp: halbsüß mit reicher, reifer, attraktiver Frucht und deutlicher Säure. Bonnézaux und Quarts de Chaume lagern ausgezeichnet, ja verbessern sich mit der Flaschenlagerung. Gute Dessertweine für den Sommer.

MUSCADET. Kaum beschreibbar in Farbe und Bouquet; im Geschmack ohne hervorstechende Merkmale. Normalerweise knochentrocken, aber sauber und manchmal mit gewisser Würze.

LOIRE-JAHRGÄNGE

Groß: 1921, 1937, 1947, 1959, 1964, 1976, 1983, 1985, 1989, 1990.
Gut: 1969, 1970, 1971, 1973, 1974, 1975, 1978, 1979, 1982, 1986, 1988, 1991.
(Nur die feinsten Vouvrays und Côteaux du Layon halten 15 Jahre oder mehr. Die trockenen Weißen sind dünn und übersäuert in kleineren Jahren und halten sich nicht gut.)

Elsass

Im Elsaß werden die Weine nach der Rebsorte und nicht nach geographischen Namen bezeichnet. Fast alle sind weiß, die meisten trocken. Im allgemeinen ehrlich und zuverlässig.
Riesling. Haupterscheinungsform: unverwechselbare Frucht, stahlig im Geschmack, trocken, frische Säure.
Gewürztraminer. Haupterscheinungsform: würziges Trauben-Bouquet und ebensolcher Geschmack. Weich, fetter als der Riesling, weniger Säure.
Muskat. Sehr bestimmtes Trauben-Bouquet, aber überraschenderweise trocken am Gaumen, leicht, manchmal etwas herb.
Silvaner. Tiefer zu werten als obige Weine, weniger ausgeprägte Merkmale. Trocken, mild.
Tokay, Pinot gris. Gute, trockene Gewächse, jedoch überschattet von den zwei ersterwähnten, klassischen Rebsorten.

ELSÄSSER-JAHRGÄNGE
Gut: 1966, 1967, 1969, 1970, 1971, 1973, 1976, 1979, 1981, 1983, 1985, 1989, 1990.
Mittelmäßig: 1974, 1975, 1978, 1980, 1982, 1984, 1988, 1991.
Dünn: 1963, 1965, 1968, 1972, 1977, 1986.

Champagne

Grundsätzlich zwei Arten: Reine *Lagen*champagner aus höchstklassierten («Grand cru 100 %») Weinbergen – zum Beispiel Cramant, Mailly –, selten zu finden und infolge des höherwertigen Traubengutes nicht vergleichbar mit der bekannten, zweiten Art: den *Marken*champagnern. Bei dieser Gruppe ist der Markenname für die Qualität von größter Bedeutung, obwohl die meisten großen Häuser eine *De-Luxe*-Mischung von gewisser Veredelung und Vornehmheit produzieren. Ob es sich um einen vollen, «fleischigen» Klassiker (z. B. Krug, Bollinger) handelt oder um einen hellen, leichten Blanc de Blanc (z. B. Taittinger) – die wesentlichen Merkmale eines feinen Champagners sind:
Erscheinung: Ansprechendes Blaßgelb mit einem ständigen Fluß von

kleinen, gleichförmigen Bläschen. Die Farbe geht mit dem Alter in Gold über, die aufsteigenden Perlen werden langsamer, seltener.
Bouquet: Fest, weinig (in guten Gewächsen), entweder im reichen, «fleischigen» *Pinot-noir*-Stil oder aber mit nußartigem, leicht «rauchigem» *Pinot-Chardonnay*-Aroma.
Gaumen: Naturtrocken (*Brut Intégral, Brut Zéro, Brut de Brut*), trocken (*Brut*) bis halbtrocken (*Sec, Demi-sec*), je nach Typ; leicht und fest bis voll – je nach Stil des produzierenden Hauses. Was echten, feinen Champagner von andern Schaumweinen unterscheidet, ist die Finesse, Eleganz, Intensität des Geschmackes und der lange Abgang.

Champagner-Jahrgänge werden nur in guten Weinjahren erzeugt und auf der Flasche angegeben. Folgende Jahrgänge wurden «deklariert»:
1923, 1928, 1937, 1943, 1945, 1947, 1949, 1952, 1953, 1955, 1959, 1961, 1962, 1964, 1966, 1969, 1970, 1971, 1973, 1975, 1976, 1978, 1979, 1980, 1981, 1982, 1983, 1985

Cahors

Obwohl 1971 in die Gruppe der *Appellation-contrôlée*-Weine aufgestiegen, sind diese Provenienzen außerhalb Frankreichs selten anzutreffen, der «schwarze» Cahors praktisch überhaupt nicht. Beste Cahors sind tief, charaktervoll, extraktreich und langlebig.

Midi

Die Distrikte von Gard, Hérault und Aude erzeugen viele Weiß- und Rotweine, jedoch keine, über die sich ein Verweilen lohnt. Die besten sind angenehme Tischweine. Einige – wie Fitou – besitzen Charakter und Geschmack. Ein paar wenige neue Weingärten erzeugen jedoch seit einigen Jahren hervorragende Qualität, im besondern die Prieuré Saint-Jean de Bébian (Coteaux du Languedoc) und Mas de Daumas Gassac (Hérault).

Klassisch, aber wenig gesehen außerhalb Frankreichs sind die *vins doux naturels:* süße Dessertweine wie Lunel, Muscat de Frontignan und (im Rhonetal) Beaume de Venise. Sie weisen alle eine blasse, rotbraune Farbe und ein attraktives Muskatelleraroma auf. Im Gaumen süß, voll und mit erfrischender Säure.

Provence

Solid und respektabel, oft schwer. Wenige gute, würzige, blumige Bandol. Bei den Rosés gibt es zwei Arten: die hellfarbigen, billigen, trockenen Rosés, deren Hauptattraktion die Flaschenform ist. Einige wenige hervorragende Güter erzeugen gute Gewächse: mittelgewichtig, elegant, den Jahrgang tragend, teilweise gar hochklassig (Domaines Ott, Vignelaure). Trockene und wenig begeisternde Weißweine, mit seltenen Ausnahmen wie z. B. Clos Mireille.

Jura

Die Rot-, Weiß-, Rosé- und Schaumweine dieses Gebietes sind – mit wenigen Ausnahmen – gesund, ziemlich ansprechend, aber zu kommerziell und ohne besondere Vorzüge. Immerhin ist der Jura aber die Wiege eines der originalsten Weine der Welt: des *Vin jaune* von Château Chalon. Gelb in der Farbe, mit starkem Nußbouquet, trocken, duftend, körperreich. Eine Kreuzung zwischen einem alten Fino Sherry und einem Tokajer Szamorodni.

Der Weißwein von Etoile ist sehr trocken, mit Strohgeschmack und von guter Qualität. Das beste Gewächs stammt aus Château d'Arlay, das füglich als vornehm bezeichnet werden kann.

Deutschland

Vom Standpunkt des Kenners aus gesehen sind die deutschen Weine weiß, unendlich vielfältig, von trocken und leicht bis ungewöhnlich süß und reich; in Qualität und Stil von gering und kurz bis tief, veredelt und anhaltend im Geschmack. Viel kommerzieller, einfacher Tischwein wird erzeugt. («Tafelwein» und «Qualitätsweine bestimmter Anbaugebiete», wie es im deutschen Weingesetz von 1971 heißt.)

Des deutschen Weinproduzenten Ideal besteht in der Abstimmung von Süße und Säure. Das heißt, den delikaten Geschmack reifer Trauben in Einklang zu bringen mit einer erfrischenden Säure.

Dank fortschrittlicher Vinifikationsmethoden und erfinderischer Tüchtigkeit ist der Qualitätsstandard recht ausgeglichen, und Rebsorte,

Süße und Konsistenz übertönen im wesentlichen die Eigenarten von Boden, Mikroklima und lokalen Eigenheiten. Das zitierte «Ideal» ist vielleicht zu einfach erreichbar – auf Kosten von Charakter und Individualität. Nichtsdestoweniger fahren die berühmten Weingüter in den klassischen Anbauregionen mit der Erzeugung hochfeiner Gewächse fort. Qualitäts- und Jahrgangsunterschiede haben dort an Bedeutung nichts eingebüßt.

Der Weinliebhaber wird sich nur mit sogenannten *Qualitätsweinen mit Prädikat* auseinandersetzen. Sie tragen folgende Bezeichnungen:

KABINETT. Naturbelassene, ungezuckerte Weine von guter Qualität.

SPÄTLESE. Spät geerntete, das heißt reife Trauben. Intensität, Gewicht, Charakter und Süße variieren von Distrikt zu Distrikt, Winzer zu Winzer, Jahr zu Jahr. Allgemein gesprochen sind sie blaßfarben und trocken bis halbtrocken.

AUSLESE. Aus ausgewählten, reifen Trauben. Wie bei den Spätlesen hängen die Unterschiede in Süße und Körper von Lage und Jahrgang ab. Auslese-Wein ist gewöhnlich reicher, aber nicht unbedingt süß, und von feiner, reifer Qualität.

BEERENAUSLESE. Aus einzeln ausgelesenen, sehr reifen Trauben. In der Farbe normalerweise voll goldgelb; im Bouquet reich, reif und mit dem honigartigen Geruch von edelfaulen Beeren; am Gaumen süß, vollmundig, reich, reif, oft «traubig», mit schönem Säurespiel. Wird durch die Alterung weicher und komplexer. Langlebig.

TROCKENBEERENAUSLESE. Aus ausgewählten, überreifen, geschrumpften Beeren. Goldgelb, das sich mit dem Alter in Altgold verwandelt. Konzentriertes Traubenessenzaroma, oft rosinenartig – in der Jugend jedoch weniger ausgeprägt als bei den Beerenauslesen. Sehr süß, sehr reich, hochkonzentriert. Sehr oft von tiefem Alkoholgehalt. Die seltensten und reichsten Dessertweine der Welt. Sehr langlebig.

RHEINGAU

Der *Riesling* dominiert in dieser Region und erzeugt feine, feste, stahlige Weine mit intensivem Bouquet und Wohlgeruch, trocken bis halbtrocken, mit langem Abgang. In entsprechend guten Jahren sind hier

Dessertweine von fast unglaublicher Konzentration, Reichtum und Feinheit zu finden. Langlebig.

Rheinhessen

Im allgemeinen etwas weicher, «offener», weniger dicht strukturiert, mit attraktiven, reifen, fruchtigen Gewächsen.

Pfalz

Die südlichste von Deutschlands großen Weinregionen, nördlich vom Elsaß. Wesentlich substantiellere, tiefe Weine mit Traubenaroma. Sogar die trockenen *Rieslinge* besitzen eine Spur mehr Körper. Die eher altmodischen Pfälzer Weine artikulieren sich durch ein besonderes Gewicht und Erdigkeit. Unterbewertet.

Nahe

Sehr bemerkenswert sind die besseren Qualitäten: Fruchtsalat-Bouquet, fest, mittelgewichtig, rassig im Körper. Können recht trocken sein. Wie die Geographie, liegen sie auch qualitativ in der Mitte zwischen Rheingau und Mosel.

Mosel

Für gewöhnlich blasse, grünliche Farbe und oft spritzig. Fruchtig, leicht, zartes, aber deutliches *Riesling*-Aroma; trocken bis halbtrocken, tief im Alkohol, eher ansprechend und erfrischend. In außergewöhnlichen Jahren werden Beeren- und Trockenbeerenauslesen produziert.

Saar-Ruwer

Dem Wesen nach Mosel-Stil. Spezielle Merkmale: pfirsichähnliches Bouquet; oft sehr trocken und mit feiner, stahliger Säure, delikat und subtil, in schlechten Jahren zu Schärfe neigend.

Baden

Östlich vom Elsaß gelegen, erzeugt dieses Gebiet große Mengen sowohl Massen- wie Qualitätsweine, obwohl selten von feinster Qualität. Eher vierschrötig im Stil: angenehm im Bouquet und Geschmack, aber relativ wenig ausgebildet, läßt Würze vermissen. Die Rotweine sind von eher dünnem Rot, mit nichtssagender Nase und einem Geschmack, der nicht gerade überzeugt.

Franken (Würzburg)

Allgemein als Steinwein bekannt: feine, trockene, stahlige Weine, fast wie ein klassierter Chablis, aber mit germanischer Frucht und Säure. Die *Silvaner* gedeiht hier und produziert Weine von überraschender Ausgeglichenheit und Qualität.

DEUTSCHE JAHRGÄNGE

Groß: 1949, 1953, 1959, 1964, 1971, 1976, 1983, 1985, 1989, 1990.

Gut: 1955, 1961, 1966, 1967, 1975, 1981, 1988.

Leicht: 1962, 1970, 1973, 1974, 1978, 1979, 1980, 1982, 1984, 1991.

Dünn und klein: 1956, 1960, 1963, 1965, 1968, 1972, 1986, 1987.

Österreich

Österreichs Weine sind nicht mit dem «Heurigen» gleichzusetzen, diesem unkomplizierten, dünnen Jungwein für den Massenkonsum. Die Auffächerung der Palette zeigt eine kleine Spitzenproduktion im Sektor Weißwein. Nur von dieser ist im folgenden die Rede:

Wachau-Krems

Die meistkultivierte Rebe Österreichs ist der *Grüne Veltliner*. Sie erreicht auf den Urgesteinsterrassen der Wachau (Niederösterreich) ihre beste Ausprägung: hellgelb; mit deutlichem Sortenbouquet; am Gaumen fruchtig, würzig-pfeffrig und mit angenehmer Säure. Spätlesen sind zudem elegant, vornehm und von guter Haltbarkeit. Der *Rheinriesling* zeigt ein reiches Bouquet, ist zart-fruchtig, manchmal stahlig am Gaumen und mit rassiger Säure. Meist schlank im Körper.

GUMPOLDSKIRCHEN

In und um Gumpoldskirchen wachsen die besten, leider auch die meisten gefälschten Weine Österreichs. Auf den schweren tonigen Böden wird die *Zierfandler* in Komposition mit der *Rotgipfler* angebaut. Die vorwiegend späte Lese ergibt Gewächse, die in der Nase vielfältige «Blumen»-Nuancen offenbaren, am Gaumen vollfruchtig und rassig sind, mittelgewichtig und von guter Haltbarkeit. Auslesen und Beerenauslesen erreichen in guten Jahren ein Maximum an Harmonie, Eleganz und nicht aufdringlicher Restsüße; langer Abgang und sehr gut lagerfähig.

BURGENLAND

Körper- und extraktreiche Weißweine von hoher Lagerfähigkeit (besonders aus Rust, Oggau und Donnerskirchen). In Rust werden die Weine vielfach trocken ausgebaut; sie ergeben vollmundige Qualitäten der «Herrenwein»-Art. Der Ruster «Ausbruch» als eine Art Trockenbeerenauslese stand früher mit den großen Tokajer Gewächsen auf einer Stufe.

Die besten österreichischen Rotweine wachsen im Burgenland. Trotz oft feiner Blume und Fruchtigkeit fehlt es ihnen aber an Körper.

UNGARN

Dieses einst charaktervolle und abwechslungsreiche Weinland ist noch von Kooperativen dominiert. Die durchschnittliche Qualität ist akzeptabel und wird auch zu durchschnittlichen Preisen verkauft. Das Zulassen von privater Initiative seit 1991 birgt die Hoffnung auf ein Wiedererscheinen von Spitzengewächsen in sich.

Die Vielfalt ist größer als in Österreich, und die besten Weine sind weiß, obwohl sich die Höchstqualität im Äquivalent «Spätlese» erschöpft. Achten Sie auf Weichheit, fast «Milchartigkeit» in Geruch wie Geschmack.

Die berühmten Rotweine aus Eger sind robust und dominieren schnell, doch fehlt ihnen die Finesse. Ideal zu Paprikagerichten.

Tokaj

Diese Region sticht noch immer hervor. Sie gehört zu den klassischen Weingebieten der Welt.

Szamorodni. Der natürliche Weißwein der Region. Blaßgelb, mit charakteristischer «Apfel»-Nase der *Furmint*-Traube, entweder trocken oder leicht süß. Ungewohnter Geruch, voll, ziemlich lang.

Aszu. In der Farbe von Strohgelb bis Dunkelgelb, mit Goldtönung im Alter. Deutliche «Apfel»-Nase, so wie kein anderes Weinaroma. Die Intensität der Süße hängt ab von der Anzahl *Puttonyoks* (Bottiche zu 32 l) voller überreifer Trauben, die dem Hauptfaß beigegeben werden: zweibuttig = leicht süß, dreibuttig = mittelsüß, vier- und fünfbuttig = sehr süße, reiche Dessertweine, ziemlich körperreich, jedoch nicht schwer; tiefer, eigenartig anziehender Apfelgeschmack, gute Säure und anhaltend im Abgang.

Essencia. Wird nicht mehr für den freien Verkauf produziert, obwohl eine *Aszu-Essencia* auf dem Markt ist, die etwa dem früheren sechsbuttigen Aszu gleichkommt. Tief im Alkohol, sehr geschmeidig und konzentriert.

Tokaj Essencia aus einem alten Jahrgang zeigt sich in einem intensiv bernsteinfarbenen Kleid und hat ein dickes Depot abgelagert; eine herrlich konzentrierte, rosinenartige, manchmal fast aufdringliche Nase (eine Kreuzung zwischen einem alten Malmsey [Madeira] und einer Trockenbeerenauslese); sehr süß und gehaltvoll am Gaumen, üppig, mit hohem Säuregrad und durchdringendem, nachhaltigem Geschmack sowie aromatischem Nachgeschmack. Ewiges Leben ...

Schweiz

Westschweiz

Die schweizerischen Rotweine erreichen in guten Jahren ein bemerkenswertes Niveau. Obenaus schwingt die *Pinot-noir*-Rebe, die besonders auf den Kalkböden im oberen Teil des Kantons Wallis ihre höchste Qualitätsstufe erklimmt: rubinrot; mittelgewichtig, elegant, trocken, delikat; weich und mild im Alter, bei sauberer Kelterung einem leichten Côte de Beaune verwandt.

Einmalig im Charakter sind die Weißweine aus der *Gutedel*-Traube (*Chasselas, Fendant*): blaßgelbe Farbe, je nach Herkunft mit Grünton, von schlank und spritzig bis zum mittelgewichtigen, kräftigen, immer trockenen Wein. Kein großes Gewächs, aber sehr sympathisch. Eher kurzlebig.

Ostschweiz

Hellrote, duftige, leichte *Pinot*-Beispiele (hier *Blauburgunder* oder *Clevner* genannt) sind in der Ostschweiz anzutreffen, jedoch nur in besten Einzellagen. Sie werden zusehends kräftiger im Körper, je näher die Alpen rücken (Bündner Herrschaft).

Blasse, grünlichgelbe Weinchen sind die *Riesling* × *Silvaner* (Müller-Thurgau), süffig, mit feinem Muskatgeschmack und erfrischend in der Jugend, wenn etwas natürliche Kohlensäure belassen worden ist.

Tessin

In der Sonnenstube der Schweiz dominiert die blaue *Merlot:* weich, mild, im allgemeinen ohne besondere Charakteristika. Positive Ausnahmen sind die geschmeidigen Riserve von Pionieren wie Werner Stucky oder Daniel Huber.

Italien

Das Weinland, eine immense Vielfalt mit allen Schattierungen in Farbe, Typ und Gehalt. Der Qualitätsstandard reicht von tief bis sehr hoch. Das zwingt zur Auswahl, und nachdem Italien ein klassisches Ferien- und Reiseland ist, konzentriert sich das Interesse des Weinliebhabers – wie in Kalifornien – oft auf persönliche Entdeckungen und Vorlieben von lokaler Bedeutung. Eine Ausnahme bilden die weltweit bekannten und anerkannten Gewächse:

Toscana

Chianti. Wie die Bordeauxweine aus vier Rebsorten erzeugt, deren Zusammensetzung von Jahr zu Jahr, von Distrikt zu Distrikt, von Weinberg zu Weinberg variieren kann. Die höchste Stufe – Chianti Classico Riserva – zeigt ein intensives Granatrot, lebendig in der Jugend, mit einem warmen, ziegelroten Ton in der Reife; tief, leicht erdig und bitter, trocken, etwas gerbsäurehaltig; im Alter weich, fein und elegant.

CHIANTI-JAHRGÄNGE

Große Jahre: 1962, 1964, 1967, 1971, 1975, 1978, 1983, 1985, 1990.

Sehr gut: 1945, 1947, 1949, 1952, 1955, 1957, 1968, 1969, 1970, 1977, 1979, 1982, 1988.

Gut: 1950, 1958, 1959, 1973, 1974, 1986.

Mittelmäßig: 1946, 1948, 1961, 1980, 1981, 1984, 1987, 1991.

Klein: 1953, 1956, 1960, 1965.

MONTALCINO. Brunello di Montalcino wird gemeinhin als eines der größten, wenn nicht als das erste Gewächs Italiens überhaupt betrachtet. Es stammt aus dem Chianti-Gebiet und der Chianti-Familie, beeindruckt durch ein sehr tiefes Braunrot, ein «heißes», konzentriertes Aroma und einen mächtigen Abgang. Große Haltbarkeit.

PIEMONT

Je nach Bereitungsart näher an der Herbheit des Bordeaux (wenn traditionell vinifiziert) oder an der Weichheit des Burgunders (wenn modern vinifiziert). Aus der *Nebbiolo*-Traube stammen Weine mit einer gewissen «Härte», was durch die teilweise überlange (traditionelle) Lagerung im Faß verstärkt wird.

BAROLO. Tieffarbig in der Jugend, mit verhaltener Nase, die an Teer erinnert (*goût de goudron*); im Alter deutliches Blumen-Bouquet (Veilchen, Rosen); körperreich, ausgewogen, der Tanningehalt ruft nach Flaschenlagerung. Hält und reift sehr gut.

BAROLO-JAHRGÄNGE

Groß: 1947, 1958, 1961, 1964, 1971, 1978, 1982, 1985, 1990.

Sehr gut: 1945, 1952, 1967, 1970, 1974, 1979, 1983.

Gut: 1951, 1954, 1955, 1957, 1965, 1981.

Mittelmäßig: 1946, 1950, 1962, 1968, 1969, 1976, 1980, 1989.

Klein: 1949, 1956, 1959, 1966, 1973, 1975, 1981, 1991.

BARBARESCO. Wie der Barolo aus Piemont und aus derselben Weintraube stammend. Wird etwa als kleinerer Bruder des Barolo bezeichnet. Mit ähnlichen Merkmalen, jedoch etwas leichter im Körper und schneller reifend.
GATTINARA. In Stil, Herkunft und Erscheinung dem Barbaresco ähnlich.

VENEZIEN

RECIOTO. Aus der Gegend von Valpolicella, teilweise aus geschrumpften (rosinierten) Trauben gewonnen, oft sehr fruchtig und aromatisch, süß, meistens sehr alkoholreich.
AMARONE. Ähnlich wie Recioto, in den meisten Fällen aber nicht süß, sondern durchgegoren.

VELTLIN

SFORZATO. Dunkelroter Wein von spätreifen Trauben aus einer der besseren Lagen im Veltlin, tief, alkoholreich, sehr lange haltbar.

SIZILIEN

MARSALA. Einer der klassischen alkoholverstärkten Weine der Welt: tiefrot, mit Orangereflexen in der Jugend; süße, «fleischige», fast «malzige» Nase; sehr süß und voll im Geschmack, an verbrannten, vulkanischen Boden mahnend; manchmal leicht bitter; mit gutem Abgang.

PORTUGAL

Eine Vielfalt von Tischweinen, etliche von Charakter und Qualität, die über dem Gewöhnlichen stehen. Die Hauptregionen und -typen sind:

MINHO

VINHO VERDE kann rot oder weiß sein. Beide sind leicht, sehr erfrischend, mit feinem Prickeln (gezügelte, natürliche Kohlensäure) und betonter Säure, welche herb und sogar scharf sein kann. Kommerzielle Weine sind eine Spur süßer, die Säure ist etwas reduziert.
MADURA. Kein Distrikt, sondern Bezeichnung für einen reifen Weißwein, schwer und flach.

DÃO

Zuverlässige Rot- und Weißweine, letztere gesund, aber eher schwerfällig und mit wenig Charakter. Die besten Rotweine sind vollfarbig und körperreich, mit markantem Bouquet – klassisch, aber etwas erdig – und von gutem Geschmack und Abgang.

COLARES

Rot, sollten und wert, daß man nach ihm sucht. Tiefe, «fleischige» Nase; reich, aber nicht schwer; von guter Haltbarkeit.

SETÚBAL

Moscatel de Setúbal ist ein alter Klassiker, ein goldfarbener Dessertwein mit deutlichem Muskatelleraroma und -geschmack; süß, aber nicht schwer.

PORT

Portwein ist mit Weinbrand verstärkt, körperreich und mit hohem Alkoholgehalt. Die meisten Ports sind süß. Hier die wichtigsten Typen:

RUBY. Sollte voll und wirklich rubinrot sein; fruchtige, «pfeffrige» Nase, einem jungen Vintage Port ähnlich; unterschiedlich süß, voll, fruchtig und pikant.

TAWNY. Ein echter Tawny ist im Holz gealtert, zeigt sich von überraschend bleicher Farbe (ein Bernsteinrot mit deutlich zitronengelben Rändern); der zweite Eindruck ist das weiche Nuß-Bouquet – süß und harmonisch. Unterschiedlich süß am Gaumen, nicht schwer oder plump, sondern eher elegant; mit ziemlich reichem, weichem, nußartigem Geschmack und langem Nachgeschmack. (Kleine Qualitäten weisen diese Merkmale nicht oder nur abgeschwächt auf.)

WEISSER PORT. Blaßfarben mit Gelbspuren, wenig Charakter in der Nase, selten wirklich trocken, gewöhnlich halbtrocken und ein bißchen schwer und fad. Gefällig, trotz des Fehlens der Sherry-Frische und des reichen Beigeschmackes eines trockenen Madeira. Kalt servieren.

VINTAGE PORT. Der Typ hängt ab vom Jahrgang, vom Alter und vom Stil des Produzentenhauses. Das Qualitätsniveau ist durchwegs hoch.

Junger Vintage Port ist reif, feurig-rot, manchmal opalisierend, ziemlich «pfeffrig», alkoholreich und zurückhaltend in der Nase; sehr süß, körperreich, fruchtig, aber leicht kratzend am Gaumen. Alle Vintage Ports werden zwei Jahre nach der Vinifikation in die Flasche abgefüllt.

Reifer Vintage Port hat etwas an Farbe und Tiefe verloren und sieht eher einem Tawny ähnlich; das Bouquet ist ausgereift und besitzt manchmal likörartige Obertöne. Im hohen Alter verblaßt die Frucht, und der Weinbrand tritt stärker hervor. Der reifende Wein trocknet aus, wird leichter im Körper, weicher und harmonischer. Der Typ reicht vom «Noval»: ziemlich weich, leicht und feminin, bis zum «Taylor»: voll, fest, mit Rückgrat, kräftig, tief und langlebig (siehe auch Seite 343).

PORT-JAHRGÄNGE

Große Klassiker: 1896, 1900, 1904, 1908, 1912, 1920, 1924, 1927, 1934, 1935, 1945, 1947, 1948, 1955, 1960, 1963, 1966, 1970, 1975, 1977, 1983, 1985.

Leichtere oder nicht allgemein deklarierte Jahrgänge: 1911, 1917, 1922, 1931, 1942, 1950, 1954, 1958, 1962, 1967, 1978, 1980, 1982.

REIFESPANNE

Große Klassiker: 12 bis 80 Jahre, Höhepunkt: 15 bis 40.

Gute Jahrgänge: 10 bis 30 Jahre.

Madeira

Einer der drei wirklich großen und traditionell alkoholverstärkten Weine der Welt. Die breite Palette reicht von ziemlich trocken bis sehr süß. Wesentliche Charakteristika des Madeira sind: reich und feurig in Bouquet und Geschmack, Beigeschmack von verbranntem Zucker, ziemlich hohe Säure. Sehr langlebig. Die Grundtypen sind nach den Rebsorten benannt:

Sercial. Der bleichste von allen weist immer noch ein intensives Gelb auf – ähnlich dem des Fino Sherry –, manchmal mit Bernsteinton; frisches, saftiges Aroma mit etwas scharfem Beigeschmack; trocken bis halbtrocken; mittelgewichtig.

VERDELHO. Bernsteinbraun, im Alter intensivere Farbtönung; kräftigere Nase; halbtrocken bis halbsüß; mittelgewichtig im Körper, ziemlich attraktiver Wein mit ausgewogener Säure.
BUAL. Tieferes, warmes Bernsteinbraun – ähnlich dem Oloroso-Sherry; voller, vulkanischer, «fleischiger», betonter Madeiraduft; süß, reich, schmackhaft, Dessertwein.
MALMSEY. Wie Bual, aber noch süßer und reicher, mit einem noch stärkeren Traubengeschmack; voll und fest und mit dem typischen Beigeschmack von verbranntem Zucker.
Alte Jahrgänge und alte Soleras
Die vielen echten alten Soleras und Jahrgangs-Madeiras haben einen gemeinsamen Nenner: überaus reiche Farbe, kraftvolles Bouquet und intensiver Geschmack. Ein wirklich alter Madeira zeigt eine schöne «tawny»-braune Farbe mit rötlichen Glutspuren in der Mitte und markantem grünlich-bernsteinfarbenem Rand; stark «verbranntes» Aroma, hohe Säure; manchmal verschwindet die Süße, doch bleibt der Geschmack reich und komplex, von außergewöhnlicher Kraft und ausgeprägtem Nachgeschmack.
Lebensdauer von feinsten Jahrgängen und Soleras
Sie rangieren gleich nach der Tokajer-Essenz: 100 Jahre und mehr.

SPANIEN

Der Großteil der spanischen Rot- und Weißweine ist als gute Massenqualität einzustufen. Die Roten reichen vom leichten bis zum ziemlich vollen Gewächs. Die Weißen sprechen weniger an; ihr Bouquet ist eher reizlos. Wenige Provenienzen verdienen die Aufmerksamkeit des Weinliebhabers. Doch diese tun es!

RIOJA UND PENEDÈS

Die Hauptregionen, in welchen Weine von Qualität und Stil zu finden sind. Besonders die Rotweine erinnern an Bordeaux, sind aber oft geschmeidiger und attraktiver als selbst beste, junge Bordeaux. Ziemlich tief in der Farbe; angenehm, fruchtig, manchmal klassisches Aroma, gefällige Mittelgewichtler, weich durch Faßalterung; ausgewogen (siehe auch Seite 350). Ein Familienunternehmen, Torres, erzeugt Vorzügliches zu vernünftigen Preisen.

Vega Sicilia

Ein anachronistischer Klassiker vom Duero, dem Fluß, der nach Portugal fließt und dort Douro heißt. Die Spitzenqualität «Unico» reift etwa zehn Jahre (!) lang im Holzfaß. Ein höchst eigenständiger Individualist.

Jerez (Sherry)

Grundsätzlich Weißweine, jedoch mit einer großen Typenvielfalt:
Fino. Merkmale: blaßfarbig, eine Mischung von Zitronen- und Strohgelb; veredelt, deutliches, frisches *Flor*-Aroma (= spanisch für Kahmhefe), welches in geringen Qualitäten weniger stark ist; leicht, frisch, mit langem Abgang.
Manzanilla. Ein Fino-Sherry aus Sanlucar de Barrameda, gewöhnlich sehr trocken und mit einem feinen Salzgeschmack.
Amontillado. Tiefer in der Farbe, helles Bernsteinbraun. Erstklassige Amontillados weisen ein dem Fino verwandtes, jedoch reicheres und deutlicher nußartiges Bouquet auf. Trocken bis halbtrocken, voller im Körper.
Palo Cortado. Seltenere, verfeinerte Version eines Amontillado, ähnlich in Farbe und Gewicht; eher trocken, aber etwas reicher, weiniger und länger anhaltend am Gaumen. Die allerfeinsten sind die «Almacenistas» – alte, unverschnittene Bestände von klar definierter Herkunft.
Oloroso. Gegenstück zum Fino: intensive Farbe, helles bis dunkles Bernsteinbraun; kein «Flor»-Geschmack; reicher, süßer in Nase und am Gaumen. Mittel- bis schwergewichtig.
Cream. Ein ausgebauter Oloroso, manchmal etwas bleicher, sehr süß und abgerundet.
Brown. Noch nicht ganz aus der Mode gekommen. Tiefbraun, mit einem nach verbranntem Zucker schmeckenden Aroma; sehr süß, schwer.

Pedro Ximénez. Der letzte der braunen Sherries, mit opalisierender Farbe; mächtiges, etwas «verbranntes» Trauben-Bouquet; sehr süß, schwer, hochkonzentrierte, aber feine Säure. Großartig in seiner Art, aber im Handel kaum zu finden.

Vereinigte Staaten von Nordamerika

Vor nicht allzulanger Zeit noch wurden ihre Weine etwas herablassend als «domestic» bezeichnet, als etwas hausbacken, ohne den Snob-Appeal des importierten Produktes. Aber das Blatt hat sich gewendet. Die Entwicklung der vergangenen 20 Jahre ist erstaunlich.

Kalifornien

Die Vielfalt in Stil und Qualität kalifornischer Weine darf nicht unterschätzt werden: Rot-, Weiß-, Rosé-, Schaumweine, alkoholverstärkte Weine und solche mit Geschmackszusätzen; Massenerzeugnisse, ehrliche Handelsweine, veredelte, teils seltene Spitzengewächse – alles ist zu finden. Für die Bezeichnung der Qualitätsweine spielt – ähnlich wie im Elsaß – die Rebsorte die Hauptrolle, nicht die Herkunft. Das Napa Valley nimmt nach wie vor die Stellung eines Wein-Mekkas ein, doch liegen auch in andern Distrikten große Lagen. Von überragender Bedeutung für das Qualitätsniveau ist der Name (und das Können) des Produzenten.

Cabernet Sauvignon. Weitverbreitet; ergibt die feinsten Rotweine. Wird normalerweise weder im gemischten Satz gekeltert noch verschnitten. Die Farbe ist übereinstimmend gleichmäßig tiefer als im Bordeaux, oft opalisierend: scharlachrot in der Jugend, behält sie ihre Intensität im Alter besser als Bordeaux. Oft mit ausgeprägtem *Cabernet*-Aroma (schwarze Johannisbeere), mit einem leichten erdig-vulkanischen Oberton; etwas weniger trocken im Charakter als Bordeaux, oft körperreich, fruchtig-pikant und ziemlich gerbstoffreich. Kann hervorragend sein; sehr langlebig.

ZINFANDEL. Kalifornisches Unikum: höchst angenehmer Rotwein, dem *Cabernet* in Gewicht, Stil, Charakter und Langlebigkeit nicht unähnlich. Wohl am ehesten mit einem Barolo vergleichbar.
PINOT. Kann mit dem Burgunder *Pinot* nicht verglichen werden. Erbringt hier einen vollfarbigen, körperreichen, runden Wein; hinterläßt jedoch einen «gekochten», erdigen Eindruck, ohne jegliche Spur des klassischen *Pinot*-Aromas. Anstrengungen zur Verbesserung sind im Gang. Einige wenige Gewächse sind bemerkenswert.
CHARDONNAY. Bestes Beispiel für eine Rebsorte, die ihren Charakter auf einem andern Kontinent erfolgreich verteidigt hat. Blaßfarbig bis gelb; bemerkenswertes *Chardonnay*-Aroma: Eichenholz und Vanille in reicher, frischer Ausprägung; trocken, nie sehr leicht – etwa wie ein Corton-Charlemagne oder Bâtard-Montrachet in Gewicht und Stil. Die besten Beispiele sind von ausgesprochen sauberem, echtem Geschmack und besitzen Länge und Nachgeschmack.
JOHANNISBERG RIESLING. Blaß, ziemlich fruchtig, halbtrocken und von deutschem Charakter – allerdings nicht in bezug auf die unnachahmliche Frische und das Süße-Säure-Spiel eines Rheingauers. Einige erstklassige, süße Weine aus edelfaulen Trauben werden erzeugt, ebenso ein paar leichte, trockene Gewächse aus früher Lese.
FUMÉ BLANC. Obwohl nicht gerade vergleichbar mit dem leichten, säurehaltigen *Blanc Fumé* aus dem Loire-Tal, eine recht erfolgreiche Version: blaßfarben, erfrischend, fruchtig, trocken, appetitanregend und mit sauberem Abgang.
SAUVIGNON BLANC. Synonym für Fumé Blanc.
GEWÜRZTRAMINER. Zeigt einen Anflug von der Würze und Weichheit seines elsässischen Vorbildes, läßt jedoch den Eindruck eines kompletten, delikaten Gewächses vermissen. Enthält sehr viele Geschmacksstoffe.

NAPA-JAHRGÄNGE

Sehr gut: 1941, 1951, 1958, 1959, 1964, 1966, 1968, 1970, 1973, 1974, 1978, 1981, 1988, 1991.

Gut: 1955, 1960, 1961, 1965, 1975, 1980, 1982, 1983.

Mittelmäßig: 1962, 1963, 1967, 1969, 1971, 1972, 1976, 1977, 1979.

Oregon und Washington State

Die kühleren Regionen nördlich von Kalifornien produzieren heutzutage sehr gute Weine, im besondern aus den Sorten *Riesling* und *Pinot Noir*.

New York State

Die Heimat eher von Weinen aus der dort heimischen Direktträgersorte Americano, die nach gekochten Süßigkeiten schmecken. Das einzige Licht in der Wildnis war bis vor kurzem noch der bemerkenswerte Dr. Konstantin Frank, dessen *Johannisberg-Riesling* hervorragend ist. Nun beginnen andere ihm zu folgen und haben durch Rebveredlung gute Resultate erzielt, besonders beim *Johannisberg-Riesling* und *Chardonnay*.

Australien

Einer älteren Generation von Engländern mag das Erwähnen australischer Weine die Assoziation eines eisengetönten, burgunderähnlichen Getränkes wachrufen, das seinerzeit in Bocksbeutelflaschen verkauft worden ist. Die australische Weinszene ist heute jedoch geprägt von der Anwendung neuester Technologie und einer großen Begeisterung, einer Situation vergleichbar, wie sie in Kalifornien anzutreffen ist, allerdings mit einer viel älteren Tradition.

Die Auswahl von verschiedenen Typen und Qualitäten ist breit. Sowohl Produzenten von Massenweinen wie auch kleine Winzer halten das Prinzip hoch, eine ganze Palette von unterschiedlich schmeckenden Weinen zu erzeugen, wobei Rebsorten und -lagen miteinander gemischt werden. Diese Praxis trägt zur Bereicherung des Angebotes wie zur Verwirrung der Konsumenten bei.

Hunter Valley

Dieses Tal ist der vielleicht klassischste Weindistrikt Australiens, nördlich von Sydney in New South Wales gelegen. Die *Shiraz*-Rebe ist hier zu Hause und produziert einen reichen, erdigen Wein, der sich am europäischen Gaumen wie eine Mischung zwischen einem Burgunder und einem Côte du Rhône ausnimmt. Sein Aroma erinnert – wie es an

Ort und Stelle bezeichnet wird – an den Duft von benutztem Sattelzeug (*sweaty saddle*).

Man findet hier auch den *Sémillon,* aus dem allerdings ein wenig interessanter Weißwein gewonnen wird. Im Gegensatz dazu ergibt der kürzlich eingeführte *Chardonnay* einen feinen, trockenen Wein. Gute und große Produzenten sind McWilliams und die allgegenwärtigen Lindeman. Rothbury ist Schrittmacher, Tyrell legt den Standard fest. Rosemount produziert exzellente *Chardonnays.*

Barossa

Ein weites und bereits renommiertes Weintal in Südaustralien, nördlich der Stadt Adelaide gelegen, mit seit langem ansässigen Familienunternehmen wie Yalumba und Neuankömmlingen wie Wolf Blass. Erwähnenswert sind die ausgezeichneten *Rieslinge* von der Kaiser-Stuhl-Kooperative und besonders von Saltrams und Orlando sowie die alkoholverstärkten Weine von Seppeltsfield.

Clare/Watervale

Liegt ebenfalls im Norden von Adelaide und produziert *Cabernet, Shiraz, Riesling* und guten Flor-Sherry (vgl. Seite 91).

Produzenten: Quelltaler, Chateau Clare, Stanley Leasingham und der winzige Sevenhills.

Adelaide und Southern Vales

In einem Vorort von Adelaide ist einer der großen klassischen Weingärten Australiens noch erhalten: Grange, dessen Hermitage tief und reich ist und mit «Latour der südlichen Hemisphäre» charakterisiert werden könnte. Southern Vales liegt südlich von Adelaide und wird teilweise von kleinen Familienbetrieben kultiviert (darunter d'Arenberg Osborne, Kay Amery), teilweise von großen Firmen wie Seaview, Hardy's (die einen herrlichen Port erzeugen) und dem alten Chateau Reynella. Unter den aufleuchtenden Sternen ist besonders Brian Crozers Petaluma zu erwähnen.

Coonawarra

Ein Streifen roter Erde, mitten im Niemandsland gelegen, wurde kürzlich als das Médoc Australiens entdeckt. Die ersten Reben wurden schon zu Beginn dieses Jahrhunderts gepflanzt, und die *Cabernets* und *Shiraz* ergeben die besten Weine. Ein paar gute *Rieslinge* (u. a. von Wynn's, Brand's Laira, Redman's).

Rutherglen und Nordost-Victoria

Ein klassischer Weindistrikt, berühmt für seinen reichen, intensiv riechenden *Muscat,* dem großen Dessertwein Australiens. Erste Produzenten sind Morris, Chamber's Rosewood, All Saints und Bailey's Bundarra.

In der Auswahl von Browns in Milawa sind ausgezeichnete *Rheinrieslinge* und *Shiraz* zu finden.

Chateau Tahbilk

Nahe Melbourne gelegen, ist dieses Rebgut einer besonderen Erwähnung wert. Die alte Domäne erzeugt *Marsanne, Sémillon, Shiraz* und – wenn reif – *Cabernet Sauvignon* von Spitzenqualität.

Südafrika

Das vielleicht schönste aller Weinländer, das Kap, einst Heimat berühmter Dessertweine, erlebte einen langen Niedergang und begann erst nach dem Zweiten Weltkrieg, sich wieder auf seine Möglichkeiten zur Qualitätsweinerzeugung zu besinnen. (Eine Ausnahme bildete die immer erstklassige Produktion von Weinen nach Sherry-Art.)

Dank der fortgeschrittenen Technologie der omnipräsenten KWV-Kooperative (Ko-Operative Wijnbouwers Vereenigung van Zuid-Afrika Deperkt) sind heute jedoch vereinzelt gute Gewächse zu finden, feine *Rieslinge* aus Nederburg beispielsweise und Rotweine aus individuell geführten Domänen.

Die meistverbreiteten Rebsorten sind der *Steen (Chenin blanc),* der einen stahligen, feinen Weißwein ergibt, und die *Shiraz,* aus welcher ein für europäische Gaumen etwas ungewohnter Rotwein erzeugt wird. *Cabernet,* lange ohne diskussionswürdiges Niveau, beginnt nun von sich reden zu machen.

England

Der Wiederaufstieg des Renommees englischer Weinberge ist bemerkenswert. Bahnbrechende Arbeit leisteten Sir Guy Salisbury-Jones und der verstorbene Colonel und Mrs. Gore-Browne in den 50er Jahren. Heute sind etliche kleine Reblagen in Südengland zu finden. Die besten liegen im Bogen zwischen Norfolk im Osten und Wiltshire im Westen. Das Hauptproblem englischer Winzer liegt beim Wetter: Die Trauben reifen selten voll aus.

Mehrere früh reifende Rebsorten werden kultiviert, wovon *Müller-Thurgau (Riesling×Silvaner)* die attraktivsten Gewächse ergibt. Zu finden ist auch die Sorte *Seyval* oder *Seyve Villard.* Ein sich klar abgrenzender Stil einzelner Regionen hat sich bisher noch nicht herausgebildet. Spitzenlagen jedoch wie Barton Manor, Wootton, Lamberhurst Priory, Adgestone, Carr Taylor und Tenterden sind unverwechselbar und erzeugen oft bessere Weine als manche ihrer Konkurrenten an der Loire und in anderen europäischen Weindistrikten.

ZUSAMMENFASSENDER KOMMENTAR

Ich möchte dieses Kapitel abschließen, indem ich dem Leser folgende vier Punkte zu beherzigen gebe:

1. Der Weinliebhaber sollte *bewußt* seine *persönliche* Sicht und Erfahrung erweitern.
2. Indem er das tut, sollte er ihm bislang unbekannten Geschmacksnoten und Stilelementen gegenüber *Toleranz* walten lassen und den Zusammenhang sehen, in dem diese fremdartigen Gewächse produziert werden und am besten schmecken (zu fettreichem Essen, in heißem Klima usw.).
3. Wie bei Australien und Kalifornien positiv und bei Ungarn bisher eher negativ zu beobachten ist: Wein ist so gut und so fein, wie ihn der Weintrinker verlangt und dafür zu bezahlen bereit ist (und dies

der Staat erlaubt). Nur auf dem Hintergrund einer relativ großen Zahl von aktiven Weinliebhabern und ihrer Begeisterung, verbunden mit einer gedeihlichen Wirtschaft, wird der Weinproduzent zu Höchstleistungen angespornt – bis zu einem gewissen Punkt. Denn:

4. Große Weine wachsen mit dem besten Willen nicht in ungeeigneten Regionen. Aus diesem Grunde wird der Kenner immer wieder zu den erprobten Klassikern zurückkehren – allerdings dann unter dem Aspekt einer neubegründeten Wertschätzung.

CHARAKTERDIAGRAMM DER WEINE DER WELT

Die Darstellung auf den beiden folgenden Seiten ist der Versuch, Trockenheit, Süße und das Gewicht (Körper) eines Weines sichtbar zu machen.

Alle Weine, die als «sehr trocken» charakterisiert werden können, sind zuoberst aufgeführt. Je weiter hinunter der Blick des Betrachters geht, desto süßer sind die angegebenen Provenienzen. Weine von sehr leichtem Körper und Extrakt, mit tiefem Alkohol, erscheinen links, und mit zunehmendem Gewicht sind sie weiter rechts zu suchen.

Wenn Sie ein Gewächs beurteilen möchten, suchen Sie den Namen, vergleichen seine Position mit den oben und seitlich erwähnten Spezifikationen, und das Gewicht und die Trockenheit/Süße können in einem *annähernden* Sinne abgelesen werden.

Wie alle Tabellen und Zusammenfassungen vereinfacht auch diese und soll deshalb zur Diskussion anregen, besonders da Weine aus gewissen Regionen und mit gleichen oder ähnlichen Namen sich im Stil erheblich unterscheiden können. Dies ist ein guter Grund dafür, Wein nicht nur unter dem Gesichtspunkt seiner Trockenheit/Süße und seines Gewichtes zu kategorisieren. Immerhin erhellt dieses Diagramm zwei wichtige Aspekte im Rahmen eines kurzen Überblicks.

	SEHR LEICHT	LEICHT	LEICHT BIS MITTELGEWICHTIG	
SEHR TROCKEN		Muscadet	Chablis	
		Sancerre	**Manzanilla**	
		Pouilly-Blanc Fumé	Champagne Brut Intégral	
		Bourgueil	*Chinon*; Savennières	
TROCKEN			**Fino Sherry**	
		Saumur-Champigny		
		West- und Ostschweizer Weißweine	Steinwein (Würzburg)	
		Saumur	*Volnay*	
			Puligny-Montrachet; *Valpolicella*	
	Saar-Ruwer		*Nahe*; *Chevalier-Montrachet*	
			Chassagne-Montrachet	
			Nahe Spätlesen	
			Montagny	
		Mâcon Blanc	*Listrac*; *Moulis*	
			Mâcon Rouge; *Provence-Rosé*	
			Riesling (d'Alsace)	
			Rully; Mercurey	
			Champagne Brut	
			Fumé-Blanc (USA)	
			Tokay d'Alsace	
			Santenay; *Rote Schweizer Weine*	
	Beaujolais		Beaujolais Blanc; Pinot d'Alsace	
			Tavel Rosé	
		Gigondas		
			Muscat d'Alsace	
			Meursault	
			Vouvray	
		Vinho Verde	*Lirac*	
			Rheingau Kabinett	
		Côtes de Ventoux	und Spätlesen	
HALBTROCKEN		Mittel-Mosel	Rheinhessen Spätlesen	
			Champagne sec	
		Mosel Spätlesen	Österreichische Weißweine	
		Anjou Rosé	Rheingau Auslesen	
HALBSÜSS		Mosel Auslesen	Rheinhessen Auslesen	
			Champagne demi-sec	
		Moscato d'Asti	Vouvray demi-sec	
			Bonnézeaux	
SÜSS			Côteaux du Layon	
			Mosel Beerenauslesen	
			Rheinhessen Beerenauslesen	
			Mosel Trockenbeerenauslesen	
SEHR SÜSS				

Weißweine *Rotweine* **Alkoholverstärkte Weißweine** ***Alkoholverstärkte Rotweine***

MITTELGEWICHTIG	MITTEL- BIS SCHWERGEWICHTIG	SCHWER/KÖRPERREICH
Château Chalon *St-Estèphe*		
Vin jaune		*Brunello*
Weiße Provence		
Bourg		
	Zinfandel	
Pauillac		
Hermitage Blanc		
Blaye *Chianti*	*Barbaresco* *Barolo*	
Beaune	Dão	
Bâtard-Montrachet		
St-Julien *Hermitage Rouge*		
Aloxe-Corton *Pomerol*	*Côte Rôtie*	
Tokaj Szamorodni	*Le Corton*	
Chambolle-Musigny	*Cabernet Sauvignon (USA)*	
Colares Pommard		*Cahors*
Morey-St-Denis	*Richebourg*	
Chardonnay (USA)	*Le Chambertin*	
Margaux *Echézeaux*	*Vougeot*	
Graves Corton-Charlemagne		
Rioja *Nuits-St-Georges*		
Palo Cortado *Vosne-Romanée*		
Graves Rouge	Le Montrachet	
Silvaner d'Alsace *St-Emilion*		
	Pinot (USA)	
Shiraz (Australien)	*Châteauneuf-du-Pape*	
Dão		*Amarone*
Château Grillet **Amontillado**	*Pinotage (S.-Afrika)*	
Gewürztraminer	**Sercial**	
Johannisberg Riesling (USA)		
Rheinpfalz Spätlesen	**Weißer Portwein**	
Châteauneuf Blanc		
	Verdelho	
zweibuttiger Tokaj		
Rheinpfalz Auslesen		
	Vintage Port	
dreibuttiger Tokaj		**Bual**
Rheingau Beerenauslesen Barsac		**Oloroso**
Lunel		***Ruby Port***
Beaumes de Venise		*Recioto*
Muscat de Frontignan		***Marsala***
Tawny Port		
Moscatel de Setúbal vierbuttiger Tokaj		**Brown Sherry**
Rheinpfalz Beerenauslesen		
	Cream Sherry	
Rheingau-Trockenbeerenauslesen Sauternes		
Rheinhessen-Trockenbeerenauslesen	*Malmsey*	
Rheinpfalz-Trockenbeerenauslesen		**Pedro Ximénez**
	Tokaj Essenz	

VI
Die Sinnesempfindungen

Riesling

Die deutschen Gelehrten sind der Ansicht,
daß jene, welche für die Harmonie empfänglich sind,
einen Sinn mehr besitzen als die anderen.

Brillat-Savarin,
«Physiologie des Geschmacks», 1825.

Beim Genuß und bei der Prüfung des Weines sind beinahe sämtliche Sinne des Menschen beteiligt. Ihrer Bedeutung nach in zunehmender Reihenfolge aufgezählt sind dies: der Tast- und Temperatursinn, der Gesichtssinn, das Gehör, der Geschmacks- und schließlich der Geruchssinn. Die drei erstgenannten reagieren auf *physikalische Reize,* während Geschmacks- und Geruchssinn, die uns in diesem Zusammenhang besonders interessieren, auf *chemische,* d. h. in der Zusammensetzung der Reizstoffe liegende Einflüsse ansprechen. Zwischen den beiden Kategorien des Sinnessystems bestehen noch andere grundlegende Unterschiede: Tastempfindungen, optische und akustische Wahrnehmungen sind im Wachzustand beinahe *dauernd* vorhanden: Unsere Haut steht in ständigem Kontakt mit unserer Umgebung; absolute Stille und Dunkelheit kommen äußerst selten vor. Geschmacks- und Geruchsorgane sind hingegen nur während einer relativ *beschränkten Zeitspanne* in Funktion, ihre Empfindlichkeit wird bei längerem Andauern eines gleichen Reizes rasch abgestumpft; sie bleiben jedoch für andere Reize voll ansprechbar, auch wenn sich dieselben vom ursprünglichen Stimulans nur wenig unterscheiden. Wie wir später sehen werden, ist diese Eigenschaft – als spezifische Ermüdbarkeit bezeichnet – für den Weinprüfer von besonderer Bedeutung.

Ferner sind die durch meßbare physikalische Reize verursachten Berührungs-, Seh- und Hörempfindungen relativ leicht zu beschreiben und zu reproduzieren, dies sehr im Gegensatz zu den Chemorezeptoren; die in diesem Bereich ausgelösten Empfindungen lassen sich nur schwer reproduzieren und registrieren – der Riech- und Schmeckfilm ist noch nicht erfunden – und sind oft nur unter Zuhilfenahme der Weinsprache zu beschreiben.

Tast- und Temperatursinn

Gleich wie die äußere Haut enthält auch die Mundschleimhaut zahlreiche Rezeptoren für Berührungs- und Temperaturempfindungen. Auf die allgemein bekannte Bedeutung der richtigen Temperatur für den Genuß und die Prüfung des Weines wird später noch hingewiesen. Weniger selbstverständlich ist die Rolle der durch den Tastsinn vermittelten Empfindungen. Sie sprechen auf die Viskosität an, welche in direkter Beziehung zum Zucker- bzw. Akoholgehalt steht. Unabhängig vom Geschmack spricht man vom «Körper» eines Weines, und die im Wein – speziell in Schaumweinen – enthaltenen Kohlensäure-Gasbläschen verursachen das typische Prickeln, eine ebenfalls dem Tastsinn zugeordnete Empfindung. In österreichischen Weingebieten wird mit dem Weingenuß der Begriff des «Weinbeißens» verbunden und damit wiederum der Tastsinn angesprochen.

Gehörsinn

Er steht zum Weinprüfer in keiner und zum Weingenießer nur in einer indirekten Beziehung. Immerhin stimuliert er die Vorfreude durch den Laut beim Korkenziehen und das sprudelnde Geräusch beim Einschenken. Und nicht vergessen sei die sozial verbindende Funktion des Gehörsinnes beim Klingen der Gläser.

Gesichtssinn

Farbe und Transparenz eines Weines sind von grundlegender Bedeutung bei der Beurteilung. Beide Faktoren jedoch sind unabhängig von der durch sie ausgelösten Sinnesempfindung und objektiv, d. h. in physikalischen Begriffen, ausdrückbar und technisch zu reproduzieren.

Geschmackssinn

Im Gegensatz zur weitverbreiteten Meinung liegt der Hauptsitz der Geschmacksempfindungen nicht am Gaumen, sondern an der Zunge. Gaumen- und Rachenschleimhaut enthalten ebenfalls Geschmacksrezeptoren – Geschmacksknospen genannt –, jedoch in bedeutend geringerer Anzahl. Während beim Kinde alle Teile der Zungenoberfläche Geschmackseindrücke empfangen können, ist dies beim älteren Erwachsenen nur an der Spitze, am seitlichen Rand und am Zungengrund möglich. Im Greisenalter geht die Verminderung der Geschmacksknospen bis auf etwa einen Drittel der ursprünglich vorhandenen weiter. Der Geschmack ist ebenso wie der Geruch ein chemischer Sinn. Im Gegensatz zum letztgenannten lassen sich jedoch bei den eigentlichen

Geschmacksempfindungen lediglich *vier sogenannte Grundqualitäten* des Geschmacks unterscheiden, nämlich süß, sauer, salzig und bitter, allenfalls noch alkalisch oder metallisch. Alle weitergehenden Differenzierungen sind nicht mehr geschmacks-, sondern geruchsbedingt. Die Verteilung der für die vier Grundqualitäten speziell empfindlichen Rezeptoren auf der Zungenoberfläche ist nicht gleichmäßig; während die Zungenspitze für die Empfindung «süß» besonders befähigt ist, zeigt der Zungengrund ausgesprochene Empfindlichkeit für «bitter», die vorderen Zungenränder ein Maximum für «salzig» und die Mitte der Zungenränder für «sauer». Interessant ist die Feststellung, daß die durch einen bestimmten Stoff ausgelöste Geschmacksempfindung aufgrund seiner chemischen Beschaffenheit bei weitem nicht in allen Fällen vorausgesagt werden kann. Am ehesten gilt dies noch für chemisch sauer reagierende Substanzen, die regelmäßig auch die entsprechende Empfindung auslösen. Gewisse chemisch als Salze zu bezeichnende Stoffe schmecken tatsächlich salzig, andere wiederum bitter und wieder andere beides zugleich, je nachdem, welche Zungenbezirke gereizt werden. Bekannt ist der süße Geschmack beinahe sämtlicher Zucker mit sechs Kohlenstoffatomen sowie derjenige der chemisch völlig verschiedenen künstlichen Süßstoffe.

Die Empfindlichkeit des Geschmackssinnes ist individuell außerordentlich verschieden und nimmt infolge der erwähnten Rückbildung der Geschmacksknospen mit zunehmendem Lebensalter ab. Quantitativ ausgedrückt ist der Geschmackssinn gegenüber dem Geruch als bedeutend weniger differenziert zu bezeichnen, spricht doch der Geruchssinn bei Normalpersonen schon auf bedeutend geringere Konzentrationen eines Reizstoffes an.[1]

Für den Weinprüfer ist die Erkenntnis besonders wichtig, daß es wegen der besprochenen ungleichmäßigen Verteilung der Geschmacksrezeptoren innerhalb der Mundhöhle nicht genügt, nach dem Schnuppern nur noch die Zunge kurz einzutauchen oder ein winziges Schlückchen auf den Gaumen zu nehmen, um einen vollständigen Eindruck zu gewinnen. Vielmehr hat er eine genügend große Portion der Flüssigkeit mit der Gesamtoberfläche seiner Mundschleimhaut in Kontakt zu bringen.

Geruchssinn

Der für den Weinprüfer und -genießer mit Abstand wichtigste Sinn ist der Geruch. Er ist verantwortlich für alles, was eine Speise zum Leckerbissen und zur Gaumenfreude, was ein Getränk zu einem ausgesuchten Spitzenwein werden läßt. Obschon der Geruchssinn in diesem Zusammenhang dem Lebensgenuß dient, ist er stammesgeschichtlich der *älteste Sinn,* von dem schon bei den primitivsten Lebewesen die Erhaltung des Individuums und der Art abhängt. Dies geht auch aus dem anatomischen Aufbau hervor, indem die Geruchsrezeptoren, die ausschließlich im obersten Teil der Nasenhöhlen liegen, direkt an einen Teil des Vorderhirns (Riechhirn) angeschlossen sind (vgl. Abbildung auf Seite 111). Die erste Verarbeitung der Riecheindrücke findet dort statt, die bewußte Wahrnehmung, Analyse und Speicherung jedoch erst in höheren Abschnitten des Schläfen- und Scheitellappens.

Damit ein Geruchseindruck entsteht, muß die betreffende Substanz mit der erwähnten, im obersten Teil der Nasenhöhle liegenden Riechzone in direkte Berührung kommen. Dies erfolgt im Strom der Atemluft, der jedoch bei normaler *Ein*atmung kaum über die Höhe des mittleren Nasenganges gelangt. Durch Veränderung der Atmungsweise zum sogenannten Schnuppern oder Schnüffeln bilden sich in der Nasenhöhle Luftwirbel, die mit der Riechzone in Kontakt treten und dort die Riechfunktion ermöglichen. Dieser Mechanismus genügt jedoch nicht zur geruchlichen Erfassung des vollen Aromas beim Trinken und Essen. Zusätzlich müssen die Riechstoffe aus Mund und mittlerem Rachen wiederum durch Wirbelbildungen, diesmal im Strom der *Aus*atmungsluft, in die hinteren oberen Abschnitte der Nase und damit zur Riechzone gelangen.

Die etwa fünfzig Millionen Sinneszellen der Riechzone sind von einer dünnen Schleimschicht bedeckt. Zur Auslösung einer Riechempfindung muß deshalb der betreffende Reizstoff nicht nur *flüchtig,* d. h. in gasförmigem Zustand der Atemluft beigemischt, sondern auch *löslich* sein, um den Schleimfilm durchdringen zu können. Der Gehalt eines Gasgemisches an flüchtigen Substanzen steht in direktem Zusammenhang mit der *Temperatur.* Die im Weißwein enthaltenen leichteren Aromastoffe gehen schon bei relativ geringer Temperatur in die umgebende Luft, während die schweren Substanzen des Rotweines wegen ihres größeren Molekulargewichtes erst bei etwas höheren Temperaturen dem Wein entsteigen. Deshalb läßt sich ein Weißwein schon kurz nach seinem Aufenthalt im kühlen Keller beurteilen und schätzen; beim Rotwein hingegen – besonders bei jungen, großen Gewächsen – muß man dafür sorgen, daß eine langsame Erwärmung auf Zimmertemperatur – das sogenannte «Chambrieren» auf 18 bis 20 °C – die Aromastoffe zur Entfaltung bringt. Allzu rasches Aufheizen würde die flüchtigen Substanzen verjagen. Hieraus ist die Rolle ersichtlich, welche die richtige Temperatur für jeden Wein spielt.

Beinahe unvorstellbar klein sind die zur Entstehung einer Geruchsempfindung benötigten Mengen bestimmter Reizstoffe. Verdünnungen im Bereich von $1:10^{13}$ (ein Zehnbillionstel!) können genügen. Dies würde etwa einem Teelöffel des Wirkstoffes in einem kleinen bis mittelgroßen See entsprechen.

In quantitativer Hinsicht ist der Geruchssinn somit ganz außerordentlich empfindlich. Dies gilt ebenso für die qualitativen Verhältnisse: Man nimmt an, daß der Mensch imstande ist, zwei- bis viertausend verschiedene Gerüche zu unterscheiden. Allerdings sind wir diesbezüglich etwa dem Hund weit unterlegen, der sich bei der geruchmäßigen Identifikation eines menschlichen Individuums nur gerade durch dessen eineiigen Zwilling täuschen läßt, und auch dies nur dann, wenn beide Personen sauber gewaschen sind ...

Selbstverständlich mangelt es nicht an Versuchen, in Analogie zum Geschmack auch die Geruchsempfindungen in Grundkategorien einzuteilen. Das Glossar im Kapitel XIV enthält einige Vorschläge dazu. Die verwendeten Ausdrücke genügen jedoch nicht zur Charakterisierung auch nur eines kleinen Teils der bekannten Gerüche.

Mit dem erstmals 1965 von Dravniek beschriebenen Gaschromatographen hat sich dies nun geändert. Dieser Apparat ist in der Lage, jeden beliebigen Geruch in seine Komponenten zu zerlegen und in der Form des sogenannten *Duft-Spektrogrammes* graphisch darzustellen. So gelingt es dann auch, den typischen Körpergeruch jedes einzelnen Menschen festzuhalten und das Ergebnis zur Identifikation heranzuziehen, wobei im Gegensatz etwa zu den Fingerabdrücken eine künstliche

Änderung durch chirurgischen Eingriff nicht möglich ist. Das erblich fixierte Muster dieses Merkmals, das, wie erwähnt im Falle eineiiger Zwillinge, den Hund zu täuschen imstande ist, kann auch kriminalistisch ausgewertet werden.

Somit ist es nicht ausgeschlossen, daß in nicht allzuferner Zukunft die typischen Eigenschaften jedes Weines ohne Zuhilfenahme von Zunge, Gaumen und Nase in Form einer oder eher mehrerer Kurven dargestellt werden können. Eine für den Weinliebhaber nicht unbedingt erfreuliche, für den Weinfälscher jedoch sicher unangenehme Aussicht!

Wegen der geschützten, vom normalen Atemstrom jedoch relativ isolierten Lage der Riechzellen ist die freie Durchgängigkeit der gesamten Nasenhöhle eine unabdingbare Voraussetzung für deren Funktion. Schon ein gewöhnlicher Schnupfen genügt, um einen Weinprüfer oder Einkäufer infolge der Ausschaltung der Riechzone, die durch die Schwellung der Schleimhäute verursacht wird, vorübergehend zum Einstellen seiner Tätigkeit zu zwingen. Wer hätte sich nicht schon geärgert, wenn sich ein Stockschnupfen zum ungünstigsten Zeitpunkt eingestellt hätte: vor einem gastronomischen Ereignis – schmeckt doch dann jeder Käse wie mehr oder weniger gesalzener Kitt oder Gummi, jeder Wein wie verdünnter Essig!

Jede einzelne der erwähnten 50 Mio Riechzellen sendet eine besondere Nervenfaser wie eine direkte Telefonleitung durch eine der zahlreichen Öffnungen der knöchernen Siebbeinplatte zum Riechkolben des Vorderhirns. Dort erfolgt die erste Verarbeitung und Kodierung des Riecheindruckes, der anschließend in lediglich 50 000 weiteren Nervenfasern zu den höheren Hirnbezirken geleitet wird. Dort werden diese Eindrücke als Erinnerungen gespeichert, und hierin liegt auch das Phänomen begründet, wonach wir uns aufgrund eines Riecheindruckes manchmal blitzartig an eine weit zurückliegende Begebenheit erinnern. Je besser diese «Telefonzentrale» trainiert und ausgebaut ist, desto rascher und zuverlässiger ist der Zugriff des Degustators zu seinen im Laufe seiner Tätigkeit gesammelten Erinnerungen und desto besser die Identifikationsfähigkeit.

Zur Präzisierung sei festgehalten, daß die Wiederholung des Reizvorganges an sich *nicht* zu vermehrter Leistung führt, sondern im Ge-

Wege der Duftreizungen und Duftempfindungen

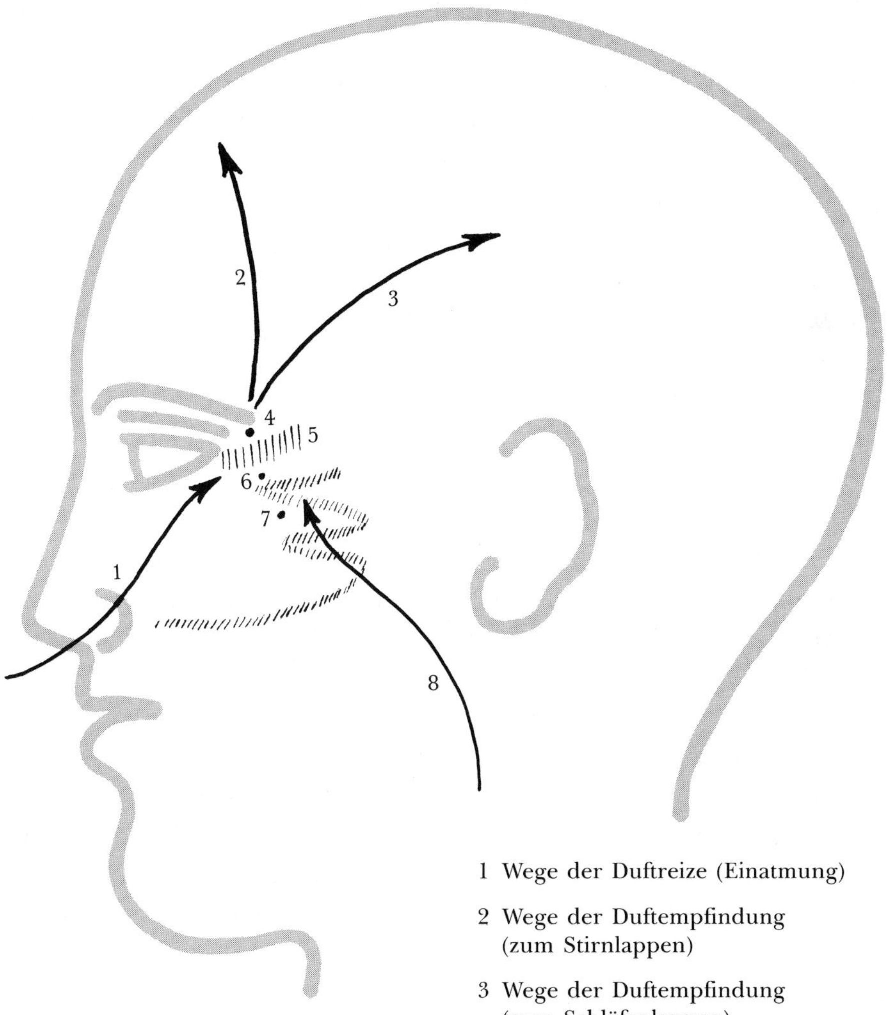

1 Wege der Duftreize (Einatmung)

2 Wege der Duftempfindung (zum Stirnlappen)

3 Wege der Duftempfindung (zum Schläfenlappen)

4 Riechkolben des Großhirns (Riechhirn)

5 Riechzone der Nasenschleimhaut mit Riechnerven («Telefonzentrale»)

6 Obere Nasenmuschel

7 Mittlere Nasenmuschel

8 Wege der Duftreize (Ausatmung)

genteil eher abstumpft. Der Wert des wiederholten Schnupperns liegt vielmehr darin, daß den höheren Funktionen, das heißt dem Erinnerungsvermögen und der Fähigkeit zur Analyse, Informationen zugespielt werden sollen, welche das Erkennen ermöglichen (siehe dazu Kapitel IX).

[1] Als Kuriosum sei hier erwähnt, daß gewisse Stoffe in der Lage sind, die Geschmacksempfindungen in eine bestimmte Richtung zu ändern. So schaltet die Gymnemonsäure auf der Zunge ausschließlich die Empfindung für «süß» aus, während umgekehrt der Extrakt einer afrikanischen Beere – als «Miracle Fruit» bekannt – saure Reizstoffe süß schmecken läßt. Eingeborene kauen solche Beeren vor dem Genuß ihres sauren Maisbieres oder des Palmweines. Der wirksame Stoff wurde isoliert und «Miraculin» genannt.

VII
Wie man degustiert

Muscadelle

Gaumen, Auge, Ohr und Finger erwerben durch Übung eine Empfindungsfähigkeit, deren Intensität zu Erkenntnissen führt, die kaum zu glauben sind, wenn sie nicht durch Erfahrung erhärtet wären.

T. G. Shaw,
«Wine, the Vine and the Cellar», 1863.

Vorgehen

Der Degustationsvorgang ist identisch mit der natürlichen Bewegung, mit der man das Glas vom Tisch her an den Mund heranführt: Zuerst nimmt man das Glas auf und prüft das äußere Erscheinungsbild des Inhaltes. Das ist Stufe I. Wenn das Glas gegen den Mund geführt wird, erfaßt die Nase das Bouquet – Stufe II. Die Lippen berühren den Glasrand, und Stufe III beginnt. Darüber hinaus ergibt sich folgende Korrelation: was man sieht, wird von der Nase weiterentwickelt; was man verkostet, bestätigt meistens den visuellen und geruchlichen Eindruck. Die logische Folgerung ist die Stufe IV: die Zusammenfassung aller Eindrücke und das Urteil.

Gläser

Vergewissern Sie sich vor dem Beginn über die Eignung der Gläser und über die Lichtverhältnisse. Benützen Sie ein tulpenförmiges, kristallklares Weinglas (vgl. Abbildung Seite 117). Gefärbte, geschliffene oder sonstwie dekorierte Ziergläser verhindern ein zweckmäßiges Vorgehen. Gießen Sie überall dieselbe Menge ein, und zwar soviel, daß die relative Tiefe der Farbe auf einen Blick erfaßt werden kann. Mehr als die Hälfte eines Glases zu füllen ist aus zwei Gründen unpraktisch: der Wein muß geschwenkt werden, damit sich eine möglichst große Fläche mit der Flüssigkeit benutzt und durch die Luftberührung die flüchtigen Duftstoffe deutlicher hervortreten. Je voller das Glas, desto größer die Gefahr des Überschwappens. Zum zweiten kann das richtig gefüllte Glas genügend geneigt werden, was auf dem Hintergrund eines weißen Tischtuches oder einer weißen Tischoberfläche eine gründlichere Beurteilung der Farbe ermöglicht.

Halten Sie das Glas am Stiel und nicht am Kelch. Das erleichtert die Prüfung besonders dann, wenn die Farbe auf dem Hintergrund einer Kerze zu beurteilen ist, und erspart zudem Fingerabdrücke an der Glaswand. Dieser letztgenannte Punkt ist an professionellen Degustationen von Bedeutung, wo manchmal mehrere Personen nur ein Glas pro Wein benützen.

Beleuchtung

Am besten ist Tageslicht. Künstliches – besonders blaues Neonlicht – verfälscht sowohl Farbton wie -intensität. Kerzenlicht ist bezaubernd und verschönt zweifellos die Erscheinung von Weinen wie die von weiblichen Gästen! Für eine seriöse Weinprobe ist es höchstens ergänzend zu verwenden, da es nur einen einzigen Vorteil aufweist: es offenbart den wahren Klarheitsgrad der Weinfarbe. Nützlich ist Kerzenlicht in einem Keller, wo junge Weine aus dem Faß gezogen werden, oder aber zur Durchleuchtung des Flaschenhalses während des Dekantiervorganges.

Temperatur

Der Bedeutung der Weintemperatur wird mancherorts zu wenig Rechnung getragen. Ein leichter Rotwein aus der Gamay-Traube beispielsweise – wenn er natürlich und original belassen worden ist und eine schöne Fruchtsäure aufweist – verliert seine saftige Jugendlichkeit und sein intensives Aroma, wenn er in Zimmertemperatur serviert wird, die meistens 20 °C oder mehr beträgt. Anderseits schmeckt auch ein Château Latour oder ein großer Burgunder nicht, wenn er einen Tag vor dem Genuß in ein Zimmer gestellt worden ist, dessen Thermometer 23 °C anzeigt. Vergessen wir nicht, daß auch das höchstklassierte Gewächs eine Flüssigkeit ist, die getrunken sein will. Lauwarm ist immer falsch, und der heutige Begriff von Zimmertemperatur ist oft in diesem Zwischenbereich angesiedelt. Korrekt ist also 17 bis 20 °C für volle Rotweine, 14 bis 16 °C für leichte Rotweine, 11 bis 13 °C für volle Weißweine und gute Rosés und 8 bis 10 °C für leichte Weißweine und Champagner.

Allein für eine Degustation soll die Temperatur an der oberen Grenze liegen, für den Service dagegen gilt die Faustregel: «Besser ein Grad zu kalt als ein Grad zu warm.» Überzeugen Sie sich zudem auch von der Temperatur der Rotweingläser. Sie sollen nicht in letzter Minute aus einem kalten Schrank hergeholt werden, sondern Raumtemperatur aufweisen. Und noch ein letzter Hinweis: Die Jahreszeit spielt mit. An Tropentagen darf der Wein etwas frischer und im klirrenden Winter etwas wärmer präsentiert werden.

Das ideale Degustationsglas

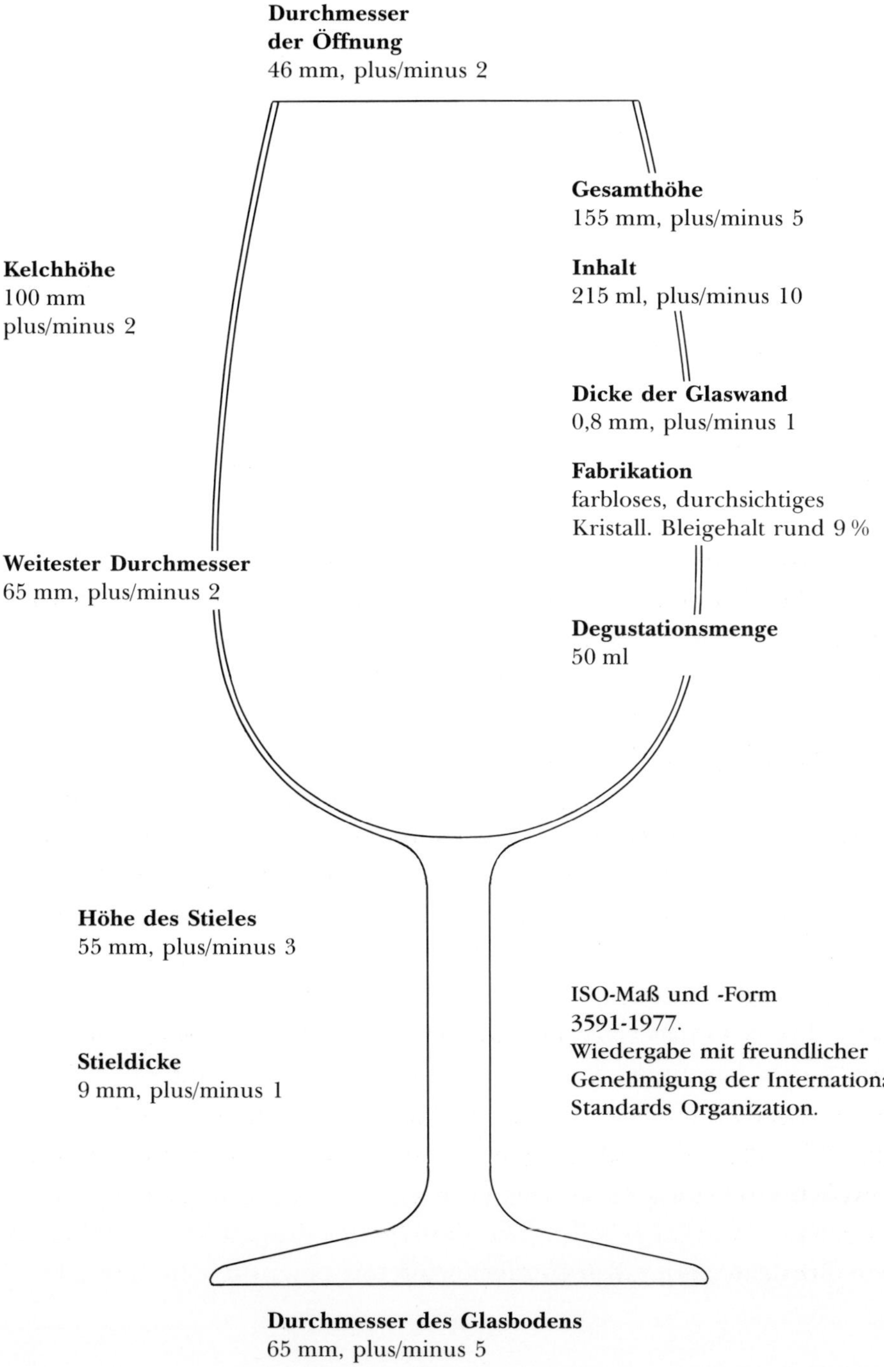

ISO-Maß und -Form 3591-1977.
Wiedergabe mit freundlicher Genehmigung der International Standards Organization.

Stufe I: Das Erscheinungsbild des Weines

Unter diesem Titel prüft der Degustator drei Eigenschaften: Farbe, Tiefe und Klarheit. Bei ihrer Prüfung möge der Leser die Beispiele auf den Seiten 162 bis 176 zu Rate ziehen.

Farbe

Die meisten Weine gehören einer der drei Grundkategorien an: Rot, Weiß oder Rosé. Alkoholverstärkte Weine variieren: Sherry ist seiner Herkunft nach ein Weißwein, zeigt sich jedoch in strohgelber wie in brauner Farbe. Portwein kann rot oder weiß sein, ersterer vom Dunkelviolett bis zum bleichen Braungelb.

Rotwein

Was wir als Rotwein kennen, zeigt sich in unterschiedlichsten Farbtönen: von Violettrot über alle Rotschattierungen bis hin zu Mahagoni oder gar Bernstein. Diese Tönung ist zurückzuführen einerseits auf die fixen Produktionsfaktoren *Jahrgangs*bedingungen (Klima) und die *geographische Herkunft.* Anderseits nehmen die variablen (vom Menschen abhängigen) Produktionsfaktoren Einfluß durch die *Dauer,* während welcher der *Traubenmost an den Beerenhäuten* belassen wird, und die *Zeitspanne der Faßreife.* (Die rote Farbe stammt aus einer Gruppe von Pigmenten – Anthocyanole[1] genannt –, die durch den Alkohol aus den Häuten extrahiert werden. Der Alterungsprozeß wirkt sich direkt auf die Farbe aus, weil die roten Farbpigmente während der Reifeperiode zusammen mit Tannin ausgefällt werden – sowohl im Faß wie in der Flasche. Oxydation beschleunigt diesen Vorgang.)

Purpur (Rot mit einem Violett-Ton) zeigt die Jugend und/oder Unreife eines Weines an. Fast alle Rotweine im Faß erscheinen in diesem Kleid. Wie schnell dieser Purpurton verlorengeht, hängt von der ursprünglichen Farbintensität ab.

Rubinrot erklärt sich selbst. Die Farbe eines jungen Portweines oder vollen Bordeaux oder Burgunders wird mit einem leuchtenden Edel-

stein verglichen. Der ursprüngliche Anflug von Purpur ist verlorengegangen.
WEINROT verdeutlicht sich am reinsten in einem Bordeaux, der sich zwischen Jugend und Alter befindet. Bordeauxrot ist denn auch eine vielverwendete Farbbezeichnung, welche sich direkt an das Weingebiet anlehnt.
GRANATROT ist ein wünschbares Erscheinungsbild feiner italienischer Provenienzen.
ROTBRAUN in einem Tischwein zeigt den Reifegrad an. Bei den heute praktizierten, eher tiefen Säuregraden – die Säure hilft mit, die Leuchtkraft der Farbe hervorzuheben und zu erhalten[2] – kann als Beispiel für Rotbraun angegeben werden: Bordeaux von fünf und mehr *Flaschen*jahren, Burgunder von drei *Flaschen*jahren. Je höher die Qualität eines Jahrganges, desto weiter hinausgeschoben wird der Beginn der Rotbraunfärbung.

Eine braune Spur kann zudem von überhitzten, «gebackenen» Reben nach einer großen Sommerhitze herrühren, von künstlich geheiztem und «gekochtem» Wein (z. B. durch Erhitzen bei einer vorangetriebenen Maischegärung) oder durch Lufteinfluß (z. B. in nicht spundvoll gehaltenen Fässern).
MAHAGONIFARBEN ist ein eher mildes, feines Rotbraun, welches die Vollreife anzeigt (z. B. Bordeaux im Flaschenalter von 10 bis 20 Jahren, Burgunder eines eher kleinen Jahrganges nach 10 Jahren Flaschenlagerung).
TAWNY ist die Farbkennzeichnung, die für Portweine verwendet wird. Es ist ein Zustand, der nach vielen Jahren Faßlagerung durch Farbverlust erreicht worden ist – ein natürlicher, aber teurer Reifeprozeß. Billigere Handels-«Tawnies» werden durch Zusammenstellung von weißen mit roten Ports erzeugt.
BERNSTEINBRAUN deutet entweder auf einen Wein von hohem Alter hin oder dann auf eine verfrühte Alterung und/oder Oxydation. Ist das gesunde rötliche Glühen in einer Farbe einmal erloschen, so ist der Wein normalerweise tot.

Weisswein

Alle weißen Weine enthalten Spuren von gelben Farbpigmenten aus der Flavanol-Gruppe[3]. In etlichen von ihnen ist deren Konzentration jedoch äußerst gering. Die Farbe reicht vom blassen Gelbgrün über tiefere Gelbschattierungen bis hin zu Goldgelb und Bernsteinbraun.

Trockene Weißweine beginnen ihr Leben üblicherweise mit bleichen Farbtönen und gewinnen – im Gegensatz zu den roten Gewächsen – mit dem Alter an Farbintensität.

Junge Süßweine sind mit ordentlichen Gelbtönen ausgestattet, welche im Laufe der Zeit in Gold überwechseln und im Alter Braunspuren durchscheinen lassen.

Junger, natürlicher Sherry zeigt sich zuerst in mildem Strohgelb. Die dunkleren Schattierungen sind das Resultat von Alterung und/oder «Blending», d. h. Zusammenstellen mit älteren Weinen. Fast alle dunklen «Oloroso» und «Brown»-Sherries erhalten ihren Farbton durch eine Zugabe von starkfarbigem Wein.

Bleiches Gelbgrün. Dank einem Rest von Chlorophyll – es wird durch das Reblaub assimiliert – ist in jugendlichen Weinen eine deutliche Grünfärbung weit verbreitet. Als spezielles, wenn nicht gar wesentliches Kennzeichen gehört es zum Chablis oder einem jungen Mosel-Gewächs. Selten dagegen ist es in Weißweinen anzutreffen, welche in heißem Klima wachsen.

Strohgelb. Eine gefällige, lebendige Farbe, in der Mehrheit der weißen Provenienzen feststellbar, besonders in trockenen. In Burgund tendieren die Meursaults mehr als die Montrachets und im Elsaß die Traminer mehr als die Riesling-Weine zu starkem Gelbton.

Goldgelb. Abnormale Farbe für junge, trockene Weißweine. Zumeist anzutreffen in den süßen Versionen wie Sauternes und qualitativ hochstehenden Beeren- und Trockenbeerauslesen aus Deutschland.

Tiefgolden erscheint im allgemeinen ein Süßwein, oder diese Farbe läßt auf ein beträchtliches Flaschenalter schließen. Weißer Burgunder beispielsweise – in seiner Jugend gewöhnlich strohgelb – legt sich nach etwa sechs Flaschenjahren einen goldenen Schein zu.

Gelbbraun. Die Farbe vieler Dessertweine. Allerdings weist eine Braun- oder Orangetönung in einem weißen Tischwein auf Überreife

oder gar Oxydation hin. Viele weiße Burgunder nehmen nach etwa zwölf Jahren eine ungesunde Braunfärbung an. Einzig ein hochfeiner Sauternes widersteht diesem Wechsel für 30 und mehr Jahre.
MADERISIERT. Dieser Begriff wird nur verwendet bei klar erkennbarer Überalterung und/oder Oxydation. Ein maderisierter Wein ist matt und von müdem, gelbbraunem bis braunem Aussehen.
BRAUN. Wahrscheinlich jenseits der Genußfähigkeit, es sei denn, es handle sich um den Sherry dieses Namens oder um das Rostbraun eines alten Portweines.

ROSÉWEIN

Weine, die als «Rosé», Rosato oder Kretzer bezeichnet werden, unterscheiden sich erheblich in Farbe und Tiefe. Jede Weinregion besitzt ihren eigenen Stil, der von der verwendeten Rebsorte und der Weinbereitungsmethode abhängt. Die besseren Rosés werden aus blauen Trauben gewonnen, wobei die Beerenhäute so lange am Gärmost belassen werden, als es die Extrahierung von etwas roter Farbe erfordert. Billige Rosés sind manchmal Mischungen von Rot- und Weißwein. Fast alle Rosé-Champagner erhalten ihre Farbe durch Beigabe von Rotwein aus den Montagnes de Reims. Selten wird das aufwendige Verfahren noch angewendet, bei dem der rosafarbene Wein «champagnisiert» wird.

Die Hellfarbigkeit der Rosés macht die Hälfte ihres Charmes aus. Sie sind normalerweise jung zu trinken, denn wenn ihnen das Altern erlaubt würde, verlören sie ihre Frische in der Farbe wie im Geschmack. Einige Rosés beginnen ihr Leben mit der Rosafarbe der Zwiebelhaut, ein Charakteristikum, das mit dem französischen Ausdruck *pélure d'oignon* und *vin gris* übersetzt bzw. bezeichnet wird.
ROSÉ. Der perfekte Roséwein sieht weder wie ein verwässerter Rotwein aus, noch sollte er einen Einschlag von Orange oder Violett zeigen. Die Farbe muß klar als solche definierbar sein.
ORANGE. Einige Rebsorten produzieren eine deutliche Orangetönung. Reines Orange ist eine unerwünschte Erscheinung, obwohl eine Spur Orangeviolett normal und typisch für manche Rosés von der Loire ist. Noch etwas deutlicher erscheint es etwa in der Provence und im heißen Süden.

DAS NELKEN-ROSA. Die Lilafarbe erklärt sich selbst und suggeriert oft den Eindruck von «künstlich». Jeder Verdacht auf eine Spur Bläue in dieser Weinfarbe deutet auf einen ungesunden Zustand hin, wahrscheinlich verursacht durch eine metallische Verunreinigung.

DIE TIEFE

Es muß nochmals betont werden, daß die Fülle oder Blässe einer Farbe bis zu einem gewissen Maß durch die Herkunft bestimmt ist. Die relative Farbtiefe ergibt aber trotzdem gute Hinweise auf die physikalische Konstitution eines Gewächses.

BEI ROTWEINEN. Ein sehr voller, körperreicher, fast dunkler Rotwein wird sicher mehr als nur einen mittelmäßigen Tanningehalt und andere natürliche Komponenten aufweisen. Eine solche Farbe kann nur bei einwandfrei produzierten Weinen aus einem guten Jahrgang beobachtet werden, basierend auf vollreifem Traubengut mit sonnenverwöhnten Beerenhäuten. Die gegenteilige Beobachtung kann bei blassen Rotweinen gemacht werden: Sie lassen schließen auf einen zu hohen (weil vielleicht forcierten) Hektarertrag, auf zu schnelle Vinifikation oder auf ein klimatisch ungenügendes Weinjahr, in welchen die Trauben nicht zur Vollreife gelangten, deren Häute also zu dünn und ungenügend mit Farbpigmenten ausgestattet waren.

BEI WEISSWEINEN. Bei jungen, trockenen Weißweinen ist die Farbtiefe relativ unbedeutend. Die Variationsbreite ist vergleichsweise gering, und Folgerungen sind nicht schlüssig. Ein sehr bleicher Mosel beispielsweise dürfte weder schlechter noch besser sein als ein strohgelber. Weiße Gewächse vertiefen ihre Farbe mit fortschreitender Flaschenlagerung.

Bei süßen Weißweinen ist die Farbtiefe bedeutsamer. Das tiefe Gold eines alten Sauternes aus einem großen Jahr beispielsweise könnte leicht mit «Maderisierung» (Oxydation) verwechselt werden. Doch ist es ein tiefes Gold und nicht ein tiefes Braun, das beispielsweise aus dem 1921er und 1929er Château d'Yquem aufleuchtet, ein Hinweis auf den ursprünglich ungewöhnlich hohen Gehalt an Zucker und Extraktstoffen. Diese Jahrgänge zeigten schon in ihrer Jugend eine überaus intensive Farbe. Und hüten Sie sich auch vor einem voreiligen Schluß angesichts eines bleichfarbenen, alten Sauternes. Ein schwächerer Jahrgang, die Verwendung von Stahltanks statt von Holzfässern und/oder eine Überschwefelung vor der Flaschenfüllung mögen die Ursachen dafür sein. Letzteres wirkt sich konservierend aus, hemmt jedoch die Entwicklung des Weines und das Eindunkeln der Farbe.

Manchmal hält es schwer, die Farbtiefe von zwei ebenbürtigen Provenienzen zu beurteilen. Eine Methode besteht darin, zwei Gläser bis zur gleichen Höhe zu füllen, sie nebeneinander auf eine weiße Unterlage zu plazieren und von oben herab zu betrachten; oder man kann ein helles Licht so hinter die beiden Gläser stellen, daß die relative Farbtiefe wie ein Schatten auf das weiße Tischtuch fällt – eine sehr wirksame Methode zur Bestimmung und zum Vergleich von Weinfarben.

Klarheit

Sie ist von erstrangiger Bedeutung in den verschiedenen Entwicklungsstadien aller Weine, angefangen bei der Gärung wie auch während der Faßreife bis hin zur Flaschenfüllung. Danach müssen sich Weißweine in jedem Fall «glanzhell» präsentieren. Bei gewissen Rotweinen ist eine Trübung ausschließlich in Form eines Bodensatzes (Depot) akzeptabel, der bei korrekter Lagerung allerdings zu Boden fällt und so die Klarheit nicht beeinträchtigt.

TASTEVINS. Die bekannten silbernen *tastevins* (Weinkosterschalen), die in burgundischen Souvenirläden feilgeboten (und auch etwa als Aschenbecher benützt ...) werden, sind traditionelle Degustationsschalen mit einem besonderen Verwendungszweck: Die Einbuchtungen in der seitlichen Oberfläche reflektieren das Kerzenlicht quer über den Metallboden und offenbaren in *einem* Blick die Klarheit des neuen Weines, welcher im schwach beleuchteten Keller aus dem Faß gezogen worden ist. Ein *tastevin* läßt sich leicht in der Tasche herumtragen und zerbricht nicht. Seine Verwendung an einer normalen Weinprobe ist jedoch unangebracht; zudem erweist sich das Glas als nützlicher. (In Burgund und im Beaujolais besitzt das *tastevin* auch symbolische Bedeutung für etliche Weinbruderschaften, z. B. für die Confrérie des Chevaliers du Tastevin.)

OBERFLÄCHE. Die Oberfläche des Weines im Glas ist einer genauen Betrachtung wert. Sie muß hell spiegeln. Erscheint sie matt, schillernd oder fleckig, muß der Wein näher untersucht werden. Bei sehr alten Weinen achte ich darauf, ob sich beharrlich kleine Bläschen am Rand der Weinoberfläche halten. Sie sind normalerweise eine Vorwarnung für den bevorstehenden Zusammenbruch.
TRÜBUNG. Halten Sie das Glas nun gegen das Licht. Dunkle Wolken oder anhaltende Trübung durch undefinierbare Substanzen in einem Flaschenwein sind ein schlechtes Zeichen. Solche Weine sollten Sie im Normalfall an den Lieferanten zurückgeben. Eines aber mögen Sie bedenken und prüfen, bevor Sie einen trüben *Rotwein* verurteilen: Ist er kürzlich geliefert oder unter unbedachtem Schütteln aus dem Keller geholt worden? In alten Jahrgängen ist meistens Bodensatz (ausgefällter Farbstoff und Tannin) anzutreffen, der besonders in Puderform durch die geringste Erschütterung aufgewühlt wird.[4] Alte Portweine können selbst nach sorgfältigem Dekantieren noch kleine bienenflügelförmige oder krustenartige Trübstoffe enthalten, die von einem festen Bodensatz ausgelöst worden sind. Diese letzteren sind jedoch ohne Geschmack, so daß man sie unbeachtet lassen kann.
KORKSTÜCKCHEN, NICHT KORKGESCHMACK. Winzige Stücke von schwimmendem Kork sind harmlos. Gleich zu werten sind die meisten Formen von festen Rückständen, die sich rasch und leicht in der Flasche absetzen. Kleine Korkresten im Wein können von einer schlecht eingestellten Verkorkungsmaschine herrühren oder – was häufiger der Fall ist – vom falschen Gebrauch eines richtigen Zapfenziehers oder vom richtigen Gebrauch eines falschen Zapfenziehers, mit zu kurzer Spirale beispielsweise. Schwimmende Korkstückchen können mit einem geeigneten Instrument herausgefischt werden, und vor allem weist der Wein deswegen *keinen Korkgeschmack auf* – ein leider weitverbreitetes Mißverständnis, welches in Restaurants oft zu unberechtigten Klagen von Leuten führt, die sich dadurch nicht gerade durch Sachkenntnis ausweisen.
KRISTALLE (WEINSTEIN). Kleine, meist durchsichtige Ausscheidungen in kristalliner Form sind in weißen, seltener in roten Weinen anzutreffen. Es handelt sich hierbei um ausgefällte Weinsäure. Dieser Weinstein

ist das Resultat eines Prozesses, der eigentlich hätte im Faß stattfinden müssen. Zurückzuführen ist er entweder auf eine zu frühe Abfüllung in die Flasche, auf einen abrupten Temperaturwechsel oder auf zu große Kälte, welcher der Wein ausgesetzt war. Weinstein kann aussehen wie Kristallzucker, was jedoch nicht zutreffen kann, weil sich Zucker in einer Flüssigkeit auflöst. Dieser «Schönheitsfehler» ist völlig harmlos und beeinträchtigt den Geschmack des Weines in keiner Weise.

GLANZ. Eine strahlende Farbe, der eigentliche Glanz, ist eine Erscheinung, die als erster Hinweis auf ein qualitativ einwandfreies Gewächs verstanden werden darf, wogegen gewöhnliche Massenweine oftmals stumpf aussehen und keiner Beschreibung wert sind. Die Abstufungen lassen sich etwa umschreiben mit brillant, glanzhell, hell und klar bis zu stumpf, dunkel, trüb und wolkig.

INTENSITÄT. Darunter verstehe ich die Sattheit der Farbe bis hinaus zum Glasrand, im Gegensatz zu der an der Peripherie oft feststellbaren, wässerig erscheinenden Farbblässe (vgl. Farbtafeln auf den Seiten 162 bis 180). Sattheit ist normalerweise anzutreffen in Rotweinen und bei diesen besonders in alkoholverstärkten Provenienzen. Sie gibt Hinweise auf Qualität, Körper und Extraktgehalt.

TRÄNEN ODER KIRCHENFENSTER. Wenn man einen Wein im Glase schwenkt, wird man sehen können, wie herunterfließende Tränen breitere oder engere «Kirchenfenster» bilden. Aus engen (Spitzbogen-)Fenstern schließt man oft auf einen höheren Alkohol- und Extraktgehalt als aus breiten (Rundbogen). Ich persönlich war nie ein Vertreter dieser Theorie: Dieses Phänomen *kann* als Anzeichen für Körperreichtum gewertet werden, doch verlasse ich mich lieber auf meinen Gaumen, denn einerseits verfälschen nachlässig gewaschene und getrocknete Degustationsgläser möglicherweise die Seitenabstände der Fenster, anderseits können höherwertige Alkohole mitspielen (z. B. solche, die durch Aufzuckerungen des Weinmostes entstehen), die zwar mit Fülle, nicht aber mit Qualität zu tun haben.

FÜLLNIVEAU ODER SCHWUND

Die nachstehenden Zeilen beziehen sich auf den Wein in der Flasche und nicht im Trinkglas. Schwund ist von außen sichtbar und bildet als

Faktum eines der Beurteilungselemente für den Zustand eines Weines.

Ein unter dem normalen Stand liegendes Füllniveau kann folgende Ursachen haben:

Abfüllmanko. Es ist das Ergebnis einer unsorgfältigen Flaschenfüllung oder einer nachlässigen Füllkontrolle. Das Niveau befindet sich zwischen dem Flaschennacken und der Schultermitte. Das Abfüllmanko kommt ziemlich selten vor und bleibt normalerweise ohne Folgen für die Qualität.

Verdunstung. Mit dem minimalen Luftzutritt, dem ein Wein in der verkorkten Flasche ausgesetzt sein muß, um leben und sich entwickeln zu können, wird auch eine Verdunstung ermöglicht, die sich über die Jahrzehnte hinweg in Schwund ausdrückt. Schwund bedeutet also das Entstehen und sich stetige Vergrößern des Raumes zwischen Korkboden und Weinoberfläche. Dieser Raum ist mit Luft gefüllt, und Luft zerstört bekanntlich jeden Wein. Es ist nur eine Frage des Masses und der Konstitution des Weines, die über die Intensität dieses Alterungs- (und später Zerstörungs-)prozesses entscheidet.[5]

Verminderung der Korkqualität. Sie ist die üblichste Ursache für Schwund und zurückzuführen auf den *Korkwurm* und auf den *Alterungsvorgang* des Korkens, der zum Verlust seiner Elastizität führt.

Dem Korkwurm bin ich leider nicht selten begegnet, besonders in schlecht unterhaltenen Privatkellern. Er ist der einzige Schädling, der den Entwicklungsverlauf von Lagerweinen negativ beeinflussen kann, im besonderen auch jenen von Jahrgangsportweinen, bei welchen das schützende Wachssiegel zerbrochen oder gar entfernt worden ist. Durch die ausgebohrten Löcher dringt zuviel Sauerstoff ein. Der Wein wird essigsauer oder zumindest durch herunterfallende Korkpartikel geschmacklich verdorben.

Wie der menschliche Körper verlieren auch Korken ihre Geschmeidigkeit mit fortschreitendem Alter. Selbst ein Qualitätszapfen büßt nach etwa 20 Jahren seine Elastizität ein, obwohl ich schon erlebt habe, daß ein erstklassiger, langformatiger Bordeaux-Korken den Flascheninhalt über ein Jahrhundert lang geschützt hatte. Um Risiken auszuschließen, hat sich auf den großen Châteaux und ersten burgundischen Domänen die Sitte eingebürgert, die Korken der dort gelagerten Reserven von

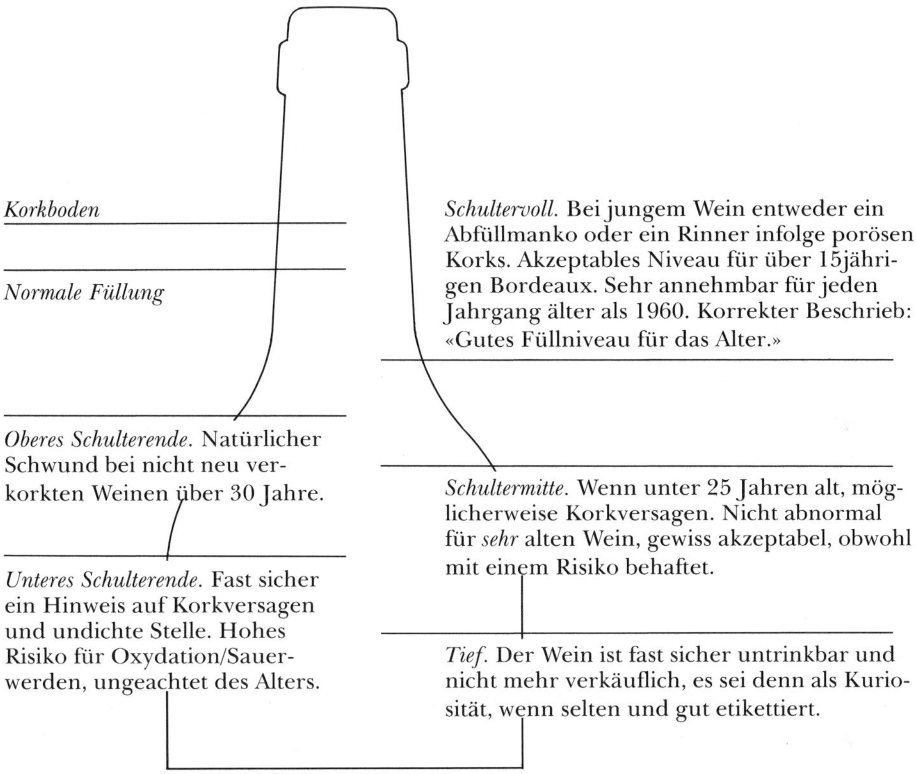

Zeit zu Zeit durch neue zu ersetzen. Wo dies nicht fachgerecht erledigt werden kann, dürfte auch das regelmäßige Versiegeln mit Wachs zum gleichen Ziel führen, immer vorausgesetzt, daß die Flaschen erschütterungsfrei und in einem kühlen, dunklen Keller mit angemessener Luftfeuchtigkeit aufbewahrt sind.

Flaschen mit Schwund *können* überraschend gut schmecken. Sofern der Kork nicht faul und die Farbe eines Weines tief und sauber ist, hat selbst ein altes Gewächs der im entstandenen Leerraum vorhandenen Luft oft widerstanden. Es sind jedoch immer nur absolut erstklassige Provenienzen, die solche «Wunder» ermöglichen.

ALTER CHAMPAGNER. Beim Prüfen von alten Champagnerflaschen sieht es manchmal so aus, als hätte sich die Flüssigkeitsmenge verringert. Man spricht auch von Schwund, doch ist dieser im allgemeinen darauf zurückzuführen, daß sich das im Schaumwein gebundene Kohlendioxyd befreit hat und entwichen ist. Die Volumenverminderung ist also nichts anderes als eine «Bläschenflucht», und mit ihnen flieht auch das Leben des Weines und das Belebende für den Genießer. Der vorher prickelnde Schaumwein wandelt sich im äußern Erscheinungsbild wie im Geschmack zu einem stillen, golden scheinenden Wein, der – oft zur Entrüstung der Franzosen – von englischen Connaisseurs sehr geschätzt wird.

Stufe II: Nase oder Bouquet

«Einen Wein mit der Nase zu nehmen» wird in seiner Bedeutung eher unterschätzt. Ein großer Teil von Informationen kann allein schon dem Geruch entnommen werden, wobei der erste Eindruck im allgemeinen am meisten verrät. *Je reifer ein Gewächs, desto wichtiger die Nase.*

Das Vorgehen ist einfach: Fassen Sie das Glas am Stiel und schwenken Sie es so energisch, daß der Wein bis an den Rand hinaufschwingt. Wenig geübte «Schwenker» belassen das Glas besser auf der Tischplatte und bannen damit die Gefahr des Überschwappens (und einer Rechnung für die chemische Reinigung). Auf diese Weise wird eine maximale Glasfläche mit dem Wein benetzt, was ein größtmögliches Quantum an ätherischen Ölen (Duftstoffen) freisetzt.

Heben Sie das Glas nun an die Nase und konzentrieren Sie sich auf den ersten flüchtigen Eindruck. Ist er sauber und frisch? Sind da einige deutlich feststellbare Charakteristika: ein Traubenaroma, eine hohe Säure, die den Mund wässert, usw.? Dann setzen Sie ab, schwenken erneut und versuchen durch mehrmaliges Schnüffeln Frucht und andere hervortretende Eigenschaften herauszuriechen, die Sie beim ersten Mal nicht bemerkt haben. Im übrigen rate ich von sehr tiefem Einatmen ab. Es schwächt nur die Sinnesempfindungen. Der verstorbene Allan Sichel praktizierte ein kurzes, scharfes Einatmen bei geöffnetem Mund. Um Wein zu riechen, kann ich mit dieser Methode nichts anfangen. Hingegen finde ich sie nützlich beim Prüfen von Weinbränden, weil sie den oft vorherrschenden, etwas spritigen Eindruck neutralisiert.

Es gibt zwei Geruchstypen: der eine erinnert an einen andern Geruch (Blume, Gewürz, Frucht usw.), der andere läßt an eine mehr oder weniger reine chemische Substanz oder eine chemische Verbindung denken. Um den zweiten Typ herauszufinden, braucht es sehr viel Erfahrung. Wesentlich ist, daß der Weinliebhaber verschiedene Traubenaromen, den Geruch der Jugend und der Reife und das Weinparfüm als Ganzes aufzuspüren und zu erkennen lernt. Im fortgeschrittenen Stadium kann man sich dann auf die vielfältigen Ober- und Untertöne konzentrieren, die da mitschwingen.

Es ist schon verwickelt genug, gewöhnliche Gerüche zu analysieren und die überaus subjektiven Eindrücke zu beschreiben; wieviel mehr noch die Nuancen eines verfeinerten Bouquets! Und wenn es schon schwierig ist, die Elemente eines Bouquets festzuhalten und zu benennen, so ist es fast unmöglich, sie einer anderen Person mitzuteilen. (Aus diesem Grunde dürfen die da und dort anzutreffenden Weinanpreisungen mit Erwähnung von allen möglichen und unmöglichen Geschmacksverwandtschaften wohl eher als Verstiegenheiten eines Mitteilungsfreudigen angesehen werden.)

Einige der folgenden Charakteristika sind einleuchtend und leicht beschreibbar, andere wiederum offenbaren sich nur einer erfahrenen Nase. Sie sollten in dieser Reihenfolge geprüft werden:

Reintönigkeit

Ein Wein muß riechen wie Wein: rein und unbeschwert. Alles, was nach Kraut, Essig, Mandelkernen, Birnenbonbons oder irgendwelchen andern, deutlich erkennbaren Fremdgerüchen riecht, muß Verdacht wecken. In der Praxis löst das ein Stutzen und Nachprüfen aus.

In europäischen Weißweinen ist da und dort ein «Schwefelblümchen» zu entdecken, das wie ein eben entflammtes Zündholz in die Nase sticht. Es wird gemeinhin als Ärgernis und nicht als Fremdgeruch bezeichnet, um so mehr, als es durch Lüften, Dekantieren und Glasschwenken schnell zum Verblühen gebracht werden kann. Sind keine Fremdgerüche feststellbar, so geht man zu den positiven Weingerüchen über.

Traubensorte

Der erfahrene Degustator wird nun nach dem wichtigsten Anhaltspunkt suchen, der ihm die Herkunft eines Weines verraten kann: dem sortentypischen Traubenaroma. Die klassischen «noblen» Rebsorten Cabernet Sauvignon, Pinot, Riesling, Traminer usw. weisen ein individuelles Aroma auf. Immerhin ist auch dieses nicht immer leicht zu identifizieren. Der einzige Weg zu einer treffenden Beurteilung liegt im wiederholten Kosten von wirklich erstrangigen Mustern so lange, bis die Charakteristika sich fest im Gedächtnis eingenistet haben. Weine aus geringeren Rebsorten und/oder aus klimatisch und geologisch weniger guten Anbaugebieten geben ein Aroma ab, das oft wenig distinguiert und schwer erkennbar ist. Solche «Nasen» werden – wenn sie gefällig sind – etwa mit dem selten gebrauchten Wort «schön» bezeichnet, manchmal auch mit «weinig»...

Jugend, Alter und Reife

Das Alter eines Weines kann von einem geübten Weinprüfer recht genau bestimmt werden. Wer sich bewußt um die Entwicklung seines Geruchorganes kümmert, wird sehen, daß dies gar nicht so schwierig ist, wie es auf den ersten Blick scheint. Der Weg zur Meisterschaft ist auch hier mit häufigem Vergleichen von erstklassigen Musterflaschen aus verschiedenen Jahrgängen bestückt.

Die physikalischen Komponenten eines jungen Weines zeigen sich recht deutlich. Sie sind noch rauh und ungeschliffen. Die Zeit zum Sich-Finden, zum Angleichen und – wenn alles gut verläuft – zur Vermählung steht noch bevor. Die jugendliche Säure ruft einen «mundwässernden» (speichelerzeugenden) Effekt hervor. Ein roher Kochapfelgeruch weist auf einen zu hohen Säuregehalt hin und ist in unreifen Weißweinen aus kleinen Jahrgängen anzutreffen.

Die Milde des Alters ist auch im Bouquet wiederzufinden: Es wird weicher, harmonischer. Der Wein entwickelt das sogenannte «Flaschenalter», ein schwer zu beschreibender Begriff: Bei vielen Weißweinen riecht es nach einem Hauch von Honig und Nüssen, Rotweine werden reicher und tiefer in ihren Dufttönen. «Komplex», «weich» und «mild» sind vielleicht die richtigen Wörter hiefür. Ein Wein mit zu viel Flaschenalter zerfällt im Bouquet – er wird flach und müde (maderisiert) und kann im fortgeschrittenen Stadium nach verdorbenem Kohl riechen, was die Nasenflügel zum Vibrieren bringt.

Zu betonen ist, daß die Alterung in der Flasche auch ein Teil der Entwicklung hin zur Reife ist und in ihrem Verlauf beeinflußt wird von all dem, was vor der Flaschenfüllung war – Vor- und Nachteiliges, das sich dem kenntnisreichen und erfahrenen Degustator offenbart.

Frucht

«Frucht haben» ist eine wünschenswerte Eigenschaft. Es sei jedoch festgehalten, daß ein Weinbouquet mit «fruchtig» beschrieben werden kann, ohne die Spur eines Traubenaromas aufzuweisen. (Vielleicht kommt von daher der beliebte Gebrauch dieses Wortes.) Ein deutlich definierbares Traubenaroma kann nur bei Weinen aus bestimmten Rebsorten mit unverwechselbaren Merkmalen herausgestellt werden (vgl. dazu in Kapitel IV den Abschnitt über die Rebsorten). Ein hoher Gerbstoffgehalt kann zudem die Frucht maskieren.

Tiefe und Intensität

Ein Bouquet kann mit verschiedenen Ausdrücken wie leicht oder tief, intensiv, unbeschreiblich, oberflächlich, voll oder abgerundet bezeichnet werden. Von Bedeutung ist der Entwicklungsstand des Weines; «vollentwickelt» beispielsweise kann bedeuten: ein vollentwickeltes Bouquet in einem reifen Wein, der aber von mittlerer Qualität ist; «unterentwickelt» kann das Bouquet eines qualitativ hochklassigen, aber noch unreifen Gewächses sein.

In diesem Zusammenhang den Begriff «Qualität» zu definieren ist problematisch. Wonach man Ausschau hält, ist ein entfaltetes, nicht aggressives Bouquet mit reichen Nuancen – ehrlich und harmonisch. Und das Bouquet eines wirklich großen Weines ist nicht nur überwältigend, sondern klingt in mannigfachen Tönen noch lange im Glas nach, wenn der letzte Tropfen getrunken ist.

Die wichtigsten Adjektive zur Geruchsbeschreibung finden Sie im Glossar von Seite 244 an.

Stufe III: Geschmack

Das Geschmacksorgan sollte zuerst und vor allem die Eindrücke von «Adlerauge» und «Spürnase» bestätigen, doch vermittelt es uns weniger Anhaltspunkte als diese, es sei denn, man wäre einem Wein auf der Fährte, der noch im Fasse liegt. *Je jünger ein Gewächs, desto wichtiger die Beurteilung am Gaumen.*

Wie in Kapitel VI festgestellt, reagieren die Geschmacksknospen der Zunge an bestimmten Stellen auf Süße (Zungenspitze), Salzhaltigkeit (vordere Zungenränder), Säure (mittlere Zungenränder) und Bitterkeit (hinterer Bereich der Zunge). Dies erklärt, warum aus einem winzigen Degustationsschluck normalerweise nicht genügend Informationen herausgeholt werden können. Füllen Sie die Mundhöhle so weit, daß Sie den Schluck leicht über die ganze Zungenoberfläche rollen lassen können. Schlürfen Sie ruhig, die Sauerstoffzufuhr verdeutlicht die Sinneseindrücke. Spucken Sie dann aus und wiederholen Sie diesen Vorgang so oft, bis Sie sich ein Urteil gebildet haben.

Beurteilungskriterien

Es empfiehlt sich, die herausgetüftelten Charakteristika in einer bestimmten Ordnung zu notieren. Die Reihenfolge der Notizpunkte ist weniger wichtig als das Vorgehen nach immer derselben Ordnung. Hier sind die wesentlichen Elemente und Beobachtungen. Lesen Sie sie durch und schlagen Sie dann das Glossar auf Seite 241 auf.

Trocken und süß. Eine sehr elementare und leicht zu beurteilende Komponente, besonders wichtig in Weißweinen. Trocken bedeutet durchgegoren, das heißt, der Fruchtzucker hat sich in Alkohol verwandelt – ein klarer Befund. Sobald Sie etwas Süße verspüren, wird es schon schwieriger. Lassen Sie sich nicht irreführen: Ein hoher Säuregrad läßt einen den wirklichen Gehalt an Restzucker eher unterschätzen und umgekehrt. Eine merkliche Süße ist auch anzutreffen in Provenienzen aus heißen Ländern und in solchen aus nord- und mitteleuropäischen Spitzenjahren. In beiden Fällen stammt diese Wahrnehmung aus vollreifem Traubengut und dem daraus entstehenden Äthylalkohol, dessen Präsenz einen wahrnehmbaren Anflug von Süße vermittelt.

SÄURE. Sie ist ein entscheidender Faktor im Charakter eines jeden Weines und gibt ihm Wirkung, Leben, Rückgrat, Vollendung. Für mich ist sie so etwas wie das «Nervensystem» eines Gewächses. Zuviel davon ist allerdings unerwünscht. Deutliche Süße, ob nun auf natürliche oder künstliche Weise erzeugt, kann auf eine Verschleierung des wahren Säuregehaltes zielen. Die im Wein erwünschte Säure stammt aus der Frucht (Weinsäure). Unerwünscht ist sie in essigsaurer Form.

KÖRPER. Darunter ist das «Gewicht» eines Weines zu verstehen, das sich hauptsächlich aus dem Gehalt an Extraktstoffen und Alkohol bildet. Es ist gewissermaßen das «Knochengerüst», die Konstitution. Körper ist ein gewichtiger Faktor. Nach ihm lassen sich beim Degustieren Weinbauregion, Jahrgang, Kelterungsmethode usw. unterscheiden.

TANNIN. Obwohl unangenehm am Gaumen (herb, trocken und adstringierend), ist Tannin ein wesentlicher «Stoff» eines jungen *Rot*weines. Dieser Gerbstoff wird während der Gärung aus Kernen und Beerenhäuten extrahiert. Das Maß ist von der Hautdicke der blauen Beeren und von der Dauer abhängig, während der sie im Gärmost liegen. Holzfässer, besonders neue, geben ebenfalls Tannin ab. Im Flaschenwein fällt es Protein aus und wirkt als Haltbarkeitsmittel. Das ist wichtig für ein langes Leben.

STRUKTUR. Dünn- (z. B. Wasser) oder Zähflüssigkeit (z. B. Creme) kann am Gaumen normalerweise erfühlt werden. Dieser Tastsinn spielt auch da mit, wo er Vergleiche anstellen kann, mit Textilien beispielsweise: Wer schon Samt oder Seide mit den Fingerspitzen geprüft hat, hat bestimmte Bilder in seiner Erinnerung gespeichert, die er beim Bezeichnen von Weineigenschaften wieder abrufen kann. Auch Säure oder Alkohol können erfühlt werden, wenn sie im Übermaß oder im Ungleichgewicht vorhanden sind (Schärfe, Brennen). Die Struktur eines Gewächses kann also den Tastsinn reizen und durch ihn Erkennungssignale mitteilen (vgl. auch Kapitel VI).

GESCHMACK (Aroma und Bouquet). Er ist von umfassender Bedeutung. Auch wenn eine Beschreibung manchmal unmöglich ist, registrieren Sie zumindest «angenehm» oder «unangenehm». Das Wort «typisch» sollte sparsam verwendet werden. Intensität und Dauer des Geschmackseindruckes widerspiegeln Qualität.

GLEICHGEWICHT. Damit bezeichnet man im Grunde genommen das, was Produzent, Weinhändler und Weinfreunde suchen. Gemeint ist die Harmonie aller Komponenten, zum Beispiel das Fehlen von überschüssiger Säure oder von Tannin, wenn der Wein seine Trinkreife erreicht haben wird. Die einzelnen Komponenten an sich sind nutzlos und unangenehm zu kosten. Erst die Kombination ergibt guten Wein und – sofern vollständig vorhanden und perfekt im Gleichgewicht – eben den erstklassigen Wein. Zwei Dinge müssen Ihnen immer bewußt sein: Die in Rebe, Boden und Vinifikation innewohnenden Komponenten sind verschieden von Region zu Region; im Verlaufe des Reifeprozesses ändern sich das Gewicht der Komponenten und ihr Verhältnis zueinander.

Nehmen Sie ein rotes Hochgewächs aus dem Bordelais: Ziemlich rauh und deutlich konfrontiert es Sie in seiner Jugend mit Tannin und Säure. Dann aber, nach fünf oder zehn Jahren, beruhigen sich die Elemente, runden sich ab, verschmelzen und gelangen zur Harmonie. (Die Vertreter des Fachhandels müssen angeben können, in welcher Zeitspanne ein Gewächs sein Gleichgewicht erreicht haben wird. Der Weinliebhaber seinerseits legt diese wichtige Notiz zu seinen Schätzen oder trägt sie in sein Kellerbuch ein.)

Bei hochklassigen Gewächsen aus Deutschland trachtet der Produzent danach, das Gleichgewicht von Säure, Zuckergehalt und Alkohol schon von Anfang an zu finden. Das erlaubt eine frühe Flaschenfüllung und damit die Bewahrung der von Liebhabern so geschätzten Aroma- und Bouquetstoffe in Verbindung mit einer erwünschten Fruchtsäure – die Merkmale großer Rhein- und Moselweine.

ABGANG. Ein sauberer, frischer Abgang ist das Kennzeichen eines gut produzierten Weines. Kleine Weine enden kurz, dünn und wäßrig. Spitzenqualitäten schließen mit lang anhaltendem Eindruck, ja mit einem Nachgeschmack, von dem sich Ihr Gaumen nur ungern verabschiedet.

QUALITÄT, FINESSE, ELEGANZ. Die Elemente der Qualität sind bestimmt vom Grad der Vollständigkeit der Komponenten und deren (Gleich-)Gewicht zueinander. Qualität kann beurteilt werden nach der

Zeitspanne, während welcher der Geschmack der Duftstoffe am Gaumen verharrt, durch den Reichtum an Würze und ihre Feinheit. Für den Grad der Qualität können verschiedene Beschreibungen verwendet werden, die jedoch alle subjektivem Empfinden entspringen und deshalb mit Vorsicht gewählt werden sollen (vgl. hiezu Kapitel XIII und Glossar).

Stufe IV: Schlussfolgerung

Es überrascht kaum, daß zwischen dem Erscheinungsbild eines Weines, seinem Geruch und seinem Geschmack eine enge Beziehung besteht. Trotzdem neigen viele Degustatoren dazu, jede Stufe isoliert von der andern zu beurteilen. Andere dagegen, und ich schließe mich ein, sehen jeden Abschnitt als Vor-Stufe, welche auf natürliche Weise zum nächsten Stadium überleitet und schließlich zum Gesamturteil befähigt.

Kontext. Der Gesamteindruck ist wichtig: Einem kleinen Wein gegenüber übt man Nachsicht, ein hochklassiges Gewächs dagegen wird hyperkritisch «unter die Lupe» genommen – genauso wie man den Schwächen von benachteiligten Menschen gegenüber toleranter sein sollte als jenen von Menschen, die auf der Sonnenseite des Lebens stehen. Ebenso ergibt ein eiliger Kellerbesuch oder ein zufälliges Nachtessen kaum Gelegenheit zu einer ausgedehnten und detaillierten Kritik.

Der geübte Weinprüfer muß seine Reaktionen bezüglich Farbe, Geruch und Geschmack nicht unbedingt gedanklich oder schriftlich ordnen. Ein ausreichendes Erfahrungspotential hat seinen kleinen Gehirn-«Computer» so programmiert, daß ein Blick, ein kurzes Schnüffeln und ein Mundvoll Wein sehr rasch ein Gesamturteil zulassen, wie etwa «ein herrlicher, weicher, edler Wein von Rasse, Intensität und voller Reife» oder aber «rauh, kantig, unreif und von geringer Qualität».

Notizen. Für den Studenten der Önologie, den Anfänger oder den gewissenhaften Weinliebhaber hingegen zahlt sich die Aufzeichnung der Eindrücke in tabellarischer Form aus. Sie hält die Gedanken zusammen und verbindet sie zu einem Ganzen. Das Schlußurteil sollte die herausragenden Punkte in prägnanter Form zusammenfassen und das gesamte Qualitätsbild, die Reife, den Wert und die Rangierung in der betreffenden Probe kommentieren.

BEWERTUNG. Falls der geneigte Leser zum «Richter» in einem Wettstreit berufen wird, werden seine Notizen und Schlußfolgerungen so gut wie sicher in präziser Form gemacht werden müssen, üblicherweise in tabellarischer Form mit Notengebung (über Aufbau und Bewertung S. 201). In diesem Zusammenhang sei nochmals auf das Glossar hingewiesen: Es enthält nicht nur eine Sammlung von oft und weniger oft verwendeten Wörtern, sondern erklärt Begriffe wie zum Beispiel Tannin auch auf ihrem physikalischen oder chemischen Hintergrund.

UND EIN WORT NOCH ZUM PREIS

Obwohl organoleptisch nicht prüfbar, kann der Preis eines Weines zumeist nicht einfach ignoriert werden. Er spielt zweifellos die Rolle des gemeinsamen Nenners bei allen Handels-Degustationen mit Ausnahme jener, deren Ziel allein das Feststellen des Entwicklungsstandes ist.

Nur ein echter Weinsnob oder Heuchler (öfter identisch) und vielleicht der reiche Verschwender lassen den Preisfaktor außer Betracht. Das bedeutet nicht, daß schon vor der Degustation nach dem Preis gefragt werden soll (Beeinflussung!); für die meisten Weinkonsumenten *ist* der Preis jedoch das entscheidende Kriterium, das darüber entscheidet, ob Wert und Gegenwert in Einklang stehen.

Die jüngsten Dekaden sahen eine Preiseskalation in Qualitätsweinen, die jenseits aller Proportionen stand. Eine explosionsartig gestiegene Weltnachfrage traf auf ein geographisch limitiertes Angebot. Steigende Kosten, Inflation und Abwertung trugen das Ihre dazu bei. In dieser unruhigen Zeit stieß die Spekulation mit aller Macht vor und heizte den Boom zusätzlich an, nicht zuletzt aufgrund der fatalen Annahme, Wein sei ein Sachwert, der im Preis eigentlich nur steigen könne. Eines nur war tröstlich: Der bisher sehr einfach lebende Weinbauer erzielte erstmals ein Einkommen, das ihm nicht nur sein Eigenkapital anständig verzinste, sondern es ihm darüber hinaus ermöglichte, verlassene Weinberge neu zu bepflanzen, alte Rebstöcke zu ersetzen und seine Kellerinstallationen zu erneuern.

Steigende Hektarerträge, die Flucht der Spekulation in den 70er Jahren, die ihren Ausdruck in Großliquidationen von überfüllten Lagern fand, und ein weltweit eintretender Wirtschaftsrückgang verbanden sich zu einer Kraft, welche die Marktverhältnisse radikal umkehrte. Die Preise kehrten auf ein Niveau zurück, das dem Weinliebhaber wieder sinnvoll erschien, dem Produzenten und Handel hingegen jedoch etliche Sorgen bereitete. Heute dürfte der Hauptgrund für erneut steigende Preise wohl in der Inflation zu suchen sein, die sich auf Produktions- und Verteilungskosten durchschlägt. Erforderlich ist ein Gleichgewicht: der Konsument, der einen guten Wein schätzen kann und einem seriösen Händler oder Restaurateur einen vernünftigen Preis zu entrichten gewillt ist, einen Preis auch, der für den Weinbergbesitzer und Produzenten einen angemessenen Gegenwert für Arbeit und Risiko darstellt.

In diesem Zusammenhang darf daran erinnert werden, daß Spitzenweine nie billig waren. Ursprünglich waren sie auf den Tafeln der Aristokraten, der Reichen und Privilegierten zu finden, und ich wage zu sagen, daß etliche darunter waren, die diese köstlichen Flaschen nicht wirklich zu schätzen wußten (das gilt auch für die heutige Zeit). Von erstrangiger Bedeutung war und ist oft nur der gute Klang des Namens, der hohes soziales Prestige verkörpert.

Es ist das Anliegen dieser Zeilen, Bewußtsein und Verständnis für das wirklich Gute zu wecken und zu erweitern, so daß eine seltene und feine Bouteille ohne unnötiges Beiwerk mit Sachverstand und Heiterkeit genossen werden kann.

[1] *Anthocyana* (Blumenblau). Gruppe von chemisch verwandten, in der Pflanzenwelt sehr verbreiteten blauen, violetten oder roten Farbstoffen, die z. B. in den Blättern des Blaukrautes und der Blutbuche, in den Brombeeren, Heidelbeeren, Kirschen, Trauben, in den Blüten von Astern, Dahlien, Kornblumen, Malven, Mohn, Rittersporn, Wicken, im Herbstlaub usw. die bekannten, charakteristischen Färbungen hervorrufen. (Aus dem Chemie-Lexikon von Prof. Dr. H. Römpp, Frankh'sche Verlagshandlung, Stuttgart 1966.)

[2] Ein klassisches Beispiel hiefür wurde im Februar 1976 an einer «Historischen Weintafel» des Weinhauses Reichmuth in Zürich notiert: Ein 1916er Ch. Clerc-Milon (heute Duhart-Milon-Rothschild, Pauillac) zeigte sich nach 60 Jahren *ohne die geringste* Braunfärbung, was auf eine erstklassige Lagerung schließen läßt, aber auch die Vermutung nahelegt, daß der Wein damals mit sehr hohem Säuregrad in die Flasche abgezogen worden war.

[3] *Flavanol* ist ein Flavon-Derivat (von lat. *flavus* = gelb). Die Flavon-Derivate sind mit den Anthocyanen (siehe oben) nahe verwandt; durch Reduktion kann man sie in rote bzw. blaue Anthocyane umwandeln. Aus diesem Grund finden sich bei vielen Pflanzengattungen gelb und blau (bzw. violett oder rosa) blühende Arten nebeneinander. Beispiele sind gelber und roter Fingerhut, gelber und blauer Enzian, gelber und blauer Salbei.
Quercetin ist der wichtigste Flavonfarbstoff. Er findet sich vor allem in der Rinde der nordamerikanischen Färbereiche, ferner in Hopfen, Zwiebel, Heidekraut, Sumpfdotterblumen, Weißdorn, Kleeseide, Erdbeere, Apfelbaum, Eichenarten, Mais, Weinstock, Tee sowie in den Blüten von Goldlack und gelben Stiefmütterchen. Ein Methyläther des Quercetins kommt auch in den Chinesischen Gelbbeeren vor; mit diesem färbte man in China die mit Alaun gebeizte Seide der Mandarinengewänder. (Aus dem Chemie-Lexikon von Prof. Dr. H. Röntt, Frank'sche Verlagshandlung, Stuttgart 1966.)

[4] Man unterscheidet einen beim Dekantieren leicht zu trennenden, *festen* Bodensatz (*dépôt fix*) und einen *puderförmigen* Bodensatz (*dépôt poudreux*), der unter größter Sorgfalt separiert werden muß.

[5] Wenn der Schwund bei einer bestimmten, im gleichen Abteil gelagerten Sorte gleichmäßig ist und sowohl Kapseln wie Korken intakt sind, muß man sich in bezug auf eine eventuelle Qualitätseinbuße nicht allzusehr sorgen.

VIII
Über die Degustationsexpertise

Syrah

Schon vor 40 Jahren war ich der Überzeugung –
und sie ist mir bis heute geblieben –,
daß im Weinprobieren und Weinbesprechen
ein enormes Maß von Humbug steckt.

T. G. Shaw,
«Wine, the Vine and the Cellar», 1863.

Erfahrung – und der Novize

Es gibt, wie mir scheint, zwei allgemeine, aber wenig verstandene Aspekte betreffend die Fähigkeit zur Degustation, und sie sind einander verwandt. Zum ersten: Je mehr Weine man schon probiert hat, desto weniger unfehlbar werden die Reaktionen und desto weniger lehrhaft die Feststellungen. Der Grund hiefür liegt darin, daß der erfahrene Degustator (fast immer ein Fachmann) mit einem überaus weiten Spektrum von einander sehr ähnlichen Geruchs- und Geschmacksnoten bekanntgeworden ist und dabei viele Ausnahmen von der Regel gefunden hat. Die Folge liegt auf der Hand: Sowohl der Anfänger wie auch der fortgeschrittene private Weinliebhaber verfügen über ein frischeres Aufnahmevermögen, ein weniger belastetes Weingedächtnis und sind sich deshalb oft sicherer in der Identifikation eines fraglichen Weines.

Zum zweiten Aspekt, der wahrscheinlich weitherum akzeptiert, aber selten zugegeben wird: Erfolgreiche Ratespiel-Experten haben fast immer mit einem vergleichsweise begrenzten Gebiet von qualifizierten Weinen und großen Jahrgängen zu tun, weil andere zu kaufen sich gar nicht lohnt. Der Fachmann hingegen ist aufgerufen, selbst Nuancen von mittleren Qualitäten herauszufinden oder gar einfachste Provenienzen zu beurteilen. So ist es durchaus nicht ungewöhnlich, daß in einem Ratespiel Amateure am meisten Treffer buchen können, weil sie sich üblicherweise auf die begrenzte Auswahl eines privaten Kellers konzentrieren.

Damit möchte ich keineswegs die Fähigkeiten des geschulten, verfeinerten Gaumens eines Weinamateurs herunterspielen oder gar dessen Freude am Wein verderben. Ganz im Gegenteil! Ohne diese Begeisterung, ohne dieses Interesse und die Gelehrsamkeit würde der Anreiz, große Gewächse überhaupt zu produzieren, wohl verschwinden – Verlierer wären wir dabei alle. Es geht mir nur darum, die Dinge in die richtige Perspektive zu setzen.

Die Blinddegustation

Es ist meine feste Überzeugung (eine der wenigen, die bis heute nicht durch Zweifel erschüttert worden ist!), daß die Qualitätsbeurteilung durch absolute Blinddegustation die nützlichste und begrüßenswerteste Ausbildungsmethode für jeden Weinliebhaber darstellt. Und nicht einmal so selten ist sie auch die demütigendste... Sie beginnt mit der Konzentration der Gedanken und verlangt frische, unvoreingenommene Sinne, um Farbe, Geruch und Geschmack analysieren zu können. *Vor* Beginn schon ganz oder teilweise zu wissen, um welchen Wein es sich handelt, ist wie in einem Kriminalroman zuerst das Finale lesen: Es befriedigt zwar die Neugier, dämpft jedoch jegliches Interesse.

DER ANLASS... Sollen Blinddegustationen und Ratespiele auch bei einer privaten Einladung durchgeführt werden? Diese Frage bewegt den Weinfachmann mehr als alle andern. Dank seiner beruflichen Herkunft erwartet man von ihm geradezu eine Vorstellung, vor einem Glas voll unbekannten Weines dessen Herkunft, Lage, Jahrgang und den Namen des verantwortlichen Kellermeisters innerhalb von zehn Sekunden herauszufinden. Nicht, daß er das nicht tun könnte, selbst in der gegebenen, meist kurzen Zeit. Doch das sind eher seltene und außergewöhnliche Fälle, wobei ich natürlich unrühmliche Methoden wie Bestechung des Weinbutlers usw. hier ausschließe. Also besteht die einzige Möglichkeit im gründlichen Kosten, Prüfen, Eliminieren, in einer intellektuellen Übung also, die Zeit erfordert und deswegen recht langweilig für die wartenden Beobachter ausfallen kann, es sei denn, der Glückliche hätte eine sofortige Erleuchtung. Besonders während einer Mahlzeit gehören solche Ratespiele zu den sichersten Methoden, den Gastgeber zu beleidigen, das Essen kalt werden oder anbrennen zu lassen und weitere Gänge ungebührlich hinauszuzögern.

... UND DIE GESELLSCHAFT. Freimütigen Fachleuten ist es egal, sich in Gesellschaft von andern Fachleuten bloßzustellen. Zumindest sind sie dessen versichert, daß ihre Freunde im Handel *wissen,* wie schwierig die Identifikation ist, und beruhigend wirkt auch das Bewußsein, dass niemand sich vor Schnitzern schützen kann. Die Situation ist grundsätzlich eine andere, wenn man vor einem Publikum steht – den eigenen Kunden vielleicht –, welches die Zusammenhänge und die damit verbundenen Probleme weder kennt noch versteht.

Degustationen während eines Essens

Ich kann mich mit einer Blinddegustation – eventuell nur der wichtigsten Weine – während einer Mahlzeit nur unter folgenden Bedingungen einverstanden erklären:

◇ Daß die Gelegenheit zur Verkostung beabsichtigt und nicht zufällig ist, daß also sowohl Weine wie das dazu passende Gericht gut und sorgfältig geplant sind.
◇ Die Gesellschaft muß darauf eingestimmt sein und Interesse bekunden, andernfalls wirkt das Ganze ermüdend und ungleichgewichtig.
◇ Vernünftige Zeitspannen zum Nachdenken müssen eingeräumt werden. Die Servicefolge muß entsprechend geplant sein. Nichts ist so verwirrend und albern, wie wenn der Gastgeber fragt: «Was ist es?» und hierauf gleich mit einer Antwort oder Anspielung herausplatzt, bevor man die Chance gehabt hat, den Wein gründlich zu prüfen.
◇ Anderseits soll man die Prüfzeit nicht ungebührlich hinausziehen, und zu einer Antwort dürfen die Degustatoren nicht gezwungen werden, wenn es nicht vorwärts geht. In gemischter Gesellschaft d. h. nicht Frauen/Männer, sondern Fachleute/Amateure) ist es eher taktlos, Antworten in kompetitiver Weise herauszufordern. In diesem Zusammenhang sollte man daran denken, daß etliche Menschen in der Öffentlichkeit sowenig raten können wie auf einem Tisch stehen und singen; die Panik vor der eigenen Unsicherheit fegt das Gedächtnis oft völlig blank!

Der Leser bemerkt die delikaten Verantwortlichkeiten des Gastgebers. Dieser muß zudem noch zwei Extremen ausweichen, die entmutigen und gar verdrießen: Entmutigung, wenn herrliche Gewächse produziert, aber nur in großen Schlücken getrunken und nicht kommentiert werden, und Verdruß, wenn große Weine «zerschwatzt» werden. Sogar Abwechslungen im mittleren Qualitätsbereich können freudlos sein, wenn die Gäste den Wein zwar lieben, aber keine Ahnung von seiner Herkunft haben. Zumindest sollte eine kleine Menükarte mit der entsprechenden Weinliste aufgelegt werden, die vom Interessenten mit nach Hause genommen werden kann. Natürlich können die Eindrücke auch im eigenen Notizbuch festgehalten werden, verstohlen oder öffentlich, je nachdem, wie gut man den Gastgeber kennt.

Menü und Weinkarten

Wie soll man nun aber eine Menükarte auflegen, ohne die Namen der Weine schon im voraus bekanntzugeben? Es existieren zumindest zwei Wege: eine kleine, gefaltete Karte mit einem Siegel versehen; wird dieses aufgebrochen, findet sich im Innern die Liste der Weine. (Auf diese charmante Idee stieß ich kürzlich bei Tony Alment, einem jener kultivierten Mediziner, die weltweit das Rückgrat aller Weinbruderschaften zu bilden scheinen.) – Die andere Variante ist insofern praktischer, als sie jeweils nur gerade die Identität jenes Weines freigibt, der eben geprüft wird: Auf der linken Seite eines Doppelblattes steht der Name des Menüs; rechts sind die entsprechenden Gewächse aufgeführt, einzeln überdeckt mit einem fingerbreiten Streifen, der mit einem Klips fixiert ist. Wer sich mit dem Enträtseln nicht so intensiv auseinandersetzen oder nicht auf die andern warten will, deckt den fraglichen Namen auf, ohne den andern ihre Spannung zu nehmen. Wer die Herausforderung annimmt und seine Erinnerung nach allen Seiten hin absuchen möchte, deckt später auf.

Es ist lobenswert, durch Deduktion (Herleiten des Besonderen aus dem Allgemeinen) bis zu einem Weindistrikt oder Jahrgang vorzustoßen, doch ist für mich der Hauptgewinn aus einer derartigen Rekognoszierung (selbst während eines Essens) die kraftvolle Konzentration der Gedanken und die kritische Beurteilung – für Fachmann wie Amateur eine gute Gelegenheit, ihren Scharfsinn zu trainieren.

Bevor wir nun die Welt von Degustationsmythos und -expertisen verlassen, noch zwei interessante Aspekte der Blinddegustation:

Der erste Eindruck

Es ist das Unterbewußtsein, das Erinnerungsvermögen, welches den auf Geruch und Geschmack vermutlich hochsensiblen Degustator befähigt, eine vollständige oder zumindest treffende Antwort auf einen blind verkosteten Wein zu finden. Der Wert des ersten Eindruckes ist dem Degustator wohlbekannt, seine wahre Bedeutung ist jedoch etwas schwieriger einzuschätzen. Wie wir in Kapitel VI über die physikalischen Aspekte des Weinprüfens gesehen haben, ist der Geruchssinn – obwohl in der Entwicklung eher ein Aschenbrödel – primitiv oder elementar und besitzt die Kraft, einen geschlossenen Erfahrungszusammenhang aus dem Gedächtnis abzurufen, scheinbar ohne den Eingriff des Intellekts.

Häufig führt die Erinnerung jedoch zu keiner instinktiven und sofort verständlichen Reaktion. Man kann sich also nicht immer darauf verlassen und wird im negativen Fall mit dem gewissenhaften Ergründen beginnen müssen.

Systematisches Entdecken

Diese zweite Art der Annäherung ist dem spontanen Reflex auf den ersten Eindruck hin grundsätzlich entgegengesetzt. Sie verlangt intellektuelle Anstrengung und den Gebrauch von Auge, Nase und Gaumen, um die Antwort dort herauszufinden, wo Nervenzellen und Gedächtnis im ersten Anlauf reaktionslos blieben. In diesem Stadium bemühe ich mich, zuerst die verwendete Rebsorte herauszubringen, dann die regionalen Merkmale, und schließlich versuche ich, einen Altersrahmen aufzustellen. Darauf schalte ich alles aus, was innerhalb dieser Erkennungsgruppe (Traube, Distrikt, Alter) unmöglich ist, auch unmöglich in Kombination zueinander, beginne nochmals von vorn und gelange schließlich zu einer Antwort oder zumindest zu einer vernünftigen *Annäherung* an Distrikt und Jahrgang, verbunden mit einer klaren Meinung über die Qualität. Das alles braucht Zeit und Geduld. Die Resultate sind selten so spektakulär wie jene, welche einem direkt und sofort aus der Erinnerung her zufallen. Dies mag Zuhörer oder Beobachter enttäuschen, es sei denn, die Schritte der Analyse seien knapp, durchdacht und hörbar vorgetragen, um das Interesse aufrechtzuerhalten. Das nächste Kapitel behandelt diese Methoden und Techniken in allen Einzelheiten.

Kein Schwindel!

Das allerletzte Wort ist ein Appell zur Ehrlichkeit. Schwindeleien dienen höchstens einem falsch verstandenen Selbstschutz. Der wahre Weinprüfer legt die Scheuklappen ab, ist ehrlich mit sich selbst und läßt sich von andern weder beirren noch beeinflussen. Wichtige Kostproben sollten deshalb wirklich nur in verständiger Gesellschaft und mit entsprechender Rücksicht durchgeführt werden, sonst wird das Ganze zu einer Plage.

IX
Wahrnehmen, erkennen, folgern

Scheurebe

Ich für meine Person bin nicht nur überzeugt,
daß ohne die Mitwirkung des Geruchs
keine vollständige Geschmacksempfindung zustande kommt,
ich bin sogar versucht zu glauben,
daß Geruch und Geschmack nur einen einzigen Sinn bilden,
dessen Labor der Mund und dessen Kamin die Nase ist.

Brillat-Savarin,
«Physiologie des Geschmacks», 1825.

Nachdem wir nun den Gründen zu einer Weinprobe nachgegangen sind und versucht haben, die Wege der Annäherung, die Sinnesempfindungen und jene Aspekte aufzuzeigen, die Geruch und Geschmack beeinflussen können, ist es an der Zeit, etwas mehr in die Tiefe zu gehen. Degustieren ist ja nicht bloß eine erkenntnistheoretische Übung, sondern die Beurteilung der physikalischen Eigenschaften eines bestimmten Weines im Hinblick auf ein praktisches Ziel. Dieses kann wie folgt formuliert werden:

◇ Qualitätseinschätzung, Stand der Entwicklung und möglicherweise Bewertung eines *bekannten* Weines.
◇ Einschätzung von relativer Qualität und Wert eines bekannten Wein-*Typus* – eventuell eines Weines in einer Reihe von ähnlichen oder gar gleichnamigen Provenienzen.
◇ Identifikation eines *unbekannten* Weines – bezüglich Stil, Region, Qualität, Reifegrad.

Für den Prüfvorgang kann das in zwei Problemkreise gefaßt werden:

◇ Der Name des Weines und alle andern äußern Einzelheiten sind bekannt. Es geht nur darum, die Qualität einzuschätzen. Also: *Wahrnehmen* und *beurteilen* können.
◇ Wenig oder nichts ist über den Wein bekannt. Um seine Identität herauszufinden, ist man allein auf eine exakte Beurteilung durch das Verkosten angewiesen. Also: *erkennen* und hieraus *folgern.*

Bevor wir beginnen, soll nochmals mit Nachdruck betont werden, daß solche «Übungen» nur in einer entspannten, informellen Gruppe von ähnlich gesinnten Weinliebhabern durchgeführt werden sollen, die ihr Interesse auf die Tugenden von qualifizierten Jahrgangsweinen konzentrieren. Nicht erwähnt sind hier die klinischen Laboruntersuchungen, welche Elemente isolieren oder Unterschiede in neuen Weinen aus Versuchsreben zu entdecken und zu quantifizieren suchen. Diese wertvollen Bemühungen können Weinbaufachschulen und önologischen Forschungsstationen überlassen werden. Ebenso sind die formellen, oft hervorragend organisierten Degustationswettbewerbe von regionalem oder internationalem Zuschnitt vernachlässigt, wo die Richter in «splendid isolation» sitzen und jenem die Medaille verleihen, der kommerziell den gewichtigsten Anspruch darauf erhebt. Ich versuche nicht, die Anstrengungen herunterzuspielen, die da unternommen werden, aber ich muß gestehen, daß mich die pseudowissenschaftlichen Sinnesprüfungen mit ihren Tests, Methoden und abstrusen mathematischen Formeln verwirren und langweilen; und die Verteilung von Auszeichnungen kann handfeste marktpolitische Hintergründe haben, im Grad der Objektivität etwa vergleichbar mit Mißwahlen, bei denen der Beobachter plötzlich gewahr wird, daß die wirklich schönen Mädchen doch wohl zu Hause geblieben sind. Der Kern der Sache ist der, daß die feinen und großen Gewächse an solchen Konkurrenzen nicht auftauchen, und wenn sie es trotzdem tun, in solcher Gesellschaft doch eher verschwendet sind. (Diese Bemerkungen gelten nicht für Australien, wo vom Staat einwandfrei organisierte Wettbewerbe von Produzenten wie vom Publikum gleichermaßen ernst genommen werden.)

Wahrnehmen und beurteilen

Die hedonistische Annäherung

Auf ihrem elementarsten Niveau löst die Wahrnehmung eines Weingeruchs und -geschmacks ein Lust- oder ein Unlustgefühl aus, sei es während einer Kostprobe oder einer Mahlzeit. Auf derselben Ebene bewegt sich die Beurteilung eines Weines innerhalb einer Reihe.

Weinhändler beobachten nicht selten, daß Leute, die neu zum Wein stoßen, ziemlich diskriminierend sein können. Gibt man zwei oder drei Weine zum Versuchen, wird der Kunde oft eine deutliche Vorliebe für die beste Qualität einer Gruppe ausdrücken, ungeachtet des Preises. Hingegen wird er zögern, den *Grad* der Qualität anzugeben und die individuellen Merkmale zu beschreiben, die seine natürlichen Geschmacksempfindungen positiv geweckt haben.

Qualität ist relativ

Es soll hier nicht vom hohen Katheder heruntergepredigt werden, doch sei die Feststellung erlaubt, daß Wahrnehmen und *Ver*-urteilen leichter ist als Wahrnehmen und *Be*-urteilen. Letzteres erfordert etliches

Grundwissen und Degustationserfahrung. Nehmen wir den strittigen Begriff der Qualität. Sie ist immer relativ. Selbst der beste jugoslawische Riesling bewegt sich auf einer tieferen Qualitätsebene als eine gute, klassische Rheingauer Riesling-Spätlese; der beste Schaumwein von der Loire ist tiefer einzustufen als ein guter Champagner; und der beste, unverschnittene Beaujolais ist unterhalb eines guten Côte de Nuits anzusiedeln, etwa eines Chambolle-Musigny von einem reputierten Produzenten.

Vor dem Hintergrund der Kenntnisse der Produktionsfaktoren kann die in den obigen Vergleichen enthaltene Höher- oder Tieferstellung als objektiv gelten. Sie setzt also den relativen Qualitätsmaßstab fest, der von den hedonistischen Vorlieben des geneigten Lesers zu trennen ist. Vor Beginn einer Prüfung sollte man daran denken.

Grundwissen

Es existiert ein ganzes Kaleidoskop von Geschmacks- und Duftnoten, welche von den physikalischen Charakteristika von Rebsorten, Boden, Klima, Bereitungsmethoden und Alterung ausströmen (vgl. Kapitel IV). Sie verraten Stil, Herkunft, Reifegrad und Qualität. Je größer das Wissen und Verständnis für all dies, desto schneller läuft der Beurteilungsprozeß ab und desto zutreffender fällt das Gesamturteil aus.

Erkennen und folgern

Stellen Sie sich nun vor, Sie würden sich vor einem Glas befinden, welches mit einem unbekannten Wein gefüllt ist. Die nun folgenden Schritte – der Vorgang des Erkennens und Folgerns – sind die vielleicht schwierigsten, mit denen sich ein Degustator zu befassen hat. Er wird seine gesammelten Fähigkeiten und all sein Wissen aktivieren müssen.

Raten?

Raten ist nicht gestattet. Oder doch? – Wir wollen nicht zu lehrhaft sein, denn die Linie, die sich zwischen dem inspirierten Raten und der sekundenschnellen Erkennung hinzieht, ist wohl allzu fein, als daß sie die Abgrenzung für ein Dogma ergeben könnte. Das Phänomen der unterbewußten Signale, die durch eine Sinneswahrnehmung Erkenntnisse aus dem Erinnerungsvermögen heraufholen können, müßte noch exakt erforscht werden.

Im Normalfall jedoch werden wir von einem halbvertrauten Geruch oder Geschmack, welcher sich der sofortigen Definition entzieht, buchstäblich an der Nase herumgeführt. Und ebenso buchstäblich bleibt der Eindruck an der Zungenspitze hängen, und je mehr man sich zu erinnern sucht, desto mehr wächst die Unsicherheit.

Wenn auf dieser Stufe die Erkenntnis ausbleibt, gibt es nur eine Lösung: von neuem beginnen und systematisch alle Merkmale prüfen. Hiezu sind nicht nur ein guter Gaumen *und* detaillierte Kenntnisse über Weinregionen und ihre Jahrgänge vonnöten, sondern auch die Fähigkeit, Reaktionen des ersteren mit der Erinnerung an das letztere zu verbinden. Das ist leider genauso schwierig und kompliziert, wie es sich anhört. Immerhin sollen im folgenden zwei nützliche Techniken beschrieben werden: Eliminieren und Einklammern.

Folgern durch Eliminieren

Diese Methode kommt einer geistigen Übung gleich. Nehmen Sie jene Merkmale, die Sie am deutlichsten identifiziert haben, vergleichen Sie diese mit den bekannten Merkmalen von andern Weinen und streichen Sie jene, die auch entfernt nicht dazu passen. Mit andern Worten: Eliminieren Sie zuerst all die Dinge, die nicht zutreffen *können;* dann prüfen Sie jene, die zutreffen *könnten;* und folgern Sie schließlich jene, die zutreffen *müssen.* Diese einfache und wirksame Technik kann zur Benennung von Rebsorte, Stil und geographischer Herkunft verwendet werden, ja sogar bis zu Distrikt und Weinberg führen. Sie erweist sich als nützlich auch bei der Bestätigung oder zumindest Bestärkung in einer bereits gefaßten, aber noch nicht gesicherten Meinung.

Methode

In der Praxis nimmt man das Glas in die Hand, prüft Farbe, Bouquet und Geschmack und trennt das «Normale» oder «Klassische» vom «Ungewöhnlichen» oder «Fremden».

Betrachten wir zuerst das Erscheinungsbild. Ist die Farbe ungewöhnlich tief (Rot- oder Weißwein) oder abnormal blaß (bei Rotwein hauptsächlich)? Ist sie auffallend jung und purpurrot oder «versengt und vergilbt»? Ist sie glanzhell oder trüb oder leicht moussierend? Die Beobachtung soll nicht nur notiert werden, sondern zur Frage führen, durch was sie wohl verursacht worden ist. Die ungewöhnliche Farbtiefe in einem Rotwein beispielsweise kann auf ein sehr schönes, warmes Weinwetter in einer gemäßigten Klimazone wie Bordelais schließen lassen oder aber auf eine Herkunft aus einer sonnendurchfluteten Ecke des Rhonetals oder aus einer Schön- und Heißwetterzone wie Südaustralien. Ebenso könnte sie durch eine altmodische Vinifikation verursacht worden sein – eine langdauernde Gärung, die sehr viel Farbstoff aus den Beerenhäuten extrahiert.

Bei ungewöhnlich blassen Weinen kann genau das Gegenteil zutreffen. All dies sind Anhaltspunkte, Fingerzeige. Es ist wesentlich, in diesem ersten Stadium *nicht* schon Schlüsse zu ziehen, sondern die Fährte offenzulassen, zum Bouquet überzugehen und hierauf zum Geschmack, so daß sich alles zu einem Gesamteindruck und -urteil kristallisieren kann.

In diesem Sinne: Sammeln Sie aus dem Erscheinungsbild so viele Spuren wie möglich, lassen Sie Zweifel in der Luft hängen und gehen Sie dann zum Bouquet über.

Auch hier sucht man ungewöhnliche oder hervorstechende Merkmale. Ist ein starkes Traubenaroma zu riechen, und ist es als typisches Kennzeichen einer klassischen Region erkennbar? Wenn Sie die Rebsorte herausfinden, können alle Anbaugebiete eliminiert werden, in denen sie nicht kultiviert wird. Allerdings sind Intensität und Fülle eines Bouquets nicht die einzigen Kriterien, denn ein klassisches Aroma kann sehr zurückhaltend und schwach sein, besonders wenn der Wein noch jung und wenig entwickelt ist. Zu achten ist deshalb vor allem auf Klarheit und Reintönigkeit. Je unbestimmbarer, getrübter oder neutraler der Geruch, desto schwächer die Qualität.

Die Kombination der Eindrücke aus dem Sehen und Riechen vermittelt die meisten Hinweise zur Identität eines Weines. Die Hauptmerkmale ausfindig zu machen und all das auszuscheiden, was der

Wein *nicht* kann, läßt eine klare Idee gewinnen, die durch den Gaumen bestätigt wird; oder es liegen wahrscheinliche Alternativen bereit, die der Gaumen dann auszusortieren hat.

Bestätigung

Auf welche Weise kann der Gaumen helfen und bestätigen? Betrachten wir zuerst die wichtigen Geschmacksfaktoren, die am Gaumen geprüft werden: Süße (hauptsächlich in Weißweinen), Gerbstoffgehalt (Tannin), Säure und Alkohol; die Extraktstoffe; die Folgerichtigkeit der Sortenmerkmale (Geschmack muß mit Aroma übereinstimmen); *Finesse,* Länge des Abganges und Nachgeschmack – kurz: die Qualität. Diese Faktoren müssen mit den Eindrücken von Farbe und Geruch verbunden und zu einem Gesamtbild vereint werden, das zum logischen Schluß führt.

Spätestens jetzt dürfte klar werden, daß auf einer breiten «Geschmacksfront» nur eliminieren kann, wer über ein entsprechend breites Wissen verfügt; auf einer engen Front anderseits, wer vereinzelte Kenntnisse besitzt. Dies ist erwähnenswert, denn obwohl Degustationserfahrung wünschbar ist, überrascht es, wieviel schon mit wenig Erfahrung, unterstützt durch etwas theoretisches Wissen über Reben, Regionen und Alterungsmerkmale, erreicht werden kann. Die regelmäßige Lektüre von Weinbüchern und -artikeln ermöglicht das Aneignen von Kenntnissen darüber, wie gewisse Weine schmecken sollen. Es ist somit durchaus machbar, in einem unbekannten Wein Geschmacksmerkmale zu erkennen, von denen man vorher nur gehört oder gelesen hat. Sicherlich wäre unter diesen Umständen die Aussage vorschnell, daß der Wein aus diesem oder jenem Rebberg *herkomme;* besser ist die Verwendung der Konditionalform: daß er nämlich von diesem oder jenem Rebberg *herkommen könnte.*

Die Erwartungsstruktur

Wie *soll* ein Wein eigentlich schmecken? Diese Frage begegnet dem Weinliebhaber immer wieder, und ihre Beantwortung ist schwierig. Jede Region besitzt ihren originalen Stil, und nach *diesem* soll der Wein auch schmecken – und nicht nach dem Geschmack oder Stil des Konsumenten. Keineswegs können alle Weinbücher aus der Flut der vielen guten und weniger guten hier wirklich helfen. Gewiß vermittelt eine vertiefte Lektüre Vorstellungen von Merkmalen einer einzelnen Region. Es ist jedoch die Kombination von Lektüre und Reisen in die Weingebiete (mit Kostproben), die als lehrreichster Weg bezeichnet werden kann. Kapitel X sollte den Lernenden in die richtige Bahn lenken.

In den Lehr- und Wanderjahren wird das Gedächtnis mit einer Reihe von Namen und Sinneseindrücken bestückt und eine Datenbank gefüttert, die – mit den Ausnahmen, die die Regel bestätigen – sicherstellt, daß man nie mehr einen wirklich schwachen Moment haben wird ...

Folgern durch Einklammern

Um den «technischen» Teil abzurunden, sei noch kurz auf die Methode des Einklammerns eingegangen; danach wird anhand von zwei Beispielen in einer Blinddegustation die Anwendung in der Praxis dargestellt. Das «Einklammern» schließt das Eliminieren selbstverständlich mit ein, setzt jedoch an einem andern Punkt an. Die Anwendung ist nützlich, wenn es um das Bestimmen des Jahrganges bzw. des Alters eines Weines geht.

Ableitung des Jahrganges

Auch diesbezüglich sind einige Kenntnisse vorausgesetzt: die Merkmale der Weinjahre nämlich in einer bestimmten oder vermuteten Anbauregion.[1] Auf der einen Seite der Klammer wird der älteste Jahrgang vermerkt, der zutreffen könnte, auf der andern Seite der jüngste. Die Zeitspanne kann zehn oder zwanzig Jahre umfassen, bei alten Flaschen noch mehr.

In der nächsten Stufe verengt sich die Klammer, indem die geringen Jahre ausgeschieden werden, wenn der Wein robust, gut konstituiert und «klassisch» ist (und umgekehrt, wenn der Wein leicht ist). Dieses Vorgehen wiederholt sich, bis im Finale – hoffentlich – nur noch ein Jahrgang übrigbleibt (wobei eine Unentschiedenheit zwischen zwei Jahrgängen auch nicht als schlechtes Resultat bezeichnet werden darf!).

Das bloße Wissen genügt allerdings nicht, daß 1982 beispielsweise ein großes Bordeauxjahr war. Es muß zusätzlich berücksichtigt werden, daß nicht alle Gewächse auf dieselbe Art vinifiziert werden, daß die Rebsorten und ihre Zusammensetzung unterschiedliche Auswirkungen auf die Farbe haben, daß der Reifeprozeß in Weinen aus dem einen Distrikt (z. B. St-Emilion) schneller abläuft als aus einem andern (z. B. Médoc). Doch dies nur nebenbei.

Beispiele

Die Schwierigkeiten, für den Prüfvorgang die richtigen Worte zu finden, lassen das Ganze doch recht kompliziert erscheinen. Die Absicht des Buches ist jedoch nicht, die Leser zu entmutigen. Im Gegenteil! Ich lehne nichts mehr ab als den professoralen Gebrauch von langen Wörtern, wo es kurze auch tun würden, als ob man sich mit einem schützenden Super-Professionalismus zu umgeben hätte, mit dem oft nur die eigenen Schwächen verschleiert werden. Wenn das Qualitätsbewußtsein gehoben werden soll, müssen Barrieren weggeräumt und das Unbekannte in erklärbare, logische und für den Interessenten verständliche Schritte umgewandelt werden. Wenn hierbei Worte verwendet werden, die dem Laien «spanisch», komisch oder vielleicht gar lächerlich vorkommen, so möge er daran denken, daß jeder Spezialist sein eigenes Wörterbuch benötigt, um etwas auszudrücken – sei er nun Musiker, Anwalt oder Kommentator eines Pferderennens.

Hier nun zwei Beispiele aus einer Blinddegustation, die 1970 an einem «Master-of-Wine»-Kurs in London organisiert wurde. Fünf unbekannte weiße und vier rote Gewächse waren zu beurteilen. Die Eindrücke wurden genau in der genannten Reihenfolge notiert:

Wein Nr. 1 (rot)

Erscheinung: Ungewöhnlich tieffarben, auf heißes Klima hinweisend, entweder als natürliches, südliches Klima oder als abnormalen heißen Sommer und frühen Herbst einzustufen. Anders gesagt: aus Südaustralien; oder ein großer, klassischer Bordeaux aus einem besonders guten Jahr; oder aus dem Rhonetal. Denkbar auch Nordafrika.

Der Farbton zeigt normales Rot, jedoch mit deutlicher Violettspur, was auf Unreife schließen läßt.

Bemerkenswert schwere «Tränen», auf hohen Extrakt- und Glyzeringehalt hinweisend. Wenn – was wahrscheinlich ist – der Wein aus Frankreich stammt, wären die geringen Jahrgänge wie 1968 und 1965 zu eliminieren. 1967 ist unwahrscheinlich, eher 1966 oder eventuell 1964 aus dem Médoc.

BOUQUET: «Klassisch» und nicht «fremd». Damit fällt Australien weg, wo oft eine eigentümliche Erdigkeit und ein leicht vulkanischer Geruch festzustellen ist. Das Traubenaroma ist jedoch schwierig zu identifizieren; sicher weder *Cabernet* noch *Pinot,* noch *Gamay*. Somit fallen Bordeaux und Burgund (Nord wie Süd) außer Betracht.

Er riecht «süß», ist schwach parfümiert und sicher ein Schwergewicht – die Präsenz von beträchtlichem Alkohol kann abgeleitet werden. Obwohl jung aussehend, fehlt eine jugendliche, saftige Säure in der Nase.

Durch Elimination und die Kombination von großem Gewicht mit dem Fehlen der normalerweise herben Säure kommt man zum Rhonetal oder möglicherweise Nordafrika.

GAUMEN: Leichte Süße für einen Rotwein (nicht herbtrocken wie bei vielen Médocs). So körperreich, wie er ausschaut; schwer im Mund, was beträchtlichen Alkohol- und Extraktgehalt verrät. Robust, aber eigenartig weich (entspricht nicht dem Tannin und der Säure eines Bordeaux von selbem Gewicht und von selber Jugend). Angenehmer Geschmack; noch etwas rauh und mit einem leise bitteren Abgang.

FOLGERUNG: Ein körperreicher, fast altmodischer Rhonewein aus dem südlichen Teil, also um Châteauneuf-du-Pape. Gute Qualität in seiner Art; von einer Domäne und aus einem neueren, großen Jahrgang, vermutlich 1966. (Der Wein war tatsächlich eine Originalabfüllung aus Châteauneuf-du-Pape, Clos du Mont Olivet 1966. Alkoholgehalt über 14°.)

WEIN NR. 2 (WEISS)

ERSCHEINUNG: Bedeutend tiefer in der Farbe als die andern in der Reihe. Tiefes Altgold. Könnte ein süßer Dessertwein aus einer mittelklassigen Region, vielleicht Spanien oder Süditalien, sein. Könnte auch einer übertrieben langen Alterung im Faß oder in der Flasche zuzuschreiben sein.

BOUQUET: Reich, honigartig. Eindeutig Dessertwein, und obwohl nicht sehr nobel, klassisch genug, um Spanien oder Italien auszuschließen. Die honigartigen Obertöne und die Reichhaltigkeit lassen *pourriture noble* (Edelfäule) vermuten, Reife und Flaschenalter. Vermutlich ein süßer Bordeaux oder möglicherweise ein süßer Loire-Wein wie Côteaux du Layon.

GAUMEN: Bestätigung der Süße: ein mittelsüßer Dessertwein. Mittelgewichtig. Sicher Sauternes (ein süßer Loire hätte mehr Säure und weniger Körper gehabt). Keine Spitzenqualität, aber besser als ein gewöhnlicher Sauternes.

Sauber, ehrlich, aber mit eher kurzem Geschmackseindruck, was wiederum Spitzenqualität ausschließt. Ziemlich gutes Gleichgewicht, weist auf einen gut produzierten Wein aus einem anständigen Jahrgang und auf gewisse Reife hin.

FOLGERUNG: Ein schwerer Barsac oder mittelgewichtiger Sauternes von «Bourgeois»-(Mittelklasse-)Qualität, Jahrgang 1962 oder 1964. (Der Wein war ein Château Pajot, Sauternes, 1964, abgefüllt in London.)

Der letzte Test

Nach all diesen Ausführungen braucht wohl kaum noch hinzugefügt zu werden, daß die Blinddegustation hohe Anforderungen an Wissen, Können und Konzentrationsfähigkeit stellt. Glücklicherweise ist das Streben nach und das Erreichen – oder sagen wir einmal nur: das Erreichen – einer solchen Stufe von Weinbegeisterung nicht notwendig, um einen feinen Tropfen schätzen und sich an ihm freuen zu können. Wer aber ins Elysium des Weines vorstoßen möchte, dem wird offenbar, daß ein sensibilisierter und trainierter Gaumen allein nicht genügt. Seine Eindrücke müssen durch Kenntnisse untermauert werden über Geographie, Rebsorten, Weinbereitungsmethoden und Jahrgangscharakteristika. Und auch eine gute Technik ist hilfreich.

[1] *Das große Buch der Weinjahrgänge* vom gleichen Autor, das 1993 im Hallwag Verlag neuerscheinen wird, beschreibt alle Weinjahrgänge der klassischen Anbaugebiete von 1727 bis 1990.

X
Die Weinfarben und ihre Spielarten

Cabernet Sauvignon

Gasterea, wenn sie sich zu zeigen geruht,
erscheint in der Gestalt eines jungen Mädchens;
ihr Kleid ist feuerrot, ihr Haar schwarz,
ihre Augen sind strahlend blau
und ihre Formen voller Anmut.
Sie ist schön wie Venus, vor allem aber
über alle Maßen anziehend.

Brillat-Savarin,
«Physiologie des Geschmacks», 1825.

Die Farbe ist das Antlitz des Weines, und wie jedes Gesicht offenbart sie dem Kundigen eine Reihe von Hinweisen über die Qualität des Inhaltes. Füllen Sie ein größeres Degustationsglas zu etwa einem Drittel mit einem guten Wein. Beobachten Sie die Farbtiefe aus einem Winkel von 45°. Fassen Sie hierauf das Glas am Stiel und neigen Sie es von sich weg über einem weißen Hintergrund: Prüfen Sie zuerst die Tönung der Farbe an der tiefsten Stelle und dann ihre Abstufungen, indem Sie den Blick langsam gegen den Rand hinaus führen. Beachten Sie die vielsagende Farbintensität am Rand. Heben Sie das Glas schließlich gegen eine Lichtquelle, um Klarheit und Glanz beurteilen zu können.

Über das Erscheinungsbild eines Weines finden Sie von Seite 118 an alle Hinweise, auf die bei seiner Beurteilung zu achten ist. Die Auswahl der folgenden Beispiele ist vorwiegend unter dem Aspekt einer möglichst vielfältigen Illustration von Farbkombinationen getroffen worden und nicht unter jenem der Repräsentanz der großen Weinbauregionen. Sie mögen dazu verhelfen, die beiden bedeutendsten Bereiche von Tiefe und Schattierung zu verstehen. Die unzähligen Varianten sind den Unterschieden in Geographie, Rebsorte, Jahrgang und Flaschenalter zuzuschreiben und gehören zur Faszination, die ein wirklich großer Wein für den ernsthaften Degustator bereithält.

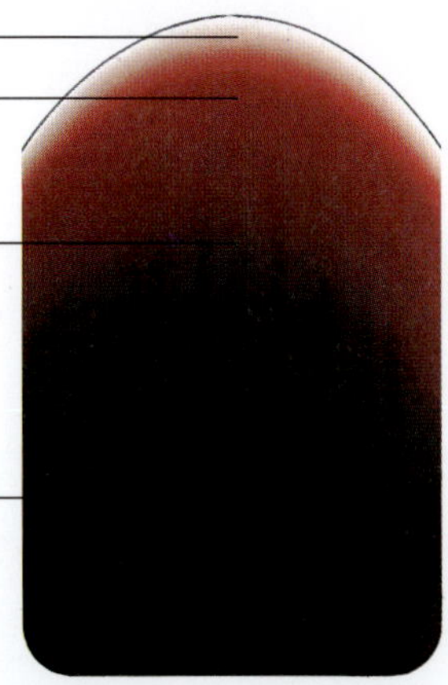

Die Farbintensität am Rand weist hin auf Gehalt, Konzentration, Alter

Im Randbereich achten Sie auf Zeichen von Reife und auf die Gleichmäßigkeit in der Abstufung der Farbe

Mittlerer Farbbereich: Hier prüfen Sie Klarheit und Glanz

Die Tiefe der Farbe ist im Zentrum zu beurteilen

UNREIFER ROTER BORDEAUX

Ein klassifizierter Médoc aus einem guten Jahrgang (Muster ein Jahr nach der Ernte aus dem Faß gezogen)

Ziemlich intensiv am Rand — Unreife ist anhand des Purpurvioletts deutlich zu sehen

Gute Farbtiefe vom Zentrum bis in den Randbereich

Tiefes Maulbeerrot, in der Mitte fast schwarz

REIFENDER ROTER BORDEAUX

Spitzengewächs, großer Jahrgang, beginnt nach neun Jahren zu reifen

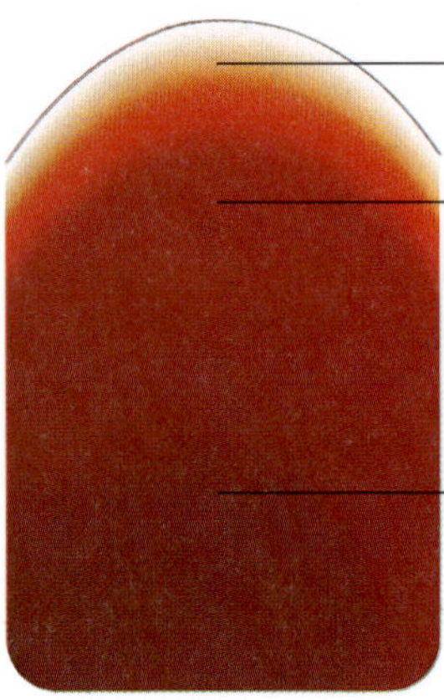

Rotbrauner Farbton im Randbereich, auf teilweise Reife hinweisend

Edles Bordeauxrot, das ursprüngliche Purpur ist verschwunden

Noch immer tief in der Farbe, doch nicht mehr schwarz

Edler reifer Bordeaux

Perfekt gereifter 26jähriger Bordeaux von einem ausgezeichneten Château und aus einem außergewöhnlich eleganten Jahrgang

Ausgeprägte Mahagonifarbe am Rand weist auf Vollreife hin

Mildes, glühendes Rotbraun in gleichmäßiger Abstufung von der Mitte bis Rand

Mittlere Farbtiefe

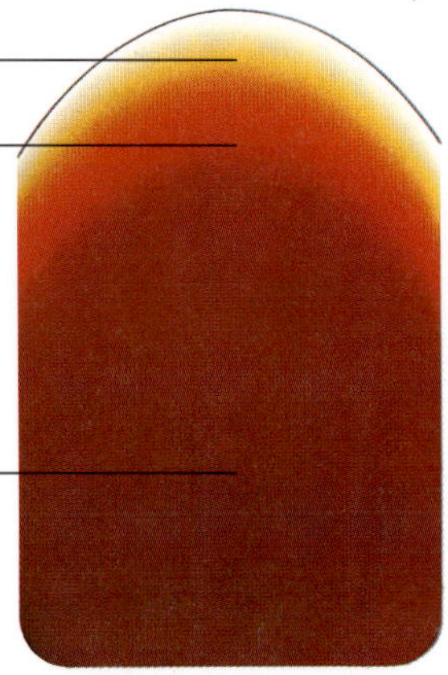

Überreifer roter Bordeaux

Ein gutes Château und ein guter Jahrgang, nach 55 Jahren im Zerfallen begriffen

Bernsteinbraun am Rand, kein Leben mehr

Das gesunde Glühen fehlt in der Farbe

Die ganze Färbung ist brauner geworden

Braunschwarze Farbtiefe, jetzt der Oxydation zuzuschreiben

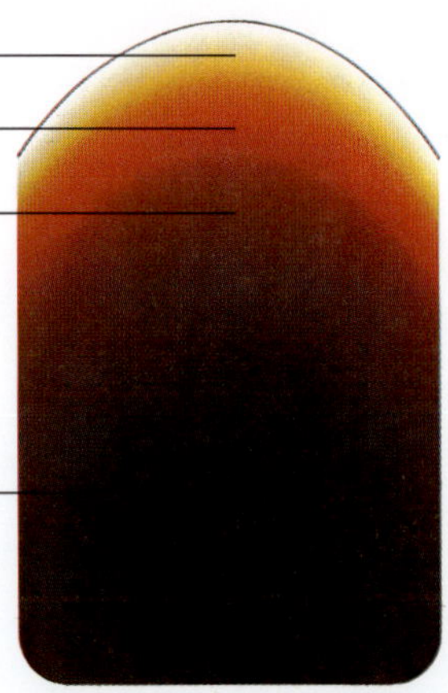

Fünfjähriger weisser Graves

Aus einem Rebgut, das sowohl Rot- wie Weißwein erzeugt

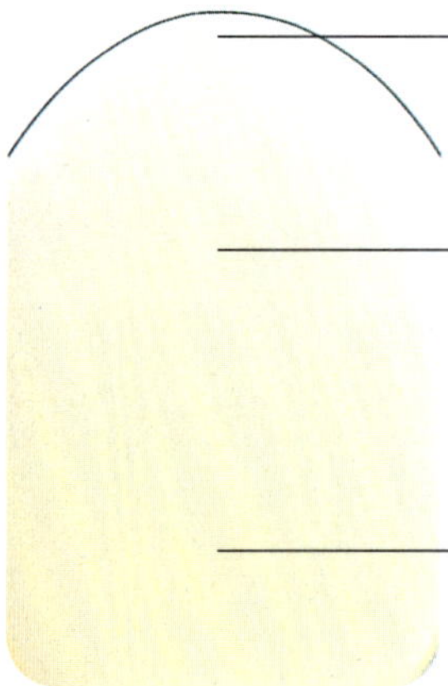

Die meisten trockenen Weißweine haben einen farblosen Rand

Vom Zentrum zum Rand kaum merklich ausdünnende Farbe

Blasses Zitronengelb, das mit der Alterung etwas tiefer werden wird

Reifender achtjähriger Sauternes

Ein klassisches Hochgewächs aus einem guten, mittelgewichtigen Jahrgang

Das Gelb verliert sich allmählich in einem farblosen Rand

Anziehendes reiches Gelb, ursprünglich tiefer als in trockenen Weißweinen, wird mit zunehmendem Alter zu Goldgelb

Reifer, grosser Sauternes

Aus dem allerersten Rebgut im Sauternais, hervorragender Jahrgang. Zwölf Jahre alt, sich dem Höhepunkt nähernd, jedoch noch von langer Lebenserwartung

Herrlich gleichmäßige Abstufung bis zum hellsten Gelb am Rande

Schaut reich und süß aus. Die Farbe eines 21karätigen Goldblattes

Das ursprünglich helle Gelbgold entwickelt sich nun in Richtung eines Bernsteingold

Sehr alter, klassischer Sauternes

Etwas über 50 Jahre alt, ein erstklassiger Barsac aus einem großen Jahrgang

Das helle, lebendige Gold drückt bis an den Rand hinaus

Das reiche, warme Bernsteingold, das im Kerzenlicht aussieht wie das Farbenspiel in einem durchschossenen Taft

Herrlich durchscheinendes Altgold eines perfekten Weines

JUNGER BEAUJOLAIS

Ein einjähriger Wein aus einem der neuen Dörfer mit eigener «Appellation contrôlée», sehr guter Jahrgang. Jung zu trinken

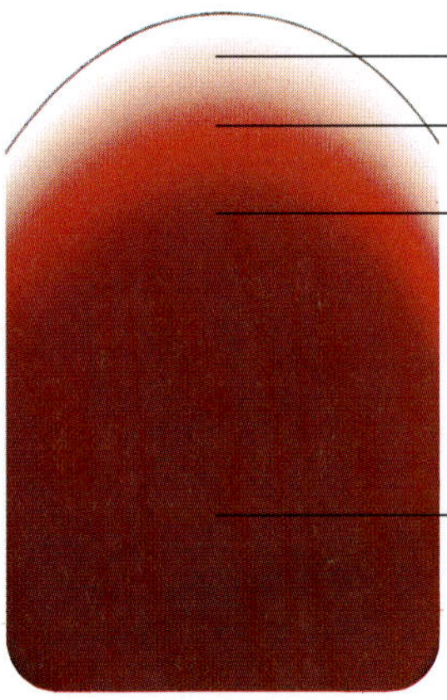

Sehr wenig Farbe am Rand

Blasses Hellviolett weist auf Jugendlichkeit hin

Frisches Aussehen, mit deutlicher Purpurtönung, die in ein helles Burgunderrot übergehen wird; allerdings fehlt diesem Wein Körper und Ausgewogenheit als Garant für gute Lagerfähigkeit

Die Farbe ist nie sehr tief, auch in der Jugend nicht

REIFENDER BURGUNDER

Ein dreijähriger Côte de Nuits, aus einem guten Jahrgang, zu reifen beginnend

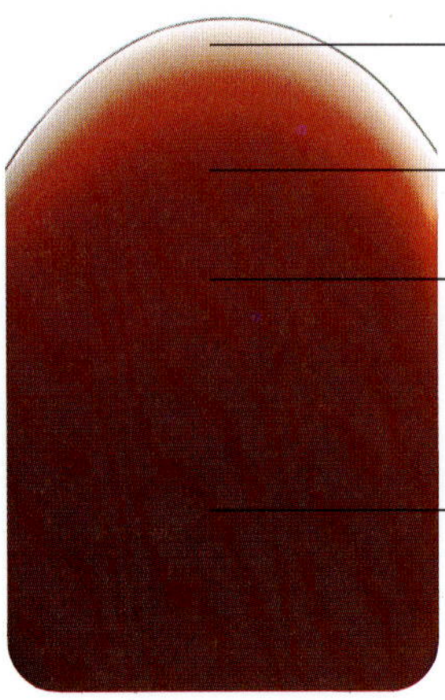

Leicht purpurner Rand weist auf Unreife hin; wird mit dem Alter an Rotbräunung zulegen

Spur von Rotbraun ist ein Zeichen für beginnende Reife

Wahres Burgunderrot

Beruhigende Farbtiefe; andere Gewächse desselben Jahrgangs können etwas tiefer oder etwas blasser sein

Reifer Burgunder

Ein 30jähriger Côte de Nuits aus einem exzellenten Jahrgang und von einem akzeptablen Händler

Sehr alter Burgunder

Ein 60jähriger, vollreifer *Grand-cru*-Burgunder aus einem klassischen Jahrgang

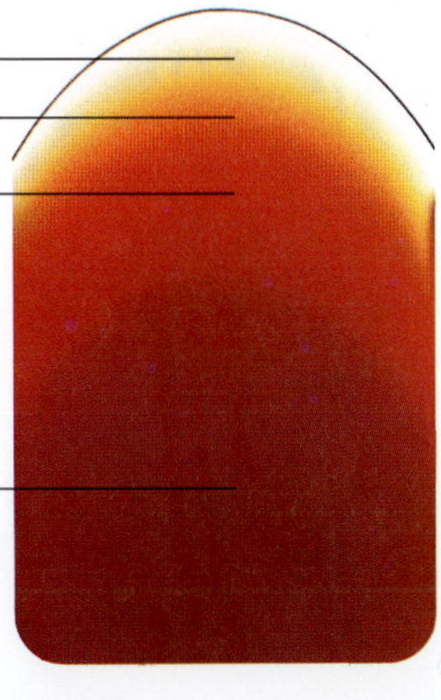

Manzanilla Sherry

Junger, leicht alkoholverstärkter Wein, am besten kurz nach der Flaschenfüllung zu genießen. Trocken und würzig

Völliger Farbverlust gegen den Rand hinaus

Wie alle Aperitifs: muß hell und erfrischend aussehen

Bleiches Gelb mit einem Schimmer von Grün

Amontillado Sherry

Ein guter, kommerzieller, halbtrockener Sherry

Blaßgelb, fast farblos

Helles Bernsteingelb, sich abschwächend gegen den Randbereich hin

Tiefer und dunkler als die trockenen Fino Sherries

Ein alter, in der Flasche gereifter Oloroso

Hochqualifizierter Oloroso Sherry, vorerst im Faß gelagert, vor 25 Jahren in Bristol auf das Glas gezogen

Reiches Bernsteingelb am Rande

Anfänglich eine gute Tiefe zeigend, mit dem Altern einen warmen, rötlichgelben Ton entwickelnd

Tiefer und schwerer im Stil als Amontillado

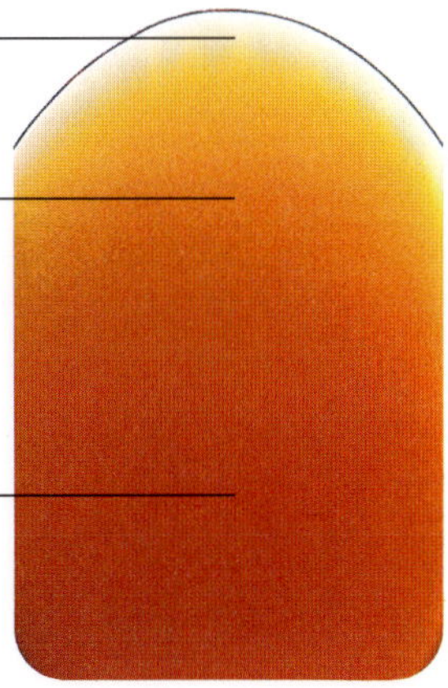

Feinster Old Brown Sherry

Altmodisch im Stil, sehr süß und konzentriert im Geschmack nach beträchtlicher Faßalterung

Ausgeprägtes Bernsteinbraun mit schwachen Grünspuren

Leicht überzogen mit Orange

Reiches, «versengtes», durchscheinendes Braun, Hinweis auf Alter und Qualität

Tiefbraun, oft schwarz im Zentrum

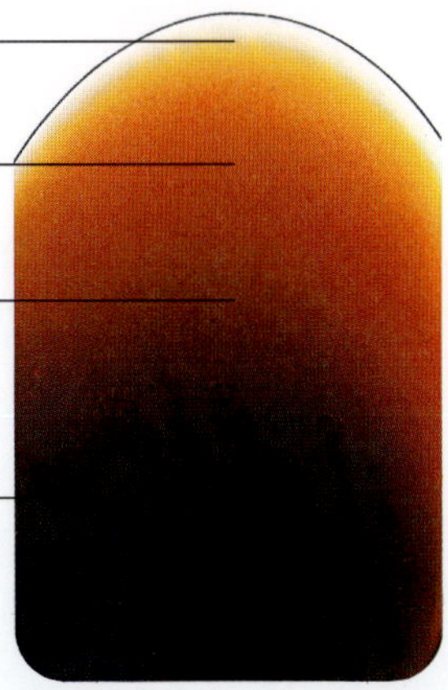

Unreifer Jahrgangs-Portwein

Zweijähriges Faßmuster. Renommierte Marke, großer Jahrgang. Braucht 15 Jahre, um Harmonie und Milde zu erreichen. Hohe Lebenserwartung: 50 Jahre und mehr

Purpurfarbe drückt bis zum äußersten Rand hinaus

Tief und purpurn, in unreife Violettschattierung übergehend

Buchstäblich schwarz — «schwarz wie Ägyptens Nächte!»

Feiner Ruby Port

Ein junges Gewächs von hoher Qualität, im Holz gereift, kürzlich abgefüllt, bereit zum Trinken

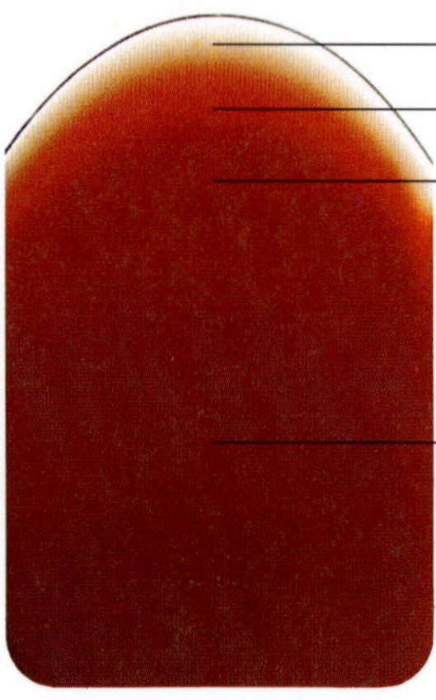

Blasse Pflaumenfarbe am Rand, mit einem Anflug von Rotbraun

Helles Rubinrot

Wahres Rubinrot, nur eine schwache Spur von Purpur, Jugendlichkeit verratend

Gute Farbtiefe

Reifer Jahrgangs-Port

Ein großer Jahrgang von einem renommierten Produzenten; verschifft im Faß, nach zwei Jahren auf das Glas gezogen und darin reifend seit 30 Jahren. Trinkbereit, wird aber noch halten

Blasser orangebrauner Rand

Keine Spur mehr von Purpur: das für ein warmes «Tawny»-Rot (lohfarben)

Deutlicher Unterschied zu einem jungen Vintage Port: Die ursprüngliche Schwärze hat sich aufgehellt, die Farbe ist weicher geworden

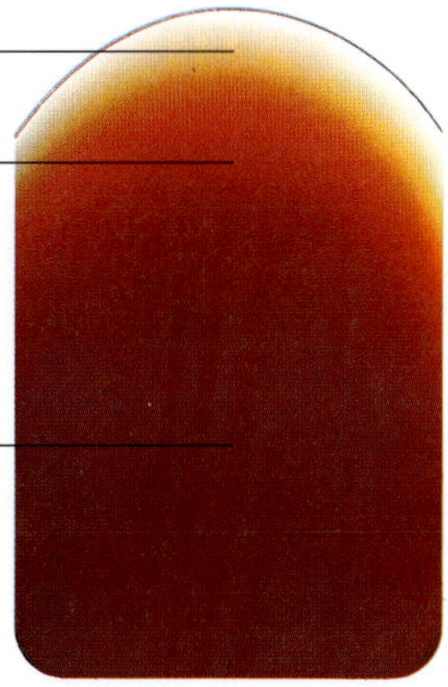

Feinster alter Tawny Port

Im Holz gereift, auf dem Höhepunkt der Reife in die Flasche gefüllt. Jetzt perfekt

Blasser Bernstein-Tawny

Echte alte Tawnies, in Holz gealtert, sind normalerweise ziemlich bleich mit feinen Farbabstufungen

Warme Lohfarbe mit rötlicher Glut, manchmal mit orangen Reflexen

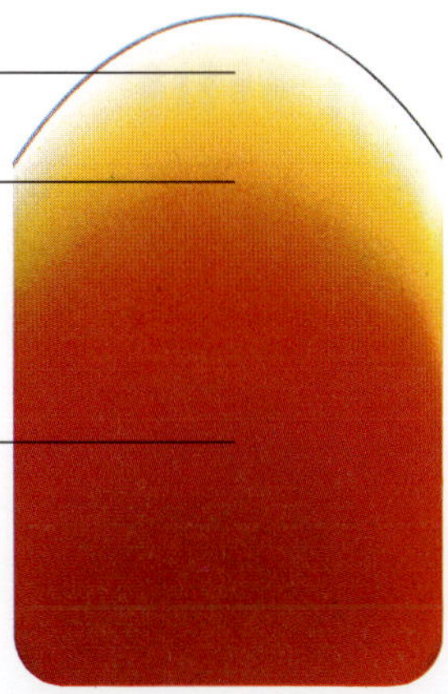

Junger Rheinwein

Eine dreijährige Riesling-Spätlese aus einem sehr guten Jahrgang und einem ebensolchen Weinberg in der Pfalz

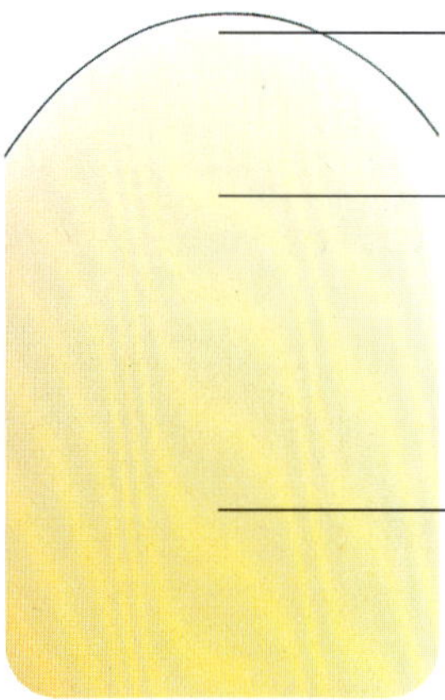

Übergang zu einem farblosen Rand

Blasses Zitronengelb, mit einer mundwässernden Spur von Grün; jetzt trinkbereit, aber auch noch lagerfähig

Selbst im Zentrum noch immer blaß, wird mit dem Alter jedoch an Farbe zunehmen

Reifer Rheinwein

Ein 26jähriger, großer, vollreifer Jahrgang, aus einem führenden Weingut im Rheingau

Blasser Rand

Tiefes Buttergelb dank Flaschenalter

Einige Farbtiefe, aber von anziehender Helle. Keine Spur von bräunlicher Überreife

Überreifer weisser Burgunder

Aus einem großen, klassischen Weinjahr, aber nach 34 Jahren hatte er seine ursprüngliche Festigkeit verloren, wurde flach

Wäßriger Rand

Farbe von altem Stroh mit einem Anflug von Orange; eher dumpf, Schimmer fehlt

Bemerkenswerte Tiefe; fast gräulichgelb mit einem Hauch von Braun

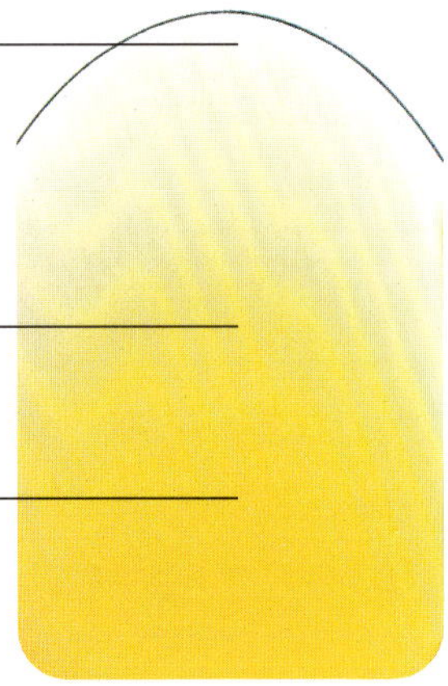

Australischer Muscat

Ein intensiv süßer, alkoholverstärkter Dessertwein von Nordost-Victoria, lange im Faß gealtert

Ein intensiver, grüngoldener Rand, weist auf Alter und Qualität hin

Weder tawny- noch rubinfarben, ein warmes Rotbraun, nicht vergleichbar mit den Farben anderer Weine

Ziemlich tief und reich

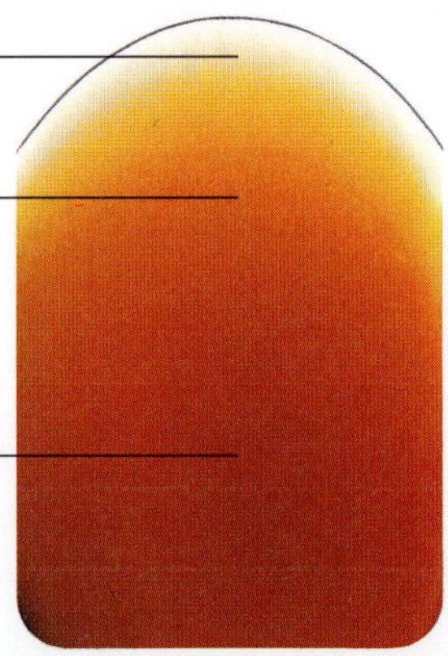

Napa-Valley-Zinfandel

Beinahe die Karikatur eines großen, roten Kaliforniers: ein dreijähriger, spätgelesener Zinfandel, hoch im Alkohol, leicht süß und mit langer Lebenserwartung

Farbintensiv bis zum Rand, Unreife anzeigende Violettspuren

Spuren von Brombeerfarbe; hoher Alkohol- und Extraktgehalt

Buchstäblich schwarz, fast wie junger Vintage Port

Napa-Cabernet-Sauvignon

Der beste Jahrgang der 70er Jahre aus einer relativ jungen Wein-Boutique (Spitzenproduzent). Fünfjährig, hat ein langes Leben vor sich, währenddem Farbverlust und -wechsel sehr langsam vor sich gehen werden

Intensiv rot am Rand, Hinweis auf Extraktreichtum und Qualität

Ursprünglich opalfarben, ist es nun ein durchscheinendes, fein abgestuftes Rubinrot geworden

Tiefes, dunkles Rubin im Zentrum

Halbreifer Châteauneuf-du-Pape

Die großen klassischen Rotweine aus dem Rhonetal werden immer seltener. Dies ist ein zehnjähriges Beispiel aus einem der besten Weinberge

Der rotbraune Rand ist die einzige sichtbare Konzession an die Reife

Gutes reiches Mittelrot — noch immer jugendlich für sein Alter

Farbtiefe verrät hohen Alkoholgehalt, Körper und Extrakt

Reifender australischer Rotwein

Ein vierjähriger, im «Bordeaux-Stil» erzeugter Wein von einem der ältesten Produzenten im Barossa-Valley

Beträchtliche Intensität des Purpurs bis zum Rand läßt Reichtum, Körper und Unreife vermuten

Noch immer ein ausgeprägtes, etwas jugendliches Pflaumen-Purpur

Bemerkenswerte «südliche» Tiefe; vermutlich hoher Alkoholgehalt

Sercial Madeira

Standardkomposition eines Sercial Madeira, von einem altetablierten Handelshaus. Hat etwas Faßreife, verbessert sich in der Flasche nicht. Für sofortigen Konsum

Farbloser Rand

Abklingend zu einem Blaßgelb

Strohgelb, schaut «trocken» aus, doch ist die Farbe wärmer als jene von trockenen Sherries

Reines Bernstein mit einem Hauch von Orange

Alter Jahrgangs-Madeira

Ein unverschnittener Jahrgang aus reinen Bual-Trauben mit mindestens 50 Jahren Faßlagerung, 40 Jahren Aufbewahrung in der gläsernen Korbflasche und weitern 15 Jahren Lagerung in der Flasche. Herrlicher Wein!

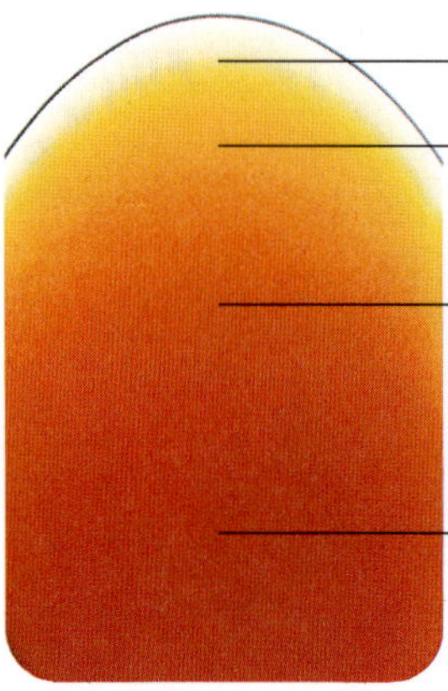

Glühende lebhafte Farbe bis zum Rand, mit einer Spur Grün darin, was auf Alter und Qualität deutet

Reines Bernsteingold

Warmes Rotbraun, mit Gold und Orange durchschossen — eine der schönsten Weinfarben überhaupt

Tiefes, «gebackenes» Umbrabraun

XI
Wie man eine Weinprobe organisiert

Kerner

Die wahren Kenner handeln nur in Übereinstimmung
mit den Grundregeln und einem klugen Brauch,
wenn sie ihren Wein in kleinen Schlucken trinken:
halten sie nämlich nach jedem Schluck inne,
dann empfinden sie das Vergnügen mehrmals,
das sie beim Leeren des Glases auf einen Zug
nur einmal gehabt hätten.

Brillat-Savarin,
«Physiologie des Geschmacks», 1825.

Erfahrene Weinhändler wissen sehr gut, wie Degustationen durchzuführen sind. Dieses Kapitel ist deshalb jungen Mitgliedern des Handels und solchen von Weinbruderschaften und Degustationsclubs gewidmet.

Das Ziel einer solchen Probe kann in einer möglichst vorteilhaften Präsentation einiger Weine im Hinblick auf einen Verkauf oder einfach in der Weiterbildung liegen.

Vorerst ist zu entscheiden, wie der Aufbau aussehen soll, wie viele Weine vorgestellt und wie viele Leute daran teilnehmen werden. Ein Blick auf den letzten Punkt wird oftmals Anzahl wie Aufbau entscheidend beeinflussen, weshalb ihm zuerst Beachtung zu schenken ist.

Wie viele Teilnehmer?

Der Grad der Seriosität und Wirksamkeit ist umgekehrt proportional zur Teilnehmerzahl. Eine große Verkaufsdegustation, welcher 60 bis 300 Menschen beiwohnen, bedingt eine große Halle oder einen entsprechenden Keller, viel Personal und eine sorgfältig vorbereitete Organisation. Der Pro-Kopf-Konsum ist sicher größer als bei einer kleinen Probe; und selbst wenn die verfügbare Anzahl Flaschen pro Sorte strikt begrenzt ist, dürfte sich der Aufwand im Verhältnis zum Gewinn immer noch jenseits eines gesunden Verhältnisses bewegen.

Vierzig bis siebzig Gäste können als Höchstzahl für eine ordentliche, freie Degustation gelten, wobei die Interessenten während der Probe stehen und im Kommen und Gehen frei sind; die Hälfte dieser Zahl ist angemessen für ein eigentliches Weinseminar.

Das Ziel einer Degustation

◇ Die Veranstaltung wird zur Lancierung eines neuen Weines durchgeführt, was in unsern Tagen eines hochgestochenen Weinmarketings gar nicht so selten ist. Man will hierbei die Vorzüge in bezug auf Trinkbarkeit, Aufmachung, Preis und Werbeunterstützung darstellen und versuchen, dies den eingeladenen Wiederverkäufern, ihren Kunden und der Presse möglichst positiv zu demonstrieren. Ehrlich gesagt stehen solche Veranstaltungen nicht gerade nach dem Sinne des Weinliebhabers.

◇ Mehr Tradition und Hintergrund verheißen die Weinproben, die von einem einzelnen oder einer Gruppe von Weinhäusern zur Präsentation eines neuen Jahrganges oder einer Sortimentserweiterung veranstaltet werden. Hier handelt es sich meist um wichtige und informative Degustationen, von denen sowohl Handel wie Konsument profitieren können.

◇ Weinproben in geschlossener Gesellschaft (Vereinigungen, Clubs oder auch ad hoc zusammengestellte informelle Gruppen) dienen normalerweise der Ausbildung und vergnüglichen Aufklärung der Mitglieder, welche die Kosten unter sich aufteilen. Solche Zusammenkünfte können den Handelsdegustationen gleichen, und viele ähnliche Probleme tauchen auf.

◇ Wo aber der Wille vorhanden ist, wirklich etwas zu *lernen*, kommt nur das eigentliche Weinseminar in Frage, mit sorgfältig ausgewählten Weinen, die zur Illustration eines bestimmten Themas dienen. Solche Veranstaltungen stehen und fallen mit dem Wissen und Können des Referenten, der nach Möglichkeit ein ausgewiesener Fachmann sein soll.

Wie viele Weine?

An einer großen Weinprobe können wohl 30 bis über 100 Provenienzen vorgestellt werden. Unnötig zu sagen, daß bei einem derartigen Umfang der Gastgeber von den Geladenen erwartet, daß sie eine Auswahl treffen und die gekosteten Weine wieder ausspucken. Ein Wiederverkäufer wird sich ohnehin nur Weine eines bestimmten Typs und in der interessierenden Preiskategorie anschauen und weder seinen Geist benebeln noch Zeit damit verschwenden, andere Sorten zu verkosten.

Im Moment, wo die Tür für das Publikum geöffnet wird, geht der Grundsatz des Auswählens oft verloren. Kluge und erfahrene Besucher konzentrieren sich zwar auch auf interessierende Weine, andere aber betrachten das Ganze eher als eine Art Volksfest und kosten und trinken umher. Richtig besehen vergeuden sie also ihre Zeit und des Weinhändlers Geld.

So ist es für den Organisator zweifellos klüger, nur eine beschränkte Anzahl von sagen wir 10 bis 20 Weinen zu zeigen, die von erster Güte und vernünftigem Preis sind. Ist die Herkunft der Gewächse grundverschieden, sollten sie klar gruppiert und so plaziert werden, daß sie in der richtigen Reihenfolge verkostet werden.

Horizontale und vertikale Vergleiche

Für eine kleine Clubdegustation oder ein Weinseminar genügen üblicherweise sechs bis zehn verschiedene Weine. Sie sollten gut ausgewählt und eines tieferen Studiums wert sein. Am lehrreichsten sind «horizontale» und «vertikale» Vergleiche. Horizontal vergleichbar sind Weine aus verschiedenen *Châteaux* oder Domänen aus einer Region oder aus verschiedenen Bezirken, alle aber aus demselben Jahrgang. Vertikal vergleichbar sind verschiedene Jahrgänge desselben Weines, das heißt aus dem gleichen Rebgut oder aus demselben Distrikt. Beide Arten können erfolgreich kombiniert werden, zum Beispiel ein Jahrgang aus sechs verschiedenen *Châteaux* und sechs verschiedene Jahrgänge aus einem dieser *Châteaux*. Damit soll das Leben nur um der Vielfalt willen nicht kompliziert werden; vielmehr steht die Tatsache im Vordergrund, daß Vergleichen am lehrreichsten ist.

Wieviel Wein?

Bei einem normalen Ausschank ergibt eine 7-dl-Flasche sechs bis acht Gläser, je nach deren Format. Gießt man bloß Kostproben ins Glas, so kann sich diese Zahl verdoppeln bis verdreifachen. An einem gut geführten Weinseminar rechnet man eine Probe pro Person und Provenienz. Es ist jedoch empfehlenswert, von populären oder qualitativ besonders herausragenden Weinen etwas Vorrat für einen Nachservice vorzusehen.

Eines ist gewiß: je zahlreicher das Publikum, desto mehr Wein pro Kopf wird benötigt. Und für die richtige Einschätzung des Verbrauches sind auch die Tageszeit und die Dauer der Veranstaltung zu berücksichtigen.

Zusammenfassend kann ich aus Erfahrung sagen: Bei vielen Weinen und wenigen Teilnehmern braucht es eine Flasche für sechs bis sieben Personen; wenige Weine und viele Teilnehmer bedeuten eine Flasche für drei bis vier Personen. Handelt es sich dagegen nur um eine zufällige Probe, so rechnen Sie mit einer halben Flasche pro Person. Aber bei einem wirklich geführten Seminar mit 20 bis 25 Interessenten genügt eine Flasche für 15 oder mehr Personen.

Die Tageszeit

Maßgebend ist die Frische und damit die Aufnahmefähigkeit des Gaumens: Die Geschmacksknospen sollen bereits angeregt worden sein, jedoch in genügender zeitlicher Distanz. Das läßt zwei Alternativen offen: entweder am späten Morgen (zwischen Frühstück und Degustation zwei bis drei Stunden) oder am späten Nachmittag (gleicher Abstand nach dem Mittagessen). Abendliche Weinseminare beginnen meist nach dem (zu Hause eingenommenen) Nachtessen und mit einem einführenden Referat, so daß die Zeitspanne zwischen Essen und Degustationsbeginn auch etwa zwei Stunden betragen dürfte.

Die Dauer

Weinproben während des Tages sind in unsern Breitengraden, wo Arbeit und Leistung einen so hohen Stellenwert besitzen, praktisch nur den Fachleuten möglich. Ihr zielbewußtes Vorgehen beschränkt die Dauer von selbst.

Die Planung einer Abendveranstaltung hängt von den gesellschaftlichen Konventionen ab. Dem Verkosten und Beurteilen ist immer genügend Zeit einzuräumen. 20 oder 30 Minuten sind zuwenig, es sei denn, es werde nur gerade *ein* Wein vorgestellt, beispielsweise vor einer Mahlzeit. Dies entspricht jedoch weniger einer Degustation als vielmehr einem Aperitif.

Die Dauer soll also in angemessenem Verhältnis zur Anzahl Weine und Gäste stehen. 10 bis 20 Provenienzen, die auf 30 bis 50 Gaumen warten, benötigen eineinhalb bis zweieinhalb Stunden. Das mag lang erscheinen, ist doch bereits eine Stunde konzentrierter Prüfarbeit selbst für einen geschulten Degustator mehr als genug. Diese Spanne schließt jedoch auch den Zeitaufwand ein, den später Eingetroffene und gesellschaftliches Geplauder verursachen.

Die beste Zeit für ein Weinseminar ist der Abend. Die Dauer hängt nicht zuletzt vom Referenten und der Länge seiner Ausführungen ab. Zwei Stunden sitzen, zuhören und schlürfen dürfte als obere Grenze angesehen werden. Anderseits ist es erstaunlich festzustellen, wie lange man sechs Weine verkosten und besprechen kann, sofern diese gut gewählt und von diskussionswürdigem Niveau sind: Bei 60 bis 90 Minuten liegt der Erfahrungswert. Bei diesen Veranstaltungen ist es unerläßlich, daß jedermann pünktlich eintrifft – ein Erfordernis, welches auf der Einladung deutlich vermerkt werden soll.

EINE WEINPROBE FÜR 20 BIS 60 GÄSTE

Raumverhältnisse und Ablauf

Die Tische sind so angeordnet, daß der Fluß des durchlaufenden Publikums nicht gestört werden kann. Stauungen müssen unter allen Umständen vermieden werden. Oft bleibt schon wenig genug Raum für Assistenten und Zubehör. Die Leute bringen ihre eigenen Probleme mit, etwa in Form von Hüten, Mänteln, Handgepäck und Hunden. Wo kein separater Raum dafür verfügbar ist, muß entsprechender Ersatz geschaffen werden. Nichts ist entnervender, als beim Verkosten von links und rechts gestossen zu werden, sich zu einem bestimmten Wein durchkämpfen oder die Auskunftspersonen am andern Ende des verstopften Raumes aufsuchen zu müssen.

Tischanordnung

Sie birgt den Schlüssel für eine erfolgreiche Durchführung. Natürlich hängt sie vom Raummaß ab, doch gibt es grundsätzlich zwei Möglichkeiten: Anordnung der Tische den Wänden entlang und Zirkulation der Besucher in der Mitte; oder Anordnung in Blockform (in der Mitte ist Platz für Assistenten und Vorrat) und Zirkulation der Besucher rundherum. Die zweite Möglichkeit ist vorteilhafter im Hinblick auf die kleinere Zahl von Helfern, die zur Überwachung notwendig sind: Sie agieren wie in einer Wagenburg von der Mitte aus, besorgen das Flaschenöffnen, die Ordnung auf den Tischen, das Entfernen von leeren Flaschen und Gläsern. Wird eine große Zahl Weine vorgestellt, empfiehlt sich die erste Möglichkeit. Der Besucher kann dann freier von einem zum andern wechseln, und die Ausstellung ist übersichtlicher. Allerdings verlangt diese Lösung je eine Service- und Auskunftsperson pro Tisch (und pro sechs Weine).

Reihenfolge

Die Weine müssen in der richtigen Reihenfolge aufgestellt werden, und – sehr wichtig, aber nicht immer leicht zu realisieren – ankommende Gäste müssen auf diese Folge aufmerksam gemacht und ermuntert werden, diese auch einzuhalten. Hier erhält die vorbereitete Degustationsliste ihre Bedeutung.

Der erste Tisch soll nicht beim Eingang stehen, da sich dort rasch ein Auflauf bildet. Wenn süße und alkoholverstärkte Gewächse die Reihe abschließen, sollen die Gäste unter allen Umständen davon abgehalten werden, diese zuerst zu probieren. Diese Flaschen müssen am Ende des Besucherstromes plaziert werden.

Nebentische

sind nützlich für die Bereitstellung von sauberen Gläsern, von Literatur und Brotkörbchen. Degustationslisten sollen zwischen dem Eingang und Tisch Nr. 1 aufgelegt werden, Bücher und Preislisten dagegen nahe beim und auf dem Weg zum Ausgang.

Spucknäpfe

Sie sind nicht leicht zu plazieren. Sicher gehören sie bei diesen Veranstaltungen nicht auf den Degustationstisch. Am besten stehen sie so weit weg davon, daß die Besucher veranlaßt werden, sich ein Glas zu nehmen, vom Tisch wegzugehen, in aller Ruhe zu kosten und dann auszuspucken. Das schafft einerseits Platz für andere Interessenten und anderseits das unschöne Bild aus der Welt, daß ein Standfester unerschütterlich vor einer Flasche steht, kostet, notiert (hoffentlich) und ausspuckt, ohne sich von der Stelle zu rühren.

DAS WEINSEMINAR

Das Raummaß muß der Teilnehmerzahl genau entsprechen, denn jeder Gast – wie auch der Seminarleiter selbst – benötigt einen Stuhl und genügend Tischfläche.

Tische

Es soll jedem soviel Platz zur Verfügung stehen, als für die Gläserreihe und eine zusätzliche Schreibfläche notwendig ist. Eine großzügige Bestuhlung ist daher unerläßlich: Ein Meter Zwischenraum von Stuhl zu Stuhl empfiehlt sich. In der Tiefe sind die Tische in Abständen zu staffeln, die einerseits ein bequemes, natürliches Sitzen und anderseits einen reibungslosen Service gewährleisten.

Weinservice

Organisieren Sie unbedingt genügend Personal, welches die zu prüfenden Weine in kürzester Zeit einschenken kann. Pro zehn Teilnehmer sollte eine Person verfügbar sein, damit der Seminarablauf nicht allzusehr unterbrochen wird. Abgesehen davon wird die Konzentration während einer Sinnesprüfung durch herumgehende Leute erschwert, und Ungeduldige sind durch einen zu langen Unterbruch versucht, ihren Wein im Sologang zu verkosten, ohne die Erläuterungen des Seminarleiters abzuwarten. Die schnellste und beste Methode dagegen besteht darin, die Gläser in einem Nebenraum zu füllen und sie den Teilnehmern auf Abruf des Seminarleiters auszuhändigen.

Spucknäpfe können zwischen oder hinter den Stühlen oder auf dem Tisch aufgestellt werden – für je zwei Teilnehmer einen. Auf dem Tisch kommen nur Kübel (z. B. Champagnerkübel) in Frage, die mit etwa 2 cm Wasser gefüllt sind. Allerdings verliert das Ausspucken bei einer kleinen Anzahl von Mustern etwas an Bedeutung, da nur wenig Wein getrunken wird.

Zum Abschluß eines Seminars empfiehlt es sich, eine Kleinigkeit zum Essen zu servieren, einerseits um dem Gaumen etwas Erholung zu gewähren, anderseits um Gelegenheit zu geben, von diesem oder jenem interessierenden Wein nochmals einen Schluck probieren zu können.

AUF WELCHE KLEINIGKEITEN ZU ACHTEN IST

Tische

Dies zu sagen mag lächerlich erscheinen, doch – wie auch in den vorangegangenen Abschnitten – basiert ihre Erwähnung auf unguten Erfahrungen: Tische sollen von normaler Eßtischhöhe sein und fest auf ihren Beinen stehen. Andersherum gesagt: Verwenden Sie keine winzigen Kaffeetischchen oder modernen Salontische, die zu hoch, zu tief, zu weit oder zu schmal sind und den Service erschweren und das Verschütten erleichtern.

Tischbedeckung

Rotweine können Flecken verursachen; Flaschenböden können kratzen, und ein weißer Untergrund ist Voraussetzung für die Beurteilung der Farbe. Aus diesen Gründen *muß* der Tisch mit einem weißen Tischtuch (aus Leinen oder Papier) gedeckt sein, wobei eine Unterlage aus Papier oder Gewebe empfehlenswert ist.

Lichtverhältnisse

Ein oft unterschätzter Faktor. Kerzenlicht verzaubert zwar die Atmosphäre, doch geben selbst tausend Kerzen nicht jenes Licht ab, bei dem die Weinfarbe seriös beurteilt werden kann. Zudem verbrauchen Kerzen Sauerstoff und tragen zur schnelleren Erwärmung eines kleinen Raumes bei. Blaues Fluoreszenzlicht verdirbt jede Farbe. Es läßt den Wein oft jünger erscheinen, als er tatsächlich ist, und «verschmutzt» die Farbe des Rotweines. Am besten ist Tageslicht; das zweitbeste eine normale Wolfram- oder warm-weiße Fluoreszenzbeleuchtung.

Bedienung oder Selbstbedienung?

An einer gewöhnlichen, eher großangelegten Weinprobe wird das Personal mit diversen Arbeiten ausgelastet sein, so daß wohl beide Lösungen kombiniert werden müssen. Reine Selbstbedienung mag zu Mißbrauch oder dazu führen, daß aus Unkenntnis zuviel eingegossen wird und erhebliche Reste ausgeleert werden müssen, was die Vorräte allzurasch erschöpft. Im Prinzip sollte deshalb eher für Bedienung plädiert werden, eine Empfehlung, die an kleineren Weinseminarien zur Bedingung wird, weil der Teilnehmer damit nicht belästigt werden soll.

Personal

Kleine Club-Degustationen sind problemlos: Man kennt die Anzahl Anmeldungen und kann entsprechend planen. Vereinfacht wird das Ganze, wenn die Veranstaltung in einem gemieteten Lokal – in einem Hotel oder Restaurant beispielsweise – durchgeführt wird und die Organisation mit einem Verantwortlichen des Hauses besprochen werden kann.

Bei Weinproben des Handels sind normalerweise der Chef und sein Verkaufsstab anwesend, die ihr Metier kennen und genau wissen, was verlangt wird. Bei großen Ausstellungen jedoch, zu denen *Personal* engagiert wird, ist dieses *vorgängig sehr genau zu instruieren:* wo sie sich aufhalten sollen, wie viele Flaschen bei welchen Temperaturen geöffnet und bereitgestellt werden müssen, wieviel eingeschenkt werden darf usw.

Es ist gut, auf einer rigorosen Lagerkontrolle zu bestehen und vielleicht von einem günstigen Wein, der nicht verkostet wird, einige Flaschen bereitzustellen. Das Personal löscht seinen Durst dann nicht mit dem Inhalt teurer Musterflaschen.

Spucknäpfe

In vollständig ausgerüsteten Degustationsräumen sind Spuckbecken mit fließendem Wasser eine permanente Einrichtung. An größeren, öffentlichen Weinproben ist das Aufstellen von Näpfen – es kann sich auch um sandgefüllte Kistchen handeln – empfehlenswert. Am einfachsten vorzubereiten sind leere Weinkistchen aus Holz, die zu zwei Dritteln mit Sand gefüllt sind. Diese Einlage vermag zwar ziemlich viele «Schüsse» zu absorbieren, doch ist es klüger, den Kistenboden mit einem ölfesten Papier zu bedecken. Der Nachteil dieser am Boden plazierten Behälter liegt darin, daß man in einem überfüllten Raum leicht darüber stolpert.

Verwenden Sie nie durchsichtige Glasgefäße als Spucknäpfe auf dem Tisch. Das «Spuckgut» sieht schrecklich aus! Champagnerkübel aus Metall oder Kunststoff eignen sich am besten. Übrigens: Leere Flaschen, die einen Trichter im Halse stecken haben, sind *keine* Spuckempfänger. In sie gießt der Degustator bloß zurück, was ihm von der Kostprobe im Glase bleibt, bevor er zum nächsten Wein übergeht. Leere Magnumflaschen eignen sich am besten dazu. (Man fragt sich gelegentlich, was denn mit diesem Gebrauchtwein geschieht – Wiederverkauf als *Château Grand-Mélange?* Kochwein?)

Gläser

Das ideale Degustationsglas finden Sie auf Seite 117 abgebildet. Da man mit diesen Stielgläsern nicht auf die Gesundheit anstößt, braucht es auch kein kunsthandwerklich hochstehendes Kristallglas zu sein. Gegossene oder einfache Kristallgläser sind wesentlich billiger und erfüllen den Zweck.

Gläser können gemietet werden, und es ist besser, zehn zuviel als eines zuwenig bereit zu haben. In Weinseminarien mit sechs bis acht Weinen und 30 Personen kann pro Wein und Person ein Glas aufgestellt werden. Bei Handels-Degustationen dagegen begnügt man sich mit einem Glas pro Person, solange es sich um einigermaßen ähnliche Provenienzen handelt. Was von einem Versuchswein nicht verkostet wird, kann in die bereitstehenden Flaschen gegossen werden. Ein Glaswechsel ist angezeigt, wenn man beispielsweise von trockenen zu süßen Weinen übergeht.

Ein Wort noch zum leeren Glas, in das der Wein eingegossen wird: Prüfen Sie es mit der Nase, ob Rückstände von Waschpulver auszumachen sind, die sich manchmal recht penetrant bemerkbar machen.

Schmeckt das Glas neutral, so ist es vor der Degustation mit einem «kleinen» Wein – dem kleinsten in der Probereihe beispielsweise – zu avinieren: einen Schluck ist ins erste Glas gießen; befeuchten Sie damit die Glaswände durch Schwenken und gießen Sie denselben Wein ins zweite Glas, schwenken Sie dieses wiederum aus, und so fort bis zum letzten Glas.

Wie viele Flaschen?

Selbst an einer großen, geschäftigen Weinprobe sollte jeweils immer nur *eine* Flasche auf einmal geöffnet sein. Nicht nur aus ökonomischen Gründen: Gäste mit wenig Ordnungssinn werden dadurch abgehalten, eine volle, offene Flasche zu ergreifen, mit ihr herumzuwandern und mit Freunden oder Bekannten einen privaten Degustations- und Diskussionskreis zu bilden.

Auch die vollen, verkorkten Flaschen sollten nicht alle auf dem Tisch aufgestellt werden, so beeindruckend das aussehen mag. Sie stehen dem Servicepersonal im Weg, werden von Gästen zwecks Überprüfung des Etiketts weggenommen und an den falschen Ort zurückgestellt – alles Dinge, die den Ablauf erschweren. Obige Zeilen verlieren ihre Gültigkeit, wenn weiße, kühl zu servierende Weine in einem warmen Raum verkostet werden müssen. Hier sind zweifellos mehrere Flaschen zu öffnen und ist für schnellen Service zu sorgen. Die transparenten Vinicool®-Behälter entheben Sie allerdings dieser Sorge: Die Flasche bewahrt darin die Temperatur, in der sie hineingestellt wurde, während einiger Stunden.

Korken und Kapsel

Musterflaschen sollen immer gut präsentieren. Ihre Kapseln sollen deshalb sorgfältig unter dem Ausguß abgeschnitten und entfernt werden. (Nie die ganze Kapsel entfernen.)

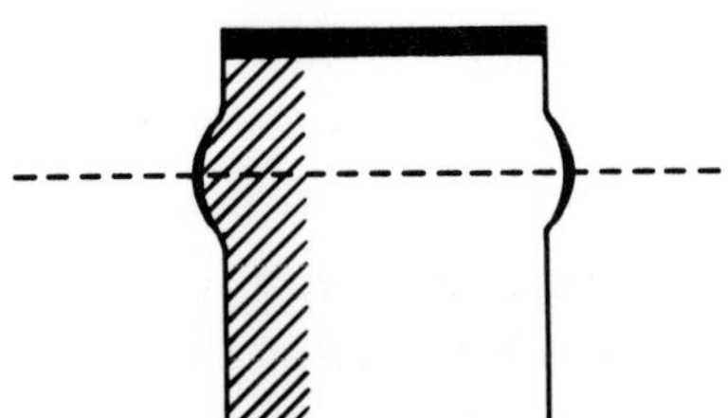

Kapselschnitt

Hierauf reinigen Sie den Ausguß mit einem feuchten Tuch und trocknen mit einem anderen, sauberen Tuch ab.

Nach dem Zapfenziehen – wenn immer möglich in einem Stück, was bei älteren Weinen nicht so einfach ist – sollte der Korken mittels eines Gummibandes am Flaschenhals befestigt werden, die rote Seite, die «Weinseite» also, nach oben. Zur Verkorkung der Musterflasche bis zur Degustation ist ein keilförmiger Zapfen zu verwenden.

Ältere Rotweine müssen dekantiert werden, wobei die Dekantierflasche mit Name und Nummer des Weines identifizierbar sein muß. Die leere Weinflasche steht daneben, den Originalkorken zu Füßen.

Essen?

Ausgenommen bei Presseempfängen und Degustationen von eher gesellschaftlicher Bedeutung sollte das Angebot von Eßbarem auf ein Minimum beschränkt werden. Es zerstreut bloß und teilt zusätzliche, weinfremde Geschmacks- und Geruchsstoffe mit.

Immerhin sei akzeptiert, daß etliche Leute etwas zum «Unterbrechen», zum Reinigen des Gaumens, benötigen. Geschmacksneutrale Käsestückchen und trockene Biskuits oder Weißbrot sind die konventionelle Antwort auf dieses Problem. Kaltes, aber nicht eiskaltes Wasser kann auch gereicht werden.

Es ist vielleicht wichtig zu wissen, daß dem Wesen nach alle Rot- und fast alle Weißweine von der Natur und dem Menschen als Begleiter zum Essen gedacht sind. Und tatsächlich schmeckt Wein auch *anders mit* dem Essen. Wenn er also in diesem Zusammenhang beurteilt werden soll, fällt dies oft leichter, wenn zu den einzelnen Gewächsen ein dazupassendes Häppchen serviert wird.

In der alten Weinhändlerweisheit «Kauf einen Wein nach einem Apfel, aber verkauf ihn nach einem Käse» liegt mehr als nur ein Körnchen Wahrheit. Käse läßt den Wein weicher und süßer erscheinen. Je reifer und duftender der Käse, um so deutlicher dieser Effekt. Allerdings kann er den Wein auch übertönen. Ein überreifer *Brie* beispielsweise wird selbst einen reifen Burgunder mausetot machen. Die andere Gefahr, die von reifen, vollfetten Käsesorten her droht, ist die vielbeschriebene und -verglichene Duftintensität, welche den zarteren Duftnuancen eines Weines schwer zu schaffen macht, sie überlagert oder gar verdrängt. Zudem schafft ein überreifer Käse in einem warmen Degustationsraum eine entschieden unfreundliche Atmosphäre.

Rauchverbot! Parfümverbot?

Man möchte meinen, daß das Rauchverbot bei Degustationen genügend bekannt sei und eigentlich auch verstanden werde. Aber manchmal scheint es so, als würden Raucher nur ihre eigenen Regeln kennen. Ein Mann, der zu Hause oder im Büro automatisch nach seiner Pfeife greift und vergnüglich vor sich hinpafft, wird das in einem Degustationsraum ebenso tun, wenn er das kontemplative Ende einer Probe erreicht hat.

So sympathisch das sein mag, *hier* müssen wir eingreifen. In Weinseminarien ist das Problem klein: Täfelchen können auf die Tische gestellt und sämtliche Aschenbecher abgeräumt werden; der Seminarleiter wird zudem persönlich auf das Rauchverbot aufmerksam machen. Bei größeren Veranstaltungen hingegen müssen große Schrifttafeln – *Bitte nicht rauchen* – aufgehängt werden. Rauchende «Kamine» müssen unter der Türe abgefangen und freundlich auf die Beeinträchtigung des Anlasses durch den blauen Dunst hingewiesen werden. Dies gilt ebenso für schwatzende Gruppen, aus denen die Wolken aufsteigen, geschwängert mit Eindrücken aus den eben gekosteten Weinen.

Damen sollten vom Gebrauch von stark duftenden Parfüms oder Puder möglichst absehen. Das delikate Weinbouquet kann schlicht und einfach nicht mit einem fremden Duft konkurrieren. Es ist schon schwierig genug, dem wahren Geruch auf die Spur zu kommen, ohne daß die Nasenlöcher noch zusätzlich von Rauch- und Parfümwolken umlagert sind.

Degustationskarten

Es gibt keinen sichereren Weg zur Zeit- und Kraftverschwendung, als Gäste einzuladen, ohne sie mit einer Liste oder einer Karte zu versehen, die sie zu Rate ziehen, als Notizblatt verwenden und schließlich nach Hause nehmen können.

Drei wesentliche Erfordernisse sollen in diesen Unterlagen berücksichtigt sein:

◇ Das Blatt muß den vollen Namen und den Jahrgang eines jeden Weines enthalten, in der richtigen Reihenfolge und mit den Preisen versehen, sofern es sich um eine Handelsdegustation handelt.

◇ Für Kommentare muß genügend Platz vorgesehen werden, mindestens soviel, wie die Bezeichnung eines Weines selbst einnimmt.

◇ Sofern ein Blatt abgegeben wird, gehört dazu eine Kartonunterlage, welche es gestattet, sich auch im Stehen Notizen zu machen. Informationen wie Weinkarten, Beschreibungen, Preislisten usw. können separat aufgelegt oder in die Degustationskarte integriert werden. Welche Form diese auch immer aufweist, sie dient grundsätzlich nur als *aide-mémoire,* denn mit dem Wein ist es wie mit so vielen andern Dingen – «aus den Augen, aus dem Sinn» –, es sei denn, man fixiere die Eindrücke so, daß ein Vergessen unmöglich wird.

Zusammenfassung

Planen Sie die Weinprobe rechtzeitig. Berücksichtigen Sie die wesentlichen Gesichtspunkte: Datum, Zeit, Ort, Gästezahl, Servicepersonal, Weinauswahl. Die folgende Checkliste wird Ihnen dabei behilflich sein:

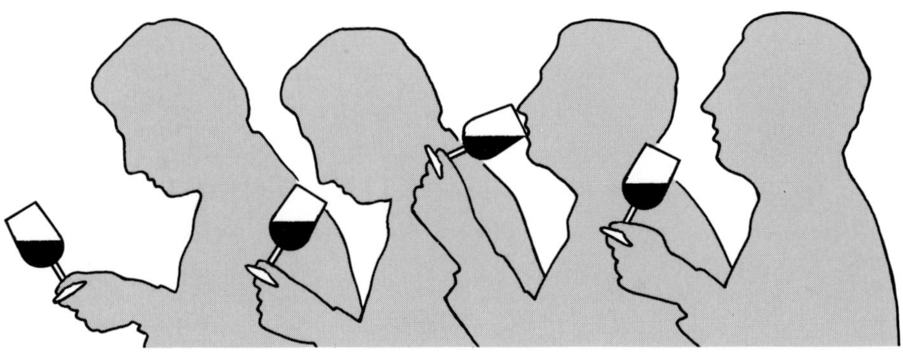

Checkliste für Degustationen

Im voraus

- ☐ Gästeliste
- ☐ Festlegen des Degustationsraumes (eventuell mieten)
- ☐ Weinauswahl, Sicherung des Vorrats
- ☐ Zustellen des Weines an den Degustationsort, sofern auswärts (2 bis 3 Wochen vorher)
- ☐ Drucksachen vorbereiten, Einladungen, Degustationskarten oder -blätter
- ☐ Überprüfen der Verfügbarkeit von Tischen, Tischtüchern oder weißem Papier, Gläsern, Spucknäpfen usw. (eventuell mieten)
- ☐ Personal informieren, eventuell anheuern

Prüfpunkte vor der Degustation

- ☐ Garderobenraum
- ☐ Degustationsraum (Tischanordnung usw. wie geplant)
- ☐ Tische: Numerierung, Größe, Kombination
- ☐ Weiße Tischtücher (Stoff oder Papier)
- ☐ Wein: Provenienz, Jahrgang und Temperatur überprüfen
- ☐ Aufstellen der Weine in der entsprechenden Reihenfolge — zwei Flaschen pro Sorte. Ergänzenden Vorrat bereitstellen
- ☐ Zapfenzieher: ein Exemplar pro Assistent oder pro Tisch (es gibt nie genug davon)
- ☐ Ersatzkorken (konische Form)
- ☐ Gummibänder zur Fixierung des Originalkorkens am Flaschenhals
- ☐ Namentäfelchen für das Personal
- ☐ Gläser: richtige Menge, Form und Format (sauber poliert und geruchlos)
- ☐ Raumbeleuchtung: Intensität, richtige Lichtart und Position der Lichtquellen
- ☐ Spucknäpfe oder sandgefüllte Schachteln/Kistchen
- ☐ Reinigungstücher für Gläser und Flaschenhälse (eines pro Assistenten)
- ☐ Dekantierkaraffen
- ☐ Flaschen mit Trichter (leere Magnum, wenn möglich)
- ☐ Kerzen und Streichhölzer
- ☐ Spülbecken, wenn nötig
- ☐ Platten mit Käsewürfelchen (nur milde Käse)
- ☐ Platten mit trockenen Biskuits oder Weißbrot
- ☐ Krüge mit Wasser gefüllt (ohne Eis)
- ☐ Serviertabletts für das Wegbringen der Gläser
- ☐ Degustationskarten oder -blätter
- ☐ Preislisten, Literatur, Prospekte usw.
- ☐ Gespitzte Bleistifte oder Kugelschreiber
- ☐ Karten und Posters zur Dekoration. Selbstklebebänder
- ☐ Hellraumprojektor mit Zeichenstiften (sofern in Weinseminarien mit solchen Hilfsmitteln gearbeitet wird)
- ☐ Gästebuch
- ☐ Bitte nicht rauchen: Tafeln und Tischreiter (und verstecken Sie alle Aschenbecher, um Raucher zu entmutigen)
- ☐ Den Raum abschließen, wo Wein über Nacht gelagert wird

Personal

- ☐ Instruktion vor dem Beginn
- ☐ Standorte, Pflichten festlegen
- ☐ Anzahl Flaschen, die jeweils geöffnet werden sollen, bestimmen
- ☐ Sauberhalten der Tische, gebrauchte Gläser sofort wegräumen. Tabletts und Behälter vorbereiten
- ☐ Gratistrinker, Trunkenbolde und Raucher freundlich zurecht- oder wegweisen, evtl. dem Gastgeber/Organisator melden

Nach der Degustation

- ☐ Überprüfen des Vorrates
- ☐ Ungeöffnete von geöffneten und leeren Flaschen trennen
- ☐ – endlich geschafft!

XII
Wie man Degustationsnotizen macht

Freisa

Unsere Lieblinge, die Sinne, sind weit davon entfernt,
vollkommen zu sein, und ich werde mich nicht damit aufhalten,
es erst zu beweisen.

Brillat-Savarin,
«Physiologie des Geschmacks», 1825.

Warum überhaupt?

Nur zwei Arten von Menschen kommen ohne Degustationsnotizen aus: die seltenen und glücklichen Individuen mit einem phänomenalen Gedächtnis und die weniger seltenen, die sich die Sache durch Degustieren ihnen unbekannter Weine nicht komplizieren wollen und es vorziehen, beim altvertrauten Geschmack ihrer Lieblingsweine zu bleiben. (Eine dritte Art könnte noch erwähnt werden: jene erfahrenen Spezialisten nämlich, die fast täglich Weine ihres eigenen Geschäftsbereiches verkosten und «Typen» zusammenstellen, wie zum Beispiel im Sherry-, Portwein- oder Whisky-Geschäft. Ihre hochentwickelten organoleptischen Fähigkeiten treffen auf eine vergleichsweise beschränkte Auswahl von Geruchsnoten und Geschmackskomponenten, so daß mit steigendem Erfahrungspotential die Notwendigkeit abnimmt, die Eigenschaften der Mischweine schriftlich festzuhalten.)

Machen Sie also Notizen. Sie werden sie nützlich finden; das Zurückblättern in Ihrem Degustations- oder Kellerbuch wird Ihnen Freude bereiten und – das ist sehr wichtig: *Sie werden feststellen, wie Ihre Sicherheit im Ausdruck über den Wein sich festigt.*

Die wichtigsten Informationen

Im Prinzip ist jedes System geeignet, sofern es raschen Zugang zu genügend Informationen für einen bestimmten Zweck erlaubt. Folgende Punkte sind von Bedeutung:

◇ das Datum der Degustation (wird in der Hitze des Gefechtes etwa vergessen);
◇ der Name des Weines (Region, Weinberg, evtl. Klassifikation);
◇ der Jahrgang;
◇ von wem abgefüllt: vom Besitzer der Domäne, vom Großhändler, vom Importeur? (Bei Proben aus dem Faß: «ex Faß»);
◇ der Preis (per Flasche, per Dutzend, per Faß – je nachdem);
◇ Beschreibung des Aussehens des Weines: Farbe, Tiefe, Klarheit;
◇ Beschreibung der Nase: Aroma, Bouquet;
◇ Beschreibung des Geschmackes: Komponenten, Abgang;
◇ Schlußurteil: Reife, Qualität, Wert.

Ein wichtiger Punkt sei beachtet: Je mehr man sich ausbildet und sein Weinvokabular erweitert, desto eher läuft man Gefahr, seine Eindrücke in epischer Breite darzulegen. Das ist weder wesentlich noch wünschenswert. Der erfahrene Degustator trachtet danach, nur die hervorstechenden und bedeutenden Merkmale, die Fehler und die Ausnahmeerscheinungen mit einem treffenden Wort festzuhalten.

Jede Methode verlangt Zeit, Geduld und einen ordnungsliebenden Geist – oder eine Sekretärin, die mit diesen Gaben ausgestattet ist. Es ist wie beim Klavierspielen, wo oft vielen Anfängen wenige Fortsetzungen folgen. Die Anstrengungen allerdings lohnen sich auf lange Dauer, es sei denn, die Unmusikalität sei offensichtlich. (Beispiele mit Eintragungen aus meinem persönlichen Notizbuch finden Sie auf den Seiten 210f.).

Karteikarten

Dieses System besitzt eine ganze Reihe von Vorzügen. Jeder Wein erhält seine Karte, die eingeordnet wird nach Distrikt, Jahrgang oder in alphabetischer Reihenfolge. Es ist handlich und übersichtlich, weil einzelne Karten und/oder Sektionen ohne langes Suchen herausgenommen und in den Degustationsraum gebracht werden können. Überdies ist es zeitsparend, weil die unveränderlichen Basisinformationen auf jeder Karte verzeichnet sind. Die Nachteile bestehen im relativ großen Umfang und darin, daß einzelne Karten falsch eingeordnet oder verlorengehen können.

Degustationsheft

Die Notizen werden in chronologischer Folge eingetragen. Der Vorteil liegt in der Beweglichkeit, weil Hefte im Brieftaschenformat überallhin mitgenommen werden können. Ein die Hauptweinregionen aufzeigendes Register kann am rechten Rand in der Vertikale ausgeschnitten werden. Nachteile: viel Schreibarbeit, weil die Grunddaten eines jeden Gewächses stets von neuem eingetragen werden müssen; nicht sehr übersichtlich. Trotzdem verwende ich dieses System für meine kleinen «Tagebücher». Ihren Aufbau können Sie aus dem Abschnitt «Degustationsnotizen» ersehen, der dieses Kapitel abschließt.

Ringbuch

Eine Kombination der beiden obenerwähnten Systeme mit ihren Vorteilen, aber ohne – im wesentlichen – ihre Nachteile. Benützt wird es wie ein Buch, doch können Einzelblätter wann und wo auch immer eingefügt werden. Es mag Sie vielleicht interessieren, dass ich nach dieser Methode meine Bordeaux- und Portwein-Notizen aus den kleinen «Tagebüchern» herausziehe und sie auf Ringbuchblätter übertrage, die ich nach Jahrgängen geordnet halte.

Notizen im Kellerbuch

Ein gutes Kellerbuch, in welchem die Ein- und Ausgänge und weitere interessierende Daten kolonnenförmig aufgeführt sind, enthält auch eine Spalte für Degustationsnotizen, im besondern für Weine, die jung gekauft und in ihrer Entwicklung verfolgt werden (siehe «Kellernotizen», Seite 320f.).

Benotungen bei Weinanalysen

Eine vergleichende Wertung von Weinen, die einem Fachgremium unterbreitet werden, ruft nach einer Methode, deren strikte Befolgung durch alle Beteiligten dem Gesamturteil eine gewisse Objektivität verleiht. Auf einem vorgedruckten Degustationsblatt muß deshalb angegeben sein, welche Aspekte bewertet und wie diese Wertung gewichtet werden sollen.

Positiven Eindrücken werden Punkte gutgeschrieben, negative führen zu Abzügen. Das Maximum kann 7 Punkte betragen, öfter 20, manchmal 100. Die Gewichtung der Beurteilungsaspekte hängt vom Typ und der Klasse eines fraglichen Weines ebenso ab wie vom Ziel der Weinprobe. Für kommerzielle Zwecke wird die Gewichtung etwa so aussehen: 4 (eventuell 5) Punkte für die Farbe, 6 (eventuell 5) Punkte für das Bouquet und 10 Punkte für den Geschmack.

Eine ganze Reihe von ausgeklügelten Analysen für die verschiedensten Arten von Proben ist heutzutage in der Weinszene anzutreffen. Die meisten finden Anwendung entweder für die Evaluation von einander ziemlich ähnlichen Handelsweinen, sowohl auf akademischem Niveau (in önologischen Anstalten) als auch auf der Ebene von Produktion und Handel, oder aber an Qualitätswettbewerben von regionaler Bedeutung, wie beispielsweise jenem von Mâcon in Frankreich, von Orange County in Kalifornien oder in einem Weingebiet Australiens. Zusätzlich finden gründliche Proben innerhalb ziemlich streng festgelegter Richtlinien statt, geführt von Fachleuten aus der Region, wie das beispielsweise in den wichtigsten deutschen Anbaugebieten zur Erlangung des Gütesiegels der Fall ist.

Wo Weine einer bestimmten Kategorie unter die Lupe genommen werden, denen das Sortentypische und/oder Farbtöne, Geruch und Geschmack eines qualifizierten Jahrgangsweines abgehen, da hat ihre Charakterisierung in Worten ehrlicherweise einer Bewertung in Zahlen zu weichen. Doch gerade weil einige dieser Geschmacks- und Geruchsempfindungen einander so ähnlich sind und ihre Wahrnehmung so schwierig einzuschätzen ist, empfiehlt sich grundsätzlich eine Überprüfung der Resultate. Von daher wohl stammt die Bedeutung, die statistischen Prozeduren, Triangular-Tests usw. bei streng akademischen und kommerziellen Degustationen beigemessen wird. Menschliche Schwächen und unerwünschte Beeinflussungen sucht man auszuschalten, indem die Weine blind verkostet werden, unter klinischen Bedingungen und in wechselnder Reihenfolge. Das Ziel dieser Übungen ist es, größtmögliche Objektivität im Urteil über die geschmacklichen Vorzüge und die Eignung eines Produktes in einem gegebenen Zusammenhang zu erreichen.

Ebenso wichtig ist es, den Prüfer zu prüfen. Die Empfindsamkeit auf Schwefeldioxyd, auf flüchtige Säure, ja selbst auf Süße variiert von einem zum andern. Selbst gestandene Degustatoren reagieren unterschiedlich stark auf Geruch und Geschmack, auf die Wahrnehmung von Gerbstoff und der verschiedenen Arten von Säuren und Zucker.

Mitglieder von professionellen Degustationsgremien sollten Erfahrung haben, und jene, die in eine Wettbewerbskommission berufen sind, müssen nicht nur über ausgewiesene Fähigkeiten verfügen, sondern auch über eine klare Idee vom roten Faden, der durch jede Weinprobe läuft: auf was zu achten ist, was notiert und auf welcher Basis Punkte zugeschrieben werden sollen. In Australien beginnen Weinprüfer als Hilfskräfte in einem staatlichen Regionalkomitee, indem sie Proben organisieren helfen und deren Zweckmäßigkeit studieren. Später erst werden sie befördert zu Mitgliedern des Ausschusses, dessen Seniormitglieder eventuell zu nationalen Weinjuroren ernannt werden.

Beispiele von Benotungen

Systeme gibt es zuhauf. Alle erteilen Plus- oder Minuspunkte an Nuancen, die man in Farbe, Geruch und Geschmack feststellen zu können glaubt. Hier eine Übersicht über die bekanntesten:

Die Davis-Methode. Entwickelt im berühmten Departement für Önologie an der Davis-Universität in Kalifornien, wird sie vorwiegend von dessen Absolventen verwendet, die heute die meisten technischen Positionen in den vielen Weinbetrieben des Landes besetzen. Das ursprüngliche Prüfblatt sah so aus:

	Punkte
Erscheinungsbild	2
Farbe	2
Aroma und Bouquet	4
Flüchtige Säure	2
Gesamtsäure	2
Süße	1
Körper	1
Geschmack	2
Bitterkeit	2
Allgemeine Qualität	2
Eine höhere Qualität erzielt	17 bis 20
Durchschnitt	13 bis 16
Unterdurchschnittlich	9 bis 12
Nicht akzeptabel oder verdorben	1 bis 8

Man wird schnell bemerken, daß ein Prüfer, wie begabt er auch sein mag, nicht einfach von der Straße her geholt und vor ein Gewächs gestellt werden kann, um es nach obigem System zu beurteilen. Eine Erklärung sowohl der Kriterien wie auch ihrer Gewichtung wäre vonnöten. Tatsächlich tauchten denn auch Probleme in der Anwendung auf, worauf die Liste wie folgt geändert wurde:

Erscheinungsbild	2
Farbe	2
Aroma und Bouquet	6
Gesamtsäure	2
Süße	1
Körper	1
Geschmack	2
Bitterkeit	1
Adstringenz	1
Allgemeine Qualität	2

Ein Amateur würde wohl Schwierigkeiten haben, Bitterkeit und Adstringenz auseinanderzuhalten. Für Experten mag dieses Schema nützlich sein, doch würde ich es wie folgt vereinfachen:

Klarheit	2
Farbe	2
Aroma	2
Bouquet	2
Säure	1
Ausgewogenheit	2
Körper	2
Geschmack	3
Abgang	2
Allgemeine Qualität	2

Doch selbst dieser Vorschlag verlangt vom Prüfer eine klare Idee davon, welcher Art denn nun das einzelne Kriterium sein müsse, um ihm eine bestimmte Punktzahl zuweisen zu können. Um die Aussage eines erreichten Resultates zu präzisieren, entwickelte man in Davis denn auch eine Anzahl von statistischen Prüfmethoden, die von den Professoren Amerine und Roessler in ihrem Buch ausführlich dargestellt sind (vgl. Bibliographie, Seite 367).

Ich persönlich glaube, daß diese Benotungen zweifellos nützlich sind für Alltagsweine, doch weniger geeignet zur Beurteilung von qualifizierten Jahrgangsgewächsen.

DAS DEUTSCHE GÜTESIEGEL. In Deutschland werden zur Verleihung des Gütesiegels weit differenziertere Systeme angewendet. Das folgende bezieht sich auf die Einschätzung von deutschen Weißweinen.

1. Farbe	*farblos*	0
	Zwiebelhaut	0
	blaß	1
	typisch	2
2. Klarheit	*wolkig, trüb*	0
	glanzhell	2
3. Bouquet	*fehlerhaft*	0
	verschlossen	1
	sauber	2
	fein	3
	wohlduftend und würzig	4
4. Geschmack	*fehlerhaft*	0
	annehmbar	1 bis 3
	dünn, aber charakteristisch	4 bis 6
	ausgewogen	7 bis 9
	reif und nobel	10 bis 12

Zur Abgabe des Gütesiegels sind folgende Minimalbenotungen in den einzelnen Rubriken verlangt: 2, 2, 2, 6. Kabinett-Qualität benötigt 13 Punkte, die Auslese 15, die Beerenauslese 16 und die Trockenbeerenauslese 17.

ITALIEN. Das italienische Nationalkomitee der Weinprüfer verwendet das Buxbaum-System, das ein Maximum von 20 Punkten für den besten Wein und 10 für den schlechtesten kennt.

DAS OIV-PRÜFBLATT. Die Franzosen haben, wie kaum anders zu erwarten, das vielleicht vollständigste und komplizierteste System entwickelt. Berühmte Namen haben ihren Anteil daran wie Chabanon, Max L'Eglise, Emile Peynaud, Jacques Puisais, J. Ribereau-Gayon und A. Vedel.

Das OIV (*Office International de la Vigne et du Vin*) verfügt über ein ingeniöses Prüfblatt von gallischer Finesse, das mir an einem internationalen Weinwettbewerb in Budapest erstmals auffiel. Im Gegensatz zu andern Methoden liegt hier das beste Resultat bei einer schlichten Null. Die Degustatoren notieren Defekte, die je nach Schwere mit einer Zahl multipliziert werden.

		Defekte multipliziert mit				
Element	Gewichtung	×0	×1	×4	×9	×16
Erscheinungsbild	1					
Farbe	1					
Intensität des Geruchs	2					
Qualität des Geruchs	2					
Intensität des Geschmacks	2					
Qualität des Geschmacks	3					
Harmonie/Gleichgewicht	2					

Herausragende Qualitäten qualifizieren sich in der Null-Kolonne, sehr gute in der Kolonne 1, gute in der 4., annehmbare in der 9. und nicht annehmbare in der 16. Kolonne

Noch einmal: Wer solche Notensysteme verwendet, muß genau wissen, was die einzelnen Elemente und ihre Gewichtung bedeuten.

KRITIK UND GEGENVORSCHLAG. Einige Degustatoren arbeiten mit einer 10er-Skala, andere gar mit 100 Punkten, obwohl mir schleierhaft ist, wie ein Resultat von, sagen wir, $85^1/_2$ Punkten gerechtfertigt und bei einer andern Gelegenheit auch nur im entferntesten wieder eingestellt werden kann. Womit ich zur abschließenden Bemerkung über die Benotung komme: Soweit ich sehen kann, liegt die einzige Tugend einer Bewertung nach Noten in der Erkürung eines Besten aus einer *Reihe* von Weinen zu einem bestimmten Zeitpunkt und bei einer besonderen

Gelegenheit. Doch selbst dann betrachte ich die Beschreibung in Worten als wichtiger. Die Rangierung mag hilfreich sein, um im nachhinein, wenn Worte fehlen, festzuhalten, welcher von zwei guten Weinen bevorzugt wurde.

Wenn ich selbst je Zuflucht zu Zahlen nehme, dann wende ich ein einfaches 20-Punkte-System an:

Erscheinungsbild (*Tiefe, Farbe, Klarheit, Viskosität*)	3
Geruch (*Traubenaroma, Bouquet, Zustand, Entwicklung*)	6
Geschmack (*Trockenheit, Körper, Tannin, Säure, Geschmack, Länge*)	6
Allgemeine Qualität (*Gleichgewicht, Abgang, Vollständigkeit, Finesse*)	5

DAS «SUNDAY-TIMES»-PRÜFBLATT. Hugh Johnson und ich haben für den Sunday Times Wine Club eine Karte entwickelt, die Sie nachfolgend abgebildet finden.

THE CHRISTIE'S-SUNDAY TIMES WINE CLUB TASTING CHART

Name des Weines Distrikt/Typ Produzent/Händler		Jahrgang Kaufdatum Preis	
AUGE KLARHEIT FARBTIEFE FARBE VISKOSITÄT	Punktzahl (max. 4) [ ] trüb, matt, klar, brillant wässerig, blaß, mitteltief, tief, dunkel (weiß) grünlich, blaßgelb, gelb, gold, braun, (rot) purpur, rot, rotbraun leicht perlend, wässerig, normal, schwer, ölig	glanzhell, ziegelrot, Stroh, Bernstein, Tawny, Rubin, Granat, Œil de Perdrix, unbestimmt, schwarz	Kommentar
NASE ALLGEMEINER EINDRUCK FRUCHT-AROMA BOUQUET	Punktzahl (max. 4) [ ] neutral, sauber, attraktiv, hervorragend, fremd (z. B. bierig, stichig, oxydiert, hölzern usw.) keines, leicht, deutlich, identifizierbar (z. B. Riesling) keines, gefällig, komplex, stark	Zedernholz, Korkgeruch, Holz, dumpf, blumig, rauchig, honig-, zitronenartig, würzig, Birnenbonbons, schweflig	
GAUMEN SÜSSE TANNIN SÄURE KÖRPER ABGANG GLEICH-GEWICHT	Punktzahl (max. 9) [ ] (weiß) knochentrocken, trocken, halbtrocken, halbsüß, süß (rot) adstringierend, hart, trocken, weich flach, erfrischend, ausgeprägt, bissig sehr leicht und dünn, leicht, mittelgewichtig, körperreich, schwer kurz, akzeptabel, ausgedehnt, anhaltend unausgewogen, gut, sehr schön ausgewogen, perfekt	apfelartig, bitter, brandig, schwarze Johannisbeere, Caramel, dumpf, erdig, flach, grün, tintig, weich, nußartig, mostig, salzig, seidig, würzig, fleischig, hölzern, wässerig	
ALLGEMEINE QUALITÄT	Punktzahl (max. 3) [ ] Vierschrötig, arm, annehmbar, fein, hervorragend	Finesse, Eleganz, Harmonie, reich, delikat, Rasse	WIE DIESE KARTE ZU GEBRAUCHEN IST Wein appelliert an den Gesichts-, Geruchs- und Geschmackssinn. Diese Karte ist ein Führer zur Analyse des Eindrucks und ein Aide-mémoire für jeden Wein, den Sie probieren. Wählen Sie ein Wort aus der linken Kolonne und eines oder mehrere aus der rechten. Dann geben Sie die Note je nach dem Vergnügen, das Ihnen der Wein bereitete. Ganz rechts bleibt Platz für Ihren persönlichen Kommentar.
TOTAL PUNKTZAHL	(von 20) [ ]	DATUM	

Zusammengestellt von Hugh Johnson und Michael Broadbent, M.W. © 1975

Wertung durch Wörter

Eine ganze Anzahl von begrifflichen, im Gegensatz zu numerischen Bewertungstabellen ist bereits veröffentlicht worden. Die interessanteste stammt erneut, aber nicht überraschend, aus Frankreich. Steven Spurrier erteilte mir freundlicherweise die Erlaubnis, seine englische Version dieser Tabelle nachzudrucken, die von Castell entwickelt und vom INAO publiziert worden ist. Sie findet Verwendung in den Seminaren der *Académie du Vin* (siehe Bibliographie Seite 368).

Das einzige Problem dieser sehr tiefschürfenden Prüfblätter liegt in ihrem Umfang; für den fortgeschrittenen Degustator wirken sie eher als Hemmschuh für seine Phantasie und für die Entwicklung eines eigenständigen Wortschatzes.

Aus meiner Bevorzugung für das geschriebene Wort heraus schließt dieses Kapitel mit Degustationsblättern, die ich nun seit über dreißig Jahren verwende.

Wertung durch Medaillen

Die meisten Fachleute stehen diesen Auszeichnungen eher skeptisch gegenüber, und selbst bei den Organisatoren solcher Veranstaltungen ist manchmal eine Haltung zu sparsamer Verteilung zu beobachten in der Sorge, ihrer Entwertung durch Verlust an Glaubwürdigkeit zuvorzukommen, die ihr aus einem totalen Marketing erwächst.

Im großen und ganzen werden solche Wettbewerbe in weinbautreibenden Regionen durchgeführt und stehen hauptsächlich den lokalen Erzeugnissen offen. In Australien, wo jährlich organisierte Konkurrenzen nicht nur weit verbreitet sind, sondern von den Produzenten auch sehr ernst genommen werden, können hohe Auszeichnungen hohe Verkäufe nach sich ziehen. Für eine Goldmedaille sind mindestens 18,5 von 20 Punkten verlangt; eine Silbermedaille benötigt 17 bis 18,4 Punkte, Bronze 15,5 bis 16,9 Punkte. Kalifornien führt eine Reihe von ähnlichen Wettbewerben durch. Die höchste Ehrung in Frankreich ist im allgemeinen die Zuerkennung der *grande médaille d'or,* dann folgt die *médaille d'or,* die *médaille d'argent* und schließlich das *2e diplôme d'honneur* und das *3e diplôme d'honneur.*

In England ist für die nationale Bestleistung bloß ein Preis zu gewinnen. Die *Gore-Browne-Trophy* wird von einer ehrfurchtgebietenden alten Dame in Erinnerung an ihren Ehemann und Weinbaupionier einem lokalen Produzenten zuerkannt. Immerhin hat der englische Selbstbehauptungswille auch einen internationalen Wettbewerb geschaffen in Form des von Herrn Anton Massel ins Leben gerufenen Önologischen Forschungslaboratoriums, worin Weine unterschiedlichster Art und Herkunft beurteilt werden. Medaillen werden jährlich zuerkannt, und Doppelgold ist beileibe nicht ungewöhnlich.

Es unterliegt keinem Zweifel, daß Wetteifer gesund ist, und wenn die Möglichkeit zum Erringen einer Medaille die Produzenten zu bessern Leistungen anspornt, so kann uns das allen, die wir guten Wein lieben, ja nur recht sein.

Ein weiterer Gewinn liegt in der Gelegenheit zum Vergleichen, im Feststellen also, zu was die Konkurrenz fähig ist und wie das beim Publikum ankommt. Wenn die Richter unvoreingenommen und qualifiziert sind, kann der Produzent dank ihrem Urteil vielleicht Hinweise auf den Stil erhalten, der am besten ankommt. Und die unvermeidliche Publizität ist natürlich gut für das Geschäft.

Der einzige Haken bei all dem ist, daß einige wirklich Maß-gebende Produzenten, wie etwa Heitz in Kalifornien, sich nicht um diese Veranstaltungen kümmern. Ihr Renommee braucht keine Bestätigung durch eine Medaille. Für Lafite oder die Domaine de la Romanée-Conti steht eine Teilnahme unter ihrer Würde und die Verleihung einer Auszeichnung außerhalb ihrer Weltanschauung, zumal die Möglichkeit ja nie ausgeschlossen ist, einmal gar nicht an die Spitze zu gelangen ...

Degustationsnotizen

Die auf den folgenden zwei Seiten aufgezeichneten Beispiele stammen aus einem Notizbuch von Michael Broadbent. Die deutsche Übersetzung der englischen Originalversion finden Sie auf den Seiten 212 und 213.

Date	Name of wine	Vintage	Source/price	Tasting notes	Rating †
(1984) April 4	Dow Oporto bottled	1960	at pre-sale tasting (Sold £110 per doz.)	fairly deep plummy colour; rich, singed nose, raisiny and spirity, not yet fully knit; sweet, fullish body; very flavoury, good tannin & acidity. Long life.	xx(xx)
April 9	'Claret' (AC Bordeaux)	—	Peter Dominic £2.39 per bottle	medium, cherry red; fresh, youthful, some fruit; overall quite pleasant and good value	x
April 17	Chas. Heidsieck (half-bottle)	1966	old stock	ominously loose cork. Old straw colour, little life; nose to match; drab, oxidised, beery end-taste. Ugh!	
April 18	Tignanello Antinori	1979	at Wine & Food Society tasting, Montreal	fairly deep but looking mature for its age; vinous, pleasant bramble-bush nose; slightly sweet on entry, dry tannic finish. Agreeable flavour, weight, style	xx(x) x ‡
	Gran Coronas Torres	1976	..	impressive depth and richness, 'legs' like Gothic arches; bouquet meets the nose half way: rich, well-developed, elegant, fragrant, fruit – prunes? raspberry bush? Positive on palate, fairly full-bodied, alcoholic, good supporting tannin & acidity. Lovely	xxxx(x)
April 21	Ch. La Tonnelle (Blaye)	1976	Bottled by Berry Bros. £3.95	Medium colour; pleasant nose; touch of sweetness on entry, rich, soft, pleasing now – ready	xx

Date	Name of wine	Vintage	Source/price	Tasting notes	Rating †
April 22	Hochheimer Königin Victoria Berg Riesling Estate bottled: Pabstmann	1982	Deinhard's 1983 Trade price £33.10p per dozen + VAT	With Rosemary & Michael Ward at CL Pale; light, fragrant, slightly grapy; medium-dry, lightish, pleasant flavour. Just enough acidity. Fresher & better last summer!	xx
April 26	Vougeot 1er cru Georges Clerget	1976	Odamore's	At Odamore's – lunch Deep colour; sweet soft fragrant 'beetroot' nose but, curiously, showing a touch of old age. Flavour to match. Characteristic firm '76 burgundy backbone	xx(x +x?)
April 27	Ch. Palmer From an impériale	1962	– (donated by a member)	At Saintsbury Club dinner Deep impressive colour, intense but maturing; fabulous forthcoming bouquet, harmonious, elegant; medium-dry entry leading to a very dry, slightly acidic finish. Touch of bitterness at first but wore off with time, air & food. Zestful, flavoury.	xxxx

Footnote: unless at a comparative tasting, when I work to a 20-point scale, I generally stick to a broad 5-star classification or rating: no stars = poor, * fair, average, xx quite good
xxx good, xxxx very good, xxxxx outstanding
† xxx(x) = good to drink now but very good when fully mature

Datum	Name des Weines	Jahrgang	Herkunft / Preis Gelegenheit	Degustationsnotizen	Bewertung
1984 4. April	Dow abgefüllt in Oporto	1960	Deg. vor Auktion (Zuschlag bei £ 110 per Dz)	Farbe ziemlich tief, pflaumig; reiche, angesengte Nase, Rosinen, etwas spritig, noch nicht ganz verwoben; süsser, fülliger Körper, sehr schmackhaft, gut in Tannin und Säure. Langlebig.	xx(xx)
9. April	"Claret" (AC Bordeaux)	–	Peter Dominic £ 2.39 per Fl.	Mittleres Kirschenrot; frisch, jugendlich, etwas Frucht; im allg. ganz gefällig und preiswert.	x
17. April	Charles Heidsieck (halbe Flasche)	1966	altes Lager	Ominös lockerer Kork: altes Strohgelb, wenig Leben; kleine Nase; fad, oxydiert, bieriger Abgang. …	
18. April	Tignanello, Antinori	1979	Probe der Wine & Food Society, Montréal	ziemlich tief, aber reif für Alter; weinig, gefällige Brombeernase; leicht süss zu Beginn, trockener finish (Tannin) Angenehm in Geschmack, Gewicht und Stil.	xxx(x)
	Gran Coronas, Torres	1976	"	eindrücklich in Tiefe und Reichtum, Tränen wie gotische Fenster: Bouquet s. entgegenkommend: reich, gut entwickelt, elegant, wohlduftend, fruchtig – Pflaumen? Heidelbeere? Positiv am Gaumen, ziemlich körperreich, alkoholisch, gut stützendes Tannin und Säure. Schöner Wein.	xxxx(x)
21. April	Ch. La Tournelle (Blaye)	1976	Abfüllung Berry Bros. £ 3.95	Mittlere Farbe; gefällige Nase; Hauch von Süsse zu Beginn, reich, weich, gefällt jetzt – trinkbereit.	xx

22. April	Hochheimer König Victoria Berg, Riesling, Domänenfüllung Pabstmann	1982	in Deinhards 83er-Preisliste zu £33.10 per Dz + MwSt	Mit Rosemary + Michael Ward im Landhaus Chippenham. Blass; leicht duftig, leicht traubig; mittel-trocken, leicht gewichtig, gefällig im Geschmack. Gerade noch genug Säure, frischer und besser im letzten Sommer.	xx
26. April	Vougeot 1er cru Georges Clerget	1976	Dolamore's	Bei einem Dolamore-Lunch. Tieffarbig; süsse, weiche, duftige "Randen"-Nase, aber, seltsam, zeigt schon etwas Alterston. Entsprechend im Geschmack. Typisch für 76er: festes Rückgrat	xx (x + x?)
27. April	Ch. Palmer (aus einer Impériale)	1962	(gestiftet von einem Mitglied)	An einem Saintsbury-Club-Dinner. Tiefe, eindrückliche Farbe, intensiv aber reifend; fabelhaftes, entgegenkommendes Bouquet, harmonisch, elegant; auf der Zunge zuerst "mittelsüss", übergehend zu einem sehr trockenen Finish mit leichter Säure. Hauch von Bitterkeit, verflog jedoch mit der Zeit, mit Luft und dem Essen. Würzig, schmackhaft.	xxxx

Fussnote: Mit Ausnahme von vergleichenden Proben, an denen ich mit einer 20-Punkte-Skala arbeite, begnüge ich mich hier mit einer 5 Sterne-Klassifikation:
kein Stern = klein   x = ordinär bis mittelmässig   xx = ganz gut   xxx = gut
xxxx = sehr gut, xxxxx = hervorragend.
Und: xx(xx) = ganz gut jetzt zu trinken, sehr gut wenn vollreif
xxxx(x) = jetzt sehr gut, hervorragend wenn vollreif

Datum	Name des Weines	Jahr-gang	Herkunft / Preis Gelegenheit	Degustationsnotizen	Bewer-tung

Datum	Name des Weines	Jahr-gang	Herkunft / Preis Gelegenheit	Degustationsnotizen	Bewer-tung

Datum	Name des Weines	Jahrgang	Herkunft / Preis Gelegenheit	Degustationsnotizen	Bewertung

Datum	Name des Weines	Jahr-gang	Herkunft / Preis Gelegenheit	Degustationsnotizen	Bewer-tung

Datum	Name des Weines	Jahr-gang	Herkunft / Preis Gelegenheit	Degustationsnotizen	Bewer-tung

Datum	Name des Weines	Jahr-gang	Herkunft / Preis Gelegenheit	Degustationsnotizen	Bewer-tung

Datum	Name des Weines	Jahrgang	Herkunft / Preis Gelegenheit	Degustationsnotizen	Bewertung

XIII
Über die Weinsprache

Sauvignon Blanc

Über Wein zu schreiben ist fast so vergnüglich
und ebenso gefährlich wie über die Frauen,
denn in beiden Fällen weiß man nie ganz genau,
wo die Wahrheit endet und die Dichtung beginnt.

Joseph Wechsberg,
«Freude am Wein» (Privatdruck von 1963).

Das Problem

Ich will es offen sagen: Die meisten Menschen wissen nicht, wie und wo mit der Beschreibung eines Weines zu beginnen, und selbst jene, die sich eine Meinung gebildet haben, zögern oft mit einer Äußerung. Einige haben sich Wissen und Erfahrung oder anderswie begründete Selbstsicherheit angeeignet und sind weniger zurückhaltend. Aber drücken alle, die etwas sagen, auch wirklich das aus, was ihrer Empfindung entspricht? Können sie diese überhaupt in Sprache umsetzen? Oder verwenden sie ein bestimmtes Wort nur deswegen, weil es eben geläufig ist und als Modewort vielleicht gar beeindruckend – aber ein Wort auch, das nicht ihre eigentliche Empfindung wiedergibt?

Zur Niederschrift dieses Kapitels fühlte ich mich erstmals gedrängt, als ich auf einer Reise in südafrikanische Weingebiete die Erfahrung machen mußte, dass sich ausgewiesene Fachleute über ein und denselben Wein völlig widersprüchlich ausließen. Darüber nachdenkend fand ich, daß zumindest unter gestandenen Fachleuten eigentlich Einigkeit darüber herrschen müßte, ob nun ein Wein mit «voll» oder «leicht» oder «trocken» (oder welche exakt definierbaren Eigenschaften es sonst noch gibt) zu bezeichnen sei. Es war vermutlich weniger ein Problem mangelnder Empfindungsfähigkeit als vielmehr ein semantisches: entweder Nachlässigkeit in der Beschreibung oder eine alarmierende Ungenauigkeit in der Verwendung von Ausdrücken.

Ein paar klärende Hinweise dürften hilfreich sein.

Ist eine Weinsprache notwendig?

Die Frage ist natürlich berechtigt, ob es überhaupt geboten ist, Eindrücke zu benennen, die ein Wein in uns weckt. Wein kann doch sehr wohl getrunken und geschätzt werden, ohne daß der Genießer auch nur ein einziges Wort über ihn verlieren müßte? Das trifft sicherlich zu, doch gibt es ein paar Gründe, um trotzdem über ihn zu sprechen und zu schreiben:

- ◇ um auszudrücken, warum man einen Wein dem andern vorzieht;
- ◇ um den Stil, die Qualität, den Zustand eines Weines einem andern mitzuteilen;

◇ um Erinnerungen an denkwürdige Gewächse festzuhalten;
◇ um andern Weinprüfern vielleicht auf den Sprung zu helfen.

Terminologie

Terminologie ist definiert als die Gesamtheit der in einem Fachgebiet üblichen Fachwörter. Die Künste und Wissenschaften, die Hobbygärtner und Billardspieler, sie alle verfügen über eine Terminologie, oftmals von viel geringerer Allgemeinverständlichkeit als jene des Weinprüfers. Warum also dieses Getue und Gekicher? Gewiß, es ist sehr schwierig, Worte zu finden, um einen Geruch oder Geschmack auszudrücken. Aber man muß es versuchen. Es gibt Vergleiche und Umschreibungen. Qualifizierte Weinprüfer verstehen es, jene Ausdrücke heraufzubeschwören, die auf treffliche Weise die Eigenheiten eines bestimmten Weines zu erhellen vermögen. Und so spannt der erfahrene Degustator seine Einbildungskraft vor den Wagen der Weinterminologie.

Bei welchen Gelegenheiten?

Degustation. Die Umgebung, in welcher ein Wein geprüft wird, ist von großer Bedeutung. Im zweiten Kapitel habe ich von der Faßprobe bis zum Kredenzen die verschiedenen Umstände erwähnt, unter denen ein Wein verkostet werden kann. Bei fast all diesen Gelegenheiten werden Notizen gemacht, meistens nach einer Diskussion mit dem Kellermeister, dem Händler oder mit wem auch immer.

Bei den in Kapitel IX beschriebenen Weinproben macht man normalerweise auch Notizen, von persönlichen Vermerken in Kurzform bis zu detaillierten Aufzeichnungen anläßlich eines geführten Weinseminars.

Weinseminar. Der Leiter eines Weinseminares trägt die Verantwortung dafür, daß

◇ Interesse und Urteilsfähigkeit geweckt werden, ohne die vorhandene Begeisterung mit einem Schwall gelehrter Worte zuzuschütten;
◇ er Worte wählt, die allen gut in Erinnerung bleiben und mit Bezug auf die vorgestellten Weine aussagekräftig sind;

◇ auch altbewährte, durchaus konventionelle Ausdrücke erklärt und angewandt werden, die eine möglichst weitgehende Übereinstimmung in der Wortwahl erreichen (dies gilt besonders für ein Seminar mit Nachwuchskräften im Handel).

WEINVERKAUF. Es entspricht einer allgemeinen Praxis des Weinhandels, die angebotenen Weine auf den Listen mit Bemerkungen über Eigenschaften und Jahrgangsqualitäten zu versehen.

Der Verkäufer mag ähnliche Beschreibungen oder Anpreisungen auch direkt an seinen potentiellen Kunden richten. Da die Argumente fast immer qualitativer und fast nie analytischer Natur sind, ist es einfach, ein Verkaufsgespräch mit treffenden Ausdrücken zu bestücken. Eigenschaftswörter, die sich vor allem auf den kommenden Genuß beziehen, und Hinweise auf die Trinkreife dominieren; bei Weißweinen will man wissen, ob sie trocken oder süß schmecken, bei Rotweinen, ob sie körperreich oder leicht sind.

ABENDESSEN. Ein solches zu geben oder an einem teilzunehmen kann verschiedene Gründe haben. Ob es sich um ein gesellschaftliches Ereignis, groß- oder kleinkarätig, formell oder informell handelt, – der Zweck wird darin liegen, zu unterhalten oder vielleicht auch zu beeindrucken: Der Anlaß und die Gäste genießen Priorität. Dem Essen und Trinken wird eine die Bedeutung des Abends unterstützende Rolle zugedacht. Die Wahl des Weines hängt von Eignung und Preis ab und nicht davon, ob er einen guten Diskussionsgegenstand abgibt und den Geist beflügelt.

Ist jedoch ein Diner gastronomisch gedacht oder nehmen ausgeprägt gastrophile Gäste teil, so hoffen die Gastgeber auf Kommentare oder erwarten gar ein wirkliches Weingespräch, dessen Niveau und Intensität vom Charakter der anwesenden Menschen ebenso abhängt wie von der Qualität des Essens und des Weines.

Wie bei Verhandlungen hängt vieles von der Atmosphäre ab, die oft nicht erzwungen werden kann. Sie bleibt vom Takt der Anwesenden ebenso abhängig wie von einer der schönsten Eigenschaften eines guten Weines: eben diese Atmosphäre, die Aura eines solchen Abends gleichsam, zu schaffen. Ein Urteil über Wein kann taktlos sein, wenn die Umgebung nicht stimmt. Das Gespräch über Wein auszulassen, wenn alles dazu drängt, kommt einer verpaßten Chance gleich.

Grosse Weine – für wen?

Eine herausragende Erfahrung, gewonnen auf meinen Reisen durch aller Herren Länder, mündet in der Sorge manch eines Besitzers von hochklassigen und seltenen Provenienzen, diese gastronomisch optimal einzusetzen. Für wen und zu welchem Anlaß soll er in seine Schatzkammer steigen, auf daß eines seiner köstlichsten Gewächse das Licht der Welt erblicke? Die Antwort wird sich in den wenigsten Fällen in finanziellen Überlegungen erschöpfen – eher schon in der Situation, daß es sich um schiere Verschwendung handeln könnte, wenn der Korken einmal gezogen ist.

Ein schönes Bild kann mehrmals betrachtet werden, es kann viele Menschen erfreuen und hierauf wiederverkauft werden. Ein rares Stück der Silberschmiedekunst kann bewundert werden, ohne daß es seinen Wert verliert. Ein Spitzenwein dagegen ist das einzige Meisterwerk – abgesehen von gewissen Schöpfungen der Haute-Cuisine –, welches konsumiert werden muß, um als solches eingestuft und geschätzt werden zu können. Sein einziger bleibender Wert ist die Erinnerung des Verkostenden.

So scheint mir die Einsicht wichtig, daß die besten Flaschen für Diners und Weinproben für jene Gäste aufbewahrt werden sollten, die wissen, was sie erwartet, für Menschen also, die eine Gemütslage einnehmen können, welche Respekt und Heiterkeit miteinander zu verbinden weiß. Und sind erstklassige Weine und erkennungsfähige Gaumen und Geister einmal zusammengebracht, so werden Gastgeber wie Gäste sich kaum mit Schnalzen, Kopfnicken, Bewunderungspfiffen oder gar mit bloßem Grunzen zufriedengeben.

Die Wahl der Worte

Hochklassige Weine verlangen, daß man über sie spricht. Bezeichnungen sind notwendig, und ihr Spektrum ist so variantenreich wie ein Farbprisma. Doch sind sie mehr oder weniger in zwei große Kategorien einteilbar: in die sachlichen und die phantasievollen. Beide haben ihre Berechtigung. Ihre Anwendung hängt ab von den äußeren Umständen, und oft können sie sich ergänzend präzisieren helfen, was wichtig ist in bezug auf unterschiedliche Be-Deutungen, die von zwei Menschen manchmal demselben Wort zugedacht werden.

Gerade bei einem so subjektiven, den individuellen Geschmack ansprechenden Thema ist leicht nachzuweisen, daß «Tatsachen» sich oft als persönliche Meinungen herausstellen. Doch sollten uns diese Sachlage oder gar akademischen Spitzfindigkeiten nicht einschüchtern. Probieren geht ja bekanntlich über studieren, und ich denke, daß dieses Wort gerade hier eine besondere Bedeutung erlangt.

BASISWÖRTER. Am Ende dieses Kapitels findet der geneigte Leser eine kurze Liste mit Wörtern, die eine gute Chance haben, von einigermaßen ausgebildeten und erfahrenen Weinliebhabern im deutschen Sprachraum im gleichen Sinne verstanden zu werden, sofern sie mit Bedacht (ich vermeide hier das Wort «exakt») angewendet werden.

PHANTASIEWÖRTER. Wir wollen sie unter allen Umständen behalten und uns Ausflügen in poetische Ausdrücke, beschwingte Vergleiche und Analogien nicht entziehen. In der objektiven Qualitätsbeurteilung haben sie zwar nichts verloren. Dafür aber schaffen sie Gedankenfreiheit und Phantasie, Werte also, die große Weine schon immer vom Amboß der Konvention loszuschmieden wußten.

UNBESTIMMTE UND MEHRDEUTIGE WÖRTER. Bezeichnet ein Degustator ein Gewächs als «voll» und ist ein anderer damit überhaupt nicht einverstanden, so dürfte das Problem in der ungenügenden näheren Definition liegen. «Voll» kann bedeuten: voll-farbig (tief), voll im Körper (körperreich), voll im Bouquet (z. B. voll entwickelt), voll im Geschmack (positive Geschmacksempfindung, vollmundig). Ausdrücke wie «voll» oder «leicht» sollten daher näher spezifiziert (siehe die Worte in den Klammern) oder dann in einem für alle Anwesenden klaren Zusammenhang verwendet werden: mit Bezug auf Farbe, Bouquet, Gewicht, Stil, Geschmack usw.

ANWENDUNG VON VERGLEICHEN UND ANALOGIEN. Das Naturell der Franzosen neigt stärker zu einer poetischen Ausdrucksweise als jenes der Engländer oder der Bewohner des deutschen Sprachraumes. Ihre Beschreibungen bewegen sich oft in romantischen Windungen hin zur Liebe, zu Blumen, zu Wohlgerüchen, zu exotischen Früchten und Speisen. Das mag seinen Grund im romanischen Charakter haben, der mehr offene Lebenslust und blühende Phantasie offenbart als das nüchternere Wesen der Mittel- und Nordeuropäer. Dieser nicht mehr ganz taufrischen Erkenntnis sekundiert die Tatsache, daß der französische Wortschatz dem deutschen gegenüber dort reichhaltiger ist, wo es um die Beschreibung von Gaumenfreuden und Varianten in der Bezeichnung von Naturprodukten und Speisen geht. Man könnte allerdings einwenden, daß ein Veilchenduft im Bouquet und ein Trüffelgeschmack am Gaumen für den Leser oder Zuhörer nicht gerade aussagekräftig ist, wenn er diesen spezifischen Geruch oder Geschmack nicht kennt. Trotzdem glaube ich an den Sinn von Vergleichen, einfach deshalb, weil sie die Dimensionen im Weingenuß erweitern. Das mag ruhig gefühlsbetont geschehen: Geht es im Leben schlechthin nicht ohne Emotionen, so schon gar nicht beim Weingenuß!

Die Teilnahme von gleichgesinnten Menschen an einem Diner und eine daraus erwachsende Übereinstimmung von Geist und Erziehung, von Wein und Essen, kann ein Gespräch von hohem Niveau auslösen. Solche Momente gehören zu Höhepunkten freundschaftlicher Geselligkeit, und es ist dabei völlig unwichtig, ob eine aus einer solchen Stimmung heraus geborene Fülle von Vergleichen, Analogien und wachgerufenen Erinnerungen anderntags nur noch flach und albern tönen würde, wäre sie auf Band aufgenommen worden. Sternstunden sind glücklicherweise nicht konservierbar. Ein reizvolles Beispiel gab im Jahre 1934 der inzwischen verstorbene André Simon. Seine Worte sind wiedergegeben in der Erstausgabe des *Quarterly Journal of the Wine and Food Society*[1] als Kommentar zu einem ersten von vielen erinnerungwürdigen Diners. Am Schluß des Essens bat ihn der Gastgeber Barry Neame um seine ersten Reaktionen auf die kredenzten Weine. André antwortete, daß seine ersten Gedanken «Erinnerungen an Berkshire» galten. Ein 1926er Chablis rief ihm die «Anmut eines silbernen Weidenröschens» ins Gedächtnis, der 1919er Montrachet gemahnte ihn an die «stattliche Würde einer italienischen Pappel», der 1920er Cheval Blanc an die «auslandende Pracht einer Blutbuche» und der 1870er Lafite an die Majestät der Royal Oak. Doch was den Cognac betreffe – ein 1842er Roullet & Delamain –, so gebe es keinen Baum, der im selben Boden wurzle, um im gleichen Atemzug genannt werden zu können ...[2]

Der Weinsnob

Diese Worte könnten wohl als Gipfel des Weinsnobismus betrachtet werden, wären sie von einem weniger bedeutenden Mann ausgesprochen, zu weniger inspirierenden Weinen, ohne ein Gefühl für wahre Poesie und ohne das phantasiereiche Beurteilungsvermögen von André Simon. Doch suche ich – offen gestanden – den Begriff «Weinsnob» eher zu vermeiden. Er wird allzuoft von Menschen ins Spiel gebracht, die zum Wein kein rechtes Verhältnis haben, oder – und dann defensiv! – von Weintrinkern, die durchaus Freude am Wein haben, sich aber auf Gespräche nicht einlassen wollen. Und weil meiner Ansicht nach die Hauptwaffe eines Snobs die Sprache ist, finde ich es angebracht, ein paar Worte zu diesem Thema zu verlieren.

Sofern es also tatsächlich so etwas wie einen Weinsnob gibt, so würde er oder sie alle Eigenschaften aufweisen, die üblicherweise jeden Snob auszeichnen: Geziertheit und Anmaßung überdecken das Fehlen von all dem, was einen Menschen ernsthafter Aufmerksamkeit wert macht. Der feine Gastgeber, der kenntnisreiche Besitzer eines guten Kellers, der Wein*liebhaber* ist selten, wenn überhaupt, ein Snob.

Der bescheidene, undogmatische, kurzum *offene* Mensch hört auf die Meinung anderer. Seine eigene Ansicht wird er ohne Anspruch auf Unfehlbarkeit aussprechen, ohne sich dabei vor schnöder Kritik von Neidern und Ignoranten zu fürchten. Der Weinliebhaber hat aber recht, wenn er vorsichtig ist und die Äußerung seiner Meinung und seiner Kenntnisse von Gelegenheit und Gesellschaft abhängig macht.

Die Degustationsumstände

Doch lassen wir uns durch diese Gedankengänge nicht entmutigen. Konzentrieren wir uns darauf, unser Wissen zu erweitern und dem sinnvollen Gebrauch der Wörter näherzukommen.

Die Begriffe «Zusammenhang» und «Umstände», unter denen Weine verkostet werden, sind mehrmals schon in unsern Überlegungen aufgetaucht, was ihre große Bedeutung unterstreicht.

Die Gelegenheit. Wie bereits festgestellt, können die äußeren Umstände stark variieren. Derselbe Wein kann unter verschiedenen Gesichtspunkten gekostet werden, die direkten Einfluß auf Eindruck und Beschreibung haben.

TAGESZEIT UND EINTEILUNG. Müdigkeit und ein gedrängtes Verkostungsprogramm werden das Beurteilungsvermögen beeinträchtigen und den Wert von Degustationsnotizen herabmindern.

WEINSERVICE. Zu warm oder zu kalt serviert oder in einem zu warmen oder zu kalten Raum gekostet – erneut wird das Urteil unterschiedlich ausfallen. Gewächse, in einer bestimmten Reihenfolge geprüft, hinterlassen nicht unbedingt dieselben Sinnesempfindungen, wie wenn die gleichen Weine in einer andern Reihenfolge serviert werden (vgl. Kapitel III).

LICHTVERHÄLTNISSE. Die Wirkung von natürlichem und künstlichem Licht ist in Kapitel VII erwähnt. Die Informationen darüber können mit den kürzlichen Experimenten von Professor Puisais[3] ergänzt werden, der feststellte, daß bestimmte Mauerfarben einen Wein süßer oder saurer erscheinen ließen.

PERSÖNLICHE BEEINFLUSSUNGEN. Die Anwesenheit einer dominanten Persönlichkeit (oder einer Weinautorität) kann ein Urteil schwanken machen.

Wir sehen: Unser feines Sensorium, Instrument zur Beurteilung von Speisen und Wein, unterliegt vielfachen exogenen Einflußfaktoren. Unsere in Worte gekleideten Sinneseindrücke geben das wieder. Wenn wir uns dessen bewußt sind, können wir sie vielleicht neutralisieren oder einfach in Kauf nehmen. Denn letztlich sind wir auch nur unvollkommene Menschen!

SUBJEKTIVES ODER OBJEKTIVES VERKOSTEN

Dies bringt mich zu einer Feststellung vermutlich strittigen Inhaltes: Nach über dreißig Jahren Prüfen und Lehren bin ich zur Überzeugung gelangt, daß totale Objektivität an einer Weinprobe Unsinn ist. Mehr noch: Ein subjektiver Prüfer zu sein ist keineswegs beschämend. Ja man kann selbst argumentieren, daß die ureigene, persönliche Entdeckung, die von den individuell entwickelten Sinnesorganen geleitet wird, die bereicherndste Annäherungsform an *hochklassige* Weine ist. Das Problem liegt, wie immer, in der Allgemeinverständlichkeit von subjektiven und objektiven Eindrücken, die hinterher notiert oder ausgesprochen werden. Das einzige Objekt unserer Aufmerksamkeit ist der Wein, aber in der abschließenden Beurteilung steht mir, meinem Sensorium, das letzte Wort zu.

Über die Quantifizierung des Geschmackseindrucks

Das geflügelte Wort, wonach nicht wissenswert sei, was nicht meßbar und in Zahlen auszudrücken ist, kann ich nicht unterschreiben. Besonders im Hinblick auf hochklassige Gewächse komme ich um den Eindruck nicht herum, daß eine vordringliche Beschäftigung mit Zahlenwerten, sowohl in der Gesamtbeurteilung mittels eines Punktesystems wie auch in der Analyse (Säurewerte, Alkoholgrad usw.), eher der Ablenkung als der Hinführung auf ein an Facetten in Qualität und Stil reiches Gewächs dient. Diese Auffassung stellt das Punktebewertungssystem nicht grundsätzlich in Frage, sondern relativiert es dahingehend, daß seine Bedeutung um so geringer ist, je höher die Qualität eines bestimmten Weines steht und umgekehrt. Eleganz, Feinheit, Tiefe, Harmonie – kurz: der individuelle, durch Flaschenlagerung allmählich entwickelte Charakter eines Hochgewächses kann niemals in Zahlen ausgedrückt werden. Schon das Messen der Dauer, während der der Nachgeschmack im Munde haften bleibt, wäre verwirrend, denn üblicherweise konzentriert man sich während dieses anhaltenden Sinneseindruckes auf Nuancen und Reichtum und nicht auf den Sekundenzeiger. Emile Peynaud hat kürzlich treffend formuliert: «Was nicht gemessen werden kann, ist oft bedeutsamer, als was man kann».

Durchschnittswerte

Vor ihnen ist zu warnen: Durchschnittswerte, errechnet aus den Resultaten verschiedener Degustatoren – besonders wenn diese von unterschiedlichem Erfahrungshorizont und Begabung sind –, können ein völlig falsches Bild abgeben. Sowohl hervorragende Gewächse wie auch solche von unterdurchschnittlicher oder gar fehlerhafter Qualität werden in ihren positiven wie negativen Kriterien allzu sehr eingeebnet. Ein zu großzügiger Bewerter neutralisiert einen sehr kritischen.

Statistisches Vorgehen

Der Franzosen und Amerikaner akademische Vorliebe für Algebra dagegen liegt auf einer anderen Ebene. Das Ziel des Wissenschaftlers und Mathematikers ist es, Zufallselemente zu erkennen und sie in ihrer Wirkung zu reduzieren oder gar auszuschalten. Im Degustationsvorgang heißt das, jene Umweltbedingungen so gut wie möglich zu eliminieren, die unterschiedlich subjektive Eindrücke hervorrufen können (von ihnen war bereits die Rede), und die erhaltenen Resultate rein statistisch zu betrachten. Ich räume ein, daß eine solche Methode auf Weine der Massenproduktion unter gewissen Umständen angewendet werden kann. Ob sie aber den Erfahrungsschatz des privaten Weinliebhabers wie des Fachmanns bereichert, wage ich sehr zu bezweifeln.

Zusammenfassung

Seien wir ehrlich mit uns selbst. Versuchen wir unsere Sinnesempfindungen auszudrücken, doch ist Vorsicht im Gebrauch von Wörtern geboten, wenn besondere Aspekte vermerkt und sie einer andern Person mitgeteilt werden sollen. Treffend muß die Wortwahl auch sein, damit *wir selbst* zu einem späteren Zeitpunkt wiedererkennen können, was wir damals mit dem gewählten Wort wirklich meinten.

Rezepte für die korrekte Wortanwendung gibt es nicht. Für den einen Menschen mag einfältig klingen, was für den andern annehmbar und verständlich ist. Wenn Sie gute Weine mit gleichgesinnten Menschen verkosten können, zögern Sie nicht, Ihre Meinung oder Ihr Urteil auszudrücken. Lassen Sie Ihre Einbildungskraft spielen. Sehr persönliche Kommentare helfen oft, andern Anwesenden neue Perspektiven zu eröffnen und zu einer umfassenderen Wertschätzung und geistigen «Verarbeitung» eines Weines zu gelangen. Treffsicherheit ist weniger wichtig als ein lebendiger Austausch von Reaktionen und Ideen. Diese Bereitschaft, diese bewußt ausgeübte Freiheit in den Äußerungen führt zu neuen Horizonten und zu persönlicher Bereicherung.

Wörter sollten gewählt und verwendet werden, um zu erleuchten und zu begeistern; sie müssen so *sinn*voll wie möglich sein. Im Zweifel können Sie sich auf das nachfolgende Glossar beziehen. Prüfen Sie einmal, was *Sie,* verehrter Leser, bei einem bestimmten Wort denken, zu dem ich erklärte, was *ich* davon halte. Vielleicht sind Sie nicht mit allen Definitionen ganz einverstanden. Ich hoffe, daß sie dann zumindest Denkanstöße geben können.

[1] Führende Gesellschaft zur Pflege und Förderung der gastronomischen Kultur, von André Simon 1934 gegründet und heute in England, den USA und Australien verbreitet.
[2] Mit den Erinnerungen an Berkshire spielte er auf das Bild an, das die «English countryside at its best» hervorruft: sanft und lieblich, großzügig und abwechslungsreich, voll reicher Jagdgründe und saftiggrüner Felder.
Royal Oak: Für Engländer ist die Eiche der schönste Baum. Seine Erwähnung weckt Assoziationen, die vorwiegend in der traditionsreichen Geschichte dieser Seefahrernation gründen: Flaggschiff, Größe, Adel, Stolz, Zuverlässigkeit.
[3] Direktor des Laboratoire Départemental et Régional d'Analyses et de Recherches, Tours (Frankreich).

Grundbegriffe im Ablauf des Prüfvorganges

Rotweine

Erscheinungsbild	
Tiefe	sehr blaß, blaß, etwas leicht, mitteltief, satt, sehr tief, undurchsichtig
Farbe/Tönung	purpur, purpurrandig, rubinrot, rot, ziegelrot, braunrandig, rotbraun, mahagonirot
Klarheit	glanzhell, stumpf, trüb, wolkig; feiner oder grober Bodensatz
Geruch	
Zustand	sauber, unsauber (schweflig, oxydiert usw.)
Frucht	fruchtig, ohne Frucht, weinig, sortentypisch
Entwicklung	verschlossen, unreif, unentwickelt, gut entwickelt, entgegenkommend, sehr reif, überreif
Qualität	gering, gewöhnlich, gut, sehr gut, groß, herausragend
Geschmack	
Trockenheit/Süße	(merkbar) trocken; leicht oder ungewöhnlich süß (für einen Rotwein); tanninbetont
Körper	sehr leicht, leicht, mittelgewichtig, körperreich, schwer
Tannin	ausgeprägt, merklich abgebaut, weich
Säure	weich, Säure fehlt, erfrischend, deutliche Säure, übersäuert, spitz, stichig
Frucht/Geschmack	fruchtig, ohne Frucht; weinig; sehr schmackhaft, geschmackarm (den Geschmack beschreiben, vielleicht mit Hilfe von Vergleichen)
Entwicklung	gut entwickelt, sehr reif, reif, beginnende Reife, unentwickelt, grün
Harmonie	ausgewogen, unausgewogen
Abgang/Nachklang	lang, kurz; nachklingend, feiner Nachgeschmack

Weissweine

Leichte Unterschiede sind vor allem in bezug auf Farbe und Süße zu machen:

Erscheinungsbild	
Tiefe	farblos, blaß, mittel, tief
Farbe/Tönung	grünspurig, gelbgrün, gelb, strohgelb, goldgelb, gold, bernsteinfarbig, tiefgolden, braun
Klarheit	glanzhell, hell . . . trüb, wolkig
Geruch	
	Mehr oder weniger gleiche Ausdrucksweise wie für Rotwein
Geschmack	
Trockenheit/Süße	knochentrocken, trocken, halbtrocken, halbsüß, süß, sehr süß
Körper/Säure/Frucht/Entwicklung/Harmonie und Abgang	ähnlich wie in Rotweinen; Tannin ist in Weißweinen normalerweise nicht anzutreffen; höhere Bedeutung der Säure als ausgleichende Gegenspielerin zur Süße

XIV
Ausführliches Glossar für die Degustation

Aramont

Die Meisterschaft eines Weinprüfers hängt nicht nur
von der Empfindungsfähigkeit als rezeptives Instrument ab
oder von der Übung im Erkennen von Gerüchen
und Geschmäcken und ihrer Harmonie –
von gleicher Bedeutung ist die Fähigkeit,
seine Eindrücke auch in Worte
umsetzen zu können.

Emile Peynaud,
«Le Goût du Vin».

Die verschiedenen Ausprägungen von Farbe, Tiefe und Klarheit sind in Kapitel VII behandelt. Sie sind am einfachsten zu beschreiben, weil jedes Element physikalisch prüf- und vergleichbar ist. Eine Farbe kann recht exakt und in allgemeiner Übereinstimmung beschrieben und damit hergestellt werden, wie die Verwendung eines Spektrometers für die gewünschte Farbe bei der Zusammenstellung eines Sherry-Typs beweist (Vorrichtung, mit deren Hilfe die Farbe bestimmt werden kann). Die Tönung oder Tiefe läßt sich normalerweise ohne Schwierigkeiten objektiv beschreiben, und Klarheit ist für gute Augen und bei akkuratem Licht leicht und von allen Betrachtern gleichermaßen erkennbar. Wenn es jedoch um das Beschreiben von Gerüchen und Geschmacksnoten geht, beginnt das Reich der subjektiven Eindrücke, und selbst der erfahrenste Weinkoster kann stocken oder zögern, wenn es darum geht, seine Reaktionen in Worte zu kleiden.

Aus diesem Grunde ist im Handel und unter gebildeten Weinkennern eine Fachsprache entstanden, welche die mündliche und schriftliche Kommunikation von Sinneseindrücken ermöglicht. Es sind Ausdrücke, die mit annähernder Sicherheit vom Partner im gleichen Sinne verstanden werden. Die Franzosen besitzen das kompletteste und aussagekräftigste Vokabular, und etliche Ausdrücke sind von ihnen übernommen und übersetzt oder gar eingedeutscht worden. Die folgende Wörtersammlung befaßt sich vorwiegend mit den Beschreibungsmöglichkeiten von Bouquet und verschiedensten Geschmackskomponenten. Analogien zu Blumen, Gewürzen, Früchten usw. sind sehr sparsam erwähnt, da sie fast immer manipulierend eingesetzt werden und desto eher einem Duft oder Geschmack zugeordnet werden, je mehr hinter dem Sprechenden ein «Experte» vermutet wird ... Sofern also eine Beschreibung nicht wirklich etwas bedeutet und vom Leser auch so aufgefaßt werden kann, wurde sie nicht aufgeführt.

Abgang Endgeschmack. Ein guter, positiver «finish» ist wesentliches Qualitätsmerkmal eines erstklassigen Weines. Ein ungenügender Abgang manifestiert sich durch einen rasch verschwindenden Endgeschmack, was oft auch Zeichen eines ungenügenden Säuregehaltes ist.

adstringierend Rauher, mundzusammenziehender Effekt, verursacht durch einen hohen → Tanningehalt (Gerbstoff) und → Säure, ersteres hauptsächlich Zeichen junger Rotweine. Verschwindet im Normalfall mit dem Altern, der Wein wird milder, die Gerb- und Farbstoffe fällen aus.

Alkohol Eine der Hauptkomponenten des Weines, die ihm Körper und Rückgrat gibt. Im Wein gelöst, hat er weder Eigengeruch noch -geschmack. Etwas → pfeffrig in der Nase eines jungen Weines. Bewirkt am Gaumen ein Gefühl von → Gewicht und Wärme, wenn der Schluck durch die Kehle rinnt. Der Alkoholgehalt von → leichten Weinen variiert von etwa 10 bis 14 Volumenprozenten. Die Höhe hängt ab vom Zuckergehalt der Traube, der seinerseits von der Sonnenscheindauer beeinflußt wird. Unter den klassischen europäischen Gewächsen stellen solche von der Mosel und aus Châteauneuf-du-Pape die Extrembeispiele nach unten und nach oben dar. Roter Burgunder enthält im allgemeinen mehr Alkohol als roter Bordeaux. Alkohol wirkt auf das zentrale Nervensystem, woraus ihm eine gewisse Gegnerschaft erwächst. → Chaptalisation, → alkoholverstärkte Weine.

alkoholverstärkte Weine Ihnen ist neutraler oder Weinalkohol während oder nach (oder sowohl als auch) der Gärung beigefügt worden. Portwein, Sherry, Madeira, Marsala und die Muskats aus Australien sind mit Weinalkohol verstärkte Weine.

alt In der Weinsprache deutet dieses Wort auf geruchlich wie geschmacklich feststellbare Signale hin, die bei Überreife auftreten. → verblassend, → oxydiert.

angesengt Rotweine, Dessertweine und Gewächse aus heißen Jahrgängen können einen Geruchston nach Versengtem aufweisen.

Apfelgeruch Frischer, roher Geruch; Zeichen eines unreifen, jungen Weines.

Apfelsäure Mit dem Geruch von rohen Kochäpfeln identifizierbar. Mundwässernder Effekt. Ein Zuviel an Apfelsäure stammt aus einem Zuviel an unreifen Traubenbeeren. Diese Säure kann zu einer zweiten Gärung in der Flasche führen. Die Umwandlung von Apfelsäure in die weichere, mildere Milchsäure muß im Faß geschehen. (Der französische Fachausdruck hiefür: «fermentation malolactique».)

Aroma Jene Geruchskomponenten, die ausschließlich von der Traubenfrucht herrühren, im Gegensatz zum Begriff → Bouquet, der alle Duftnoten umfaßt, die aus der Entwicklung des Weines in der Flasche resultieren. Besondere Traubenaromen sind im Haupttext beschrieben. → Nase, → sortentypisch.

ätherisch → hochgetönt.

aufdringlich Ein Geruch, der schnell und intensiv in die Nase steigt, ohne nobel zu sein, gefolgt von einem Geschmack, der auf der Zunge meistens enttäuscht (Bluffer).

ausbrechen Die Geschmacksempfindung entwickelt sich nicht geradlinig, bleibt sich selbst nicht treu. Sie verliert sich in anfänglich wohl, letztlich aber nicht als zugehörig empfundene Komponenten.

ausdruckslos Mit Bezug auf das Erscheinungsbild: Gegenteil von strahlend-lebhaft; uninteressant in der Nase und am Gaumen. Objektiv fehlt die Würze und subjektiv das Behagen.

ausgewogen Alle Weinkomponenten → Frucht, → Säure, → Tannin, → Alkohol, → Extraktstoffe usw. im Gleichgewicht. Ein höchst erwünschter Zustand, den man von reifen Spitzengewächsen aus guten Jahrgängen erwarten darf.

Beißen, ein Wein zum ... Den Tastsinn ansprechendes Merkmal. Eine griffige Säure, akzeptabel in kraftvollen Weinen, die dadurch zum Kauen verleiten. (In Österreich ist der Begriff des «Weinbeißens» bekannt.)

beißend Scharf in die Nase steigend, auf der Zunge kräuselnd. Wird auch etwa als natürliche Säure betrachtet, ist in der Weinsprache jedoch eher im Zusammenhang mit «ungefällig» oder gar «fehlerhaft» zu verwenden. Ein saurer Wein kann trinkbar sein, besonders im Sommer und mit etwas Wasser verdünnt.

Bienenflügel Traditionell englische, treffende Beschreibung der mit einem feinen Häutchen überzogenen Ablagerungen in sehr alten Portweinen.

bierig Nach Bierhefe schmeckender Endgeschmack eines fehlerhaften Weines. Nicht zu verwechseln mit dem eher positiv zu wertenden reinen → Hefeton, der etwa in jungen Elsässer Rieslingen oder in Muscadets zu finden ist.

Birnenbonbons Geruch nach sauren Drops, fast nach Essiggeist. Ein Fehler, für gewöhnlich in Weißweinen anzutreffen.

bitter, Bitterkeit Zeigt sich am Gaumen, im Zungenhintergrund und im Abgang. Vorwiegend unangenehm, obwohl sie gewissen Weinen (und Vermouths) eine erwünschte Note geben kann.

In neuen Weinen kann ein leichter Ton von Bitterkeit der Jugend angelastet werden, ein Ton, der mit den Jahren entschwindet.

Bitterkeit rührt entweder von chemischen Salzen oder von Pflanzenextrakten her. Eine gewisse Bitterkeit kann zudem durch Farbstoffe verliehen werden, obwohl deren Ablagerung während des Reifeprozesses die Intensität stark vermindert. Polyphenole, die aus den Holzwänden der Fässer (besonders von unsauberen) herausgelöst werden, vermitteln ebenfalls einen Bittergeschmack, sofern Luft Zutritt findet. Normalerweise schmeckt kein edler, reifer Wein bitter am Gaumen, obwohl ein Anflug davon in einigen italienischen Rotweinen erwünscht ist. → stielig.

Bittermandel Geruch nach Mandelkern, zumeist vermischt mit Essigsäure. Normalerweise auf eine mißlungene Schönung zurückzuführen. Fehler im Wein.

blechern Metallisch, säuerlich schmeckend am Zungenhintergrund. Ein Fehler, oft toleriert.

blumig Kann sich auf die Nase beziehen: wohlriechend, frisches → Aroma, an Blumen erinnernd. Auch: gut entwickelt im Geschmack.

Böcksergeschmack Ungefälliger Gummigeruch nach altem Schwefel, hauptsächlich in sehr alten Weißweinen zu finden.

Bodensatz Im Laufe der Lagerjahre ausgefälltes → Tannin und besonders Farbstoff. Muß unbedingt durch Dekantieren vom reinen Wein getrennt werden.

Bouquet Nennt man das Resultat aus der → Vinifikation und dem darauf folgenden Entwicklungsprozeß in Faß und Flasche. Ergänzend zum Begriff → Aroma zu verwenden und mit diesem nicht zu verwechseln. Umfaßt all die subtilen Elemente eines Duftes, die je nach Zusammensetzung stets neue Sinneseindrücke hervorrufen können. Das Bouquet eines reifen Spitzengewächses ist ein von Liebhabern hochgeschätztes Charakteristikum. Bouquet in einem weiteren Sinne kann auch verwendet werden als Synonym für die → Nase, das heißt den allgemeinen Geruch des Weines.

brandig Uninteressantes, frisiertes Bouquet, dem die saubere Frucht abgeht. Am Gaumen mit brenzligen Obertönen. Typisch für Weine, deren Most zu stark aufgezuckert worden ist (→ Chaptalisierung). Möglich bei einfachen wie (leider) auch berühmten Rotweinen, bei denen Produzent wie Händler den Wein mit mehr Alkohol ausstaffieren wollten, als die Natur ihm mitgab.

brüchig Ein Wein, dessen Gefüge am Auseinanderfallen ist. Normalerweise → überreif und → oxydiert.

brut Trocken. Bezeichnung für den Charakter von Schaumweinen.

brut de brut, brut integral oder brut zéro Naturtrocken. Ohne irgendwelche Beigabe von süßem Traubenliqueur. Gilt für Champagner und Schaumweine. Naturtrockene Schaumweine können nur aus hochwertigem Traubengut erzeugt werden.

Caramel Süßlicher Geruch, einem Caramelbonbon nicht unähnlich. Zeigt manchmal einen noch annehmbaren Grad von → Maderisierung in alten Sauternes an.

Chaptalisierun Aus dem Französischen abgeleitet. Bezeichnet das Verfahren der Zugabe von Zucker zum Weinmost in Jahren, wo der natürliche Traubenzucker nicht ausreicht, um genügend → Alkohol zu erzeugen. Stark chaptalisierte Weine eignen sich zumeist nicht so gut zur Alterung wie solche aus unaufgezuckerten Mosten. In der Jugend können sie durchaus attraktiv sein. → brandig.

Charakter Weist ein Qualitätswein auf, wenn er ein unverwechselbares, deutlich erkennbares Bild ergibt – und beim Degustator eine positive oder negative Reaktion auslöst. (Keine Reaktion oder ein knappes Achselzucken deutet eher auf ein Massenerzeugnis hin.)

Charakter eines heißen Weinjahres Damit wird der Geruch oder Geschmack eines Weines bezeichnet, dessen Trauben unter einer besonders heißen und langandauernden Sommersonne «gebacken» worden sind oder die aus einer Region mit einer konstant hohen Sonnenscheindauer stammen. Wird zumeist im Zusammenhang mit hohem Alkohol gebraucht. → pfeffrig, → angesengt.

charakteristisch Ein charakteristischer Wein besitzt alle Stärken und Schwächen, die aus Rebsorte, Bereitungsmethode, Anbaugebiet, Jahrgang und Alter hervorgehen. Nicht zu verwechseln mit dem engeren Begriff → sortentypisch. Oft mißbräuchlich oder leichtfertig verwendet, um sich vor einer detaillierten Beschreibung zu drücken.

crémant Fachausdruck für ein sehr leichtes, feinschäumiges Perlen. Entspricht einem besonderen Verfahren in der Schaumweinproduktion (wenig Kohlensäure).

crème brûlée Der reiche Geschmack nach Caramel und Butter eines sehr reifen Sauternes.

delikat Charme und Gleichgewicht in einem leichten Wein von guter Qualität.

demi-sec Champagner und Schaumweine werden mit «demisec» bezeichnet, wenn sie eine deutliche Süße aufweisen, die in den meisten Fällen beigegeben wird. Das Maß der Beigabe (Dosage) für diese Bezeichnung und der daraus resultierende Süßegrad sind unterschiedlich.

duftig Erklärt sich selbst. Hochattraktiv. Kann angewendet werden auf → Aroma, → Bouquet, Geschmack oder Nachgeschmack.

dünn Mangelhaft, → wässerig, fehlt → Körper. Normalerweise in einem abwertenden Sinn verwendet. Kein Synonym für → leicht.

dumpf Diese Eigenart ist immer behandlungsbedingt. Die Ursachen können in schlecht gepflegten Holzfässern oder in einem schlechten Kellerklima liegen. Eine Steigerung dieser negativen Eigenschaft wäre etwa «muffig».

Edelfäule (franz.: *pourriture noble,* lat.: *Botrytis cinerea)* nennt man die erwünschte Fäule, mit der man im Sauternes und in besten Lagen Deutschlands die Beeren befallen läßt. Sie perforiert die Haut, worauf Feuchtigkeit entweicht und die Beeren zu schrumpfen beginnen. Der Zuckergehalt konzentriert sich. In der Nase und am Gaumen als honigähnlich spürbar.

ehrlich Eine etwas herablassende Bezeichnung für einen sauberen, gutgemachten, aber doch eher gewöhnlichen Wein.

Efeublatt Geruch nach feuchtem, geschnittenem Gras, das ein paar Tage liegengeblieben ist. Vom Mehltau herrührend. Nicht unbedingt negativ.

Eiche Geruch, der vom Ausreifen in kleinen französischen Eichenfässern herrührt. Fügt dem Wein einen gewissen Charakter und Stil bei, kann aber auch übertrieben werden. → hölzern.

eindringlich Überaus stark betonter Geruchs- und Geschmackseindruck, zumeist unterstützt von einer markanten Säure. → geschmacksintensiv.

eisenhaltig Charakterzug, der vom Boden herrührt. Deutlicher am Gaumen als in der Nase feststellbar. Lafite zeigt ihn des öftern, ebenso Cheval Blanc. In einer deutlich metallischen Art habe ich Eisen auch in ein paar australischen und kalifornischen Provenienzen notiert.

elegant Stilvoll, gleichgewichtig und von verfeinerter Qualität.

entwickelt Sollte näher umschrieben werden, zum Beispiel unentwickelt, oder: noch unreif, aber mit Potential. → voll-entwickelt.

erdig Beschreibt den degustativ empfindbaren Bodenton. So können rote Graves einen Erdgeschmack aufweisen, ebenso weiße Frankenweine sowie australische und kalifornische Gewächse, jedes in eigener Ausprägung. Ein Zuviel davon ist problematisch, eine genaue Definition unmöglich.

Essigton, Essiggeruch Sticht in die Nase, ist scharf und aggressiv am Gaumen. Essigbakterien können aktiv werden und den Wein angreifen, wenn er unverschlossen in der Flasche stehengelassen wird. Als Fehler in der Produktion treten die Bakterien auf, wenn der Wein bei zu hoher Temperatur vergoren wird oder unsorgfältig abgefüllt worden ist (Luftzufuhr). Wein, der im Faß nicht spundvoll gehalten wird oder in Flaschen zuviel Zwischenraum zwischen Korkboden und Weinoberfläche aufweist, muß kritisch betrachtet werden. Letzteres kann auf qualitativ ungenügende, wurmstichige oder ausgetrocknete Korken zurückgeführt werden, die zuviel Sauerstoff durchgelassen haben.

Ester Chemischer Vorgang: Gerüche werden von flüchtigen Estern und Aldehyden zu den Riechnerven in der Nase transportiert. Über den Riechkolben des Großhirns spielen sie dann zum Nervensystem hinüber (vgl. Seite 111).

Eukalyptus Vergleich, um das würzige Bouquet zu bezeichnen, das in gewissen hochklassigen Cabernet Sauvignons aus Kalifornien anzutreffen ist (besonders Heitz Martha's Vineyard), aber auch in feinsten und reifsten Jahrgängen von Château Latour.

Extrakt Hat mit dem → Körper des Weines zu tun. Es handelt sich um nichtflüchtige, lösliche Stoffe wie Glyzerin, stickstoffhaltige Verbindungen, Gerb- und Farbstoffe, Alkohole und Mineralstoffe, jedoch nicht um Zucker. Sie tragen zum Reichtum eines Gewächses bei und stammen im wesentlichen von reifen Trauben. Zeichen von Qualität.

faserig Textile Beschreibung der Beschaffenheit: hager, dünn, unausgewogen.

fein Umfassender Ausdruck für höhere Qualität. Eines der strapaziertesten Adjektive im Weinvokabular.

feminin Subjektives und abstraktes Wort, mit dem der Stil eines Weines bezeichnet werden soll, der attraktiv ist, ohne schwer oder streng zu sein, mit Charme – ja eigentlich mit all den entzückenden Qualitäten, die außer dem Weiberfeind alle aufzählen möchten.

Fett Bezeichnung eines reichhaltigen, meistens alkoholstarken Weines, ohne jedoch dick oder → mastig zu sein.→fleischig.

fest Solide Konstitution, positiv. Eine am Gaumen wünschbare Eigenschaft.

Finesse Abstrakter Qualitätsbegriff, mit dem verfeinerte Qualität ausgedrückt werden soll. → Rasse.

firnig = Oxydationsvorgang. Im Alterungsprozeß ändern sich verschiedene Weinkomponenten wie Säuren, Alkohol, Farbe, wobei auch Trübungserscheinungen auftreten. Verläuft bei jedem Wein anders. Gilt nur für Weißweine.

flach Steigerung von → schlaff und → matt. Völlige Absenz von Ausdruck in der Nase und am Gaumen. Fehlen von → Säure. → Oxydation.

Flaschenalter Schwierig zu beschreiben, aber mit etwas Übung leicht erkennbar: die stets verbessernde, mildernde Wirkung des Alterns in der Flasche, welche mit der → Nase auszumachen ist als ein Anflug von schmeichelnder (nicht physikalischer) Süße. Manifestiert sich bei Weißweinen als eine Art von → Honiggeruch.

flaumig Diesen textilen Ausdruck brauche ich manchmal, wenn ich einem sich verlierenden, betont losen, fast → hohlen Wein begegne.

fleischig Schwere, reiche Qualität. Bildlich gesprochen ein Wein zum → Beißen. → fett.

flüchtige Säure Mehr oder weniger in jedem Wein anzutreffen. Zu viel davon ist unerwünscht und bedeutet normalerweise den ersten Schritt zur Verderbnis (→ Essig). Kann nicht korrigiert werden.

Foxton Der eigenartige und deutlich erdige Bei- und Nachgeschmack in Weinen aus der Amerikanerrebe (Hybriden). Hat nichts mit einem Tiergeruch zu tun, sondern bezieht sich auf die wilden oder «Fox»-Reben.

Fremdgeschmack Unsauber, krank. Nicht zu verwechseln mit einem Geschmack, der einem unbekannt ist.

frisch Ein Wein mit natürlichem, jugendlichem Charme und Vitalität.

fruchtig Attraktive Weinqualität aus guten, reifen Trauben, aber nicht unbedingt mit Traubenaroma. → Aroma.

frühreif Ein Wort, das ich häufig benutze, um auf einen etwas zu schnell reifenden Wein hinzuweisen.

gebundene Säure Bestandteil in der Beschaffenheit jedes Weines. Sein Rückgrat oder, in einer vielleicht näherliegenden Analogie, sein Nervensystem. → flüchtige Säure.

gering Kein schlechter Wein, aber ohne Verdienst, Charakter oder Qualität.

geröstet Der «warme» Röstgeruch eines Weines aus einem heißen Anbaugebiet wie beispielsweise dem Rhonetal, Teilen von Australien, Kalifornien. Eine Art von warmem Erd- und Kieselgeruch. → angesengt, gebacken.

Gesamtsäure Sämtliche in einem Wein enthaltenen Säuren, mit Ausnahme der Kohlensäure.

geschmacksintensiv Ausgeprägter Eigengeschmack und stark im → Abgang, besonders auf alte Madeiras, Tokajer und einige andere alte → alkoholverstärkte Weine zutreffend. Zurückzuführen auf eine relativ hohe flüchtige Säure. → eindringlich.

geschmeidig Betrifft Beschaffenheit und → Gleichgewicht: Verbindung von Kraft und Harmonie im Wein. Hocherwünschte Eigenschaft in roten Gewächsen.

gesund Erster Eindruck, den ein Wein hinterlassen sollte: klares, helles Erscheinungsbild, sauber in Geruch und Geschmack. Fehlerlos.

Gewicht Leicht-gewichtig bzw. schwer-gewichtig sind Bezeichnungen für den → Körper. → Alkohol.

gewöhnlich Es fehlt der große «Atem», die Distinktion. Der Wein kann jedoch durchaus freundlich und trinkbar sein.

glanzhell Von klarer, strahlender Farbe.

Gleichgewicht Ideale Kombination und Korrelation der einzelnen Komponenten → Frucht, → Säure, → Tannin, → Alkohol, → Extrakt. → ausgewogen.

Glyzerin Dreiwertiger Alkohol, gehört zu den wertvollsten Erzeugnissen der Gärung. Verleiht dem Wein Vollmundigkeit und Körper. Je alkoholreicher der Wein, desto höher kann der Glyzeringehalt sein.

grasig → krautig.

groß Große Weine sind reich an Geschmacksnoten und weisen viel Alkohol, Tannin, Säure und Extraktstoffe auf.

grün Ein Wein gewissermaßen im Rohzustand, von jugendlicher Unreife in der Nase wie am Gaumen. In einem engern Sinne Resultat aus unreifen Trauben, im weiteren Sinne verwendet zur Bezeichnung unreifer, säurereicher Gewächse.

grüngetönt Farbcharakterisierung von Weißweinen.

griffig Feste, ausgeprägte, frische Säure. Positiv. Wie eine klare, in ein Glas geätzte Linie oder Zeichnung. Kein Fehler, → schneidig.

halbsüß Weist ziemlich viel natürlichen Restzucker auf, gehört aber noch nicht zu den eigentlichen Dessertweinen. Viele deutsche Weine gehören in diese Kategorie und werden besser nicht zum Essen getrunken (s. a. → demi-sec).

halbtrocken Der Wein enthält noch etwas natürlichen Restzucker. Vouvray und viele deutsche Provenienzen sind halbtrocken, auch leicht süße, → alkoholverstärkte Weine.

harmonisch Zuviel gebrauchtes Wort (→ ausgewogen).

hart Zurückzuführen auf die Dominanz von Tannin und – zu einem geringeren Grad – Säure. Gewöhnlich das Produkt eines heißen Jahrgangs oder eines überlangen Kontaktes von Weinmost und Beerenhäuten (eventuell auch Stielen) während der Gärung. Im Normalfall mildert die Zeit diese Härte

hedonistisch Nennt man die subjektive, persönliche Bewertung eines Gewächses; angenehm, unangenehm usw. sind hedonistische Adjektive.

Hefeton Positiv: Geschmackston, der beispielsweise in jungen Elsässer Rieslingen oder auch in Muscadets zu finden ist. Negativ: im Sinne von → bierig, Hinweis auf eine bevorstehende oder kürzlich erfolgte zweite Gärung.

herb In Deutschland und Österreich oft als Synonym zu → trocken im Sinne von «nicht süß» verwendet. In diesem Buch nach englischem (und schweizerischem) Sprachgebrauch als Gegensatz von mild und abgerundet eingesetzt.

Himbeer Gefällig würzig und ein ziemlich weitverbreitetes Weinaroma, etwa ein guter Bourgeuil (roter Loire-Wein) oder einige junge Beaujolais.

hochgetönt Fast ätherisch. Ein kniffliges Charakteristikum. Ich brauche es häufig für die → Nase eines ausgeprägten Charakters, oft verbunden mit bemerkenswertem Wohlgeruch. Kann aber (und kommt vermutlich von daher) an ziemlich hohe → flüchtige Säure grenzen.

hohl ist ein Wein, der sich zwischen erstem und letztem Sinneseindruck nicht entwickelt.

hölzern In der Weinsprache herabsetzende Bezeichnung, im Gegensatz zum eher erwünschten → Eichengeschmack. Resultat einer zu langen Lagerung im Holzfaß, besonders in einem solchen mit morschen Dauben.

honigartig Einige junge, natürlich-süße Dessertweine weisen einen deutlichen Geruch nach Honig auf, wenn sie von guter Qualität sind. Sogar trockene Gewächse aus guten Ernten können in der Reife ein weiches, honigartiges Bouquet entwickeln.

Johannisbeere (schwarze) Ihr Fruchtgeschmack entspricht am ehesten jenem der *Cabernet-Sauvignon*-Traube, im besonderen hervortretend in den Weinen aus Pauillac und eine Idee schwächer in den Margaux-Gewächsen. Der vielleicht erste Hinweis auf Bordeaux in einer Blinddegustation.

kantig Zum Beispiel kantige Säure: deutlich feststellbare Säure. Obwohl erfrischend, etwas zuviel davon. → Apfelsäure, → flüchtige Säure.

käsig Auch: Käserindegeruch. Nicht unbedingt despektierlich. Einigen Bordeaux zuzuschreiben. Ehrlich gesagt kenne ich den Ursprung nicht. Es mag ein Entwicklungsstadium sein. Säure ist daran nicht beteiligt.

Kapselgeschmack (*Goût de capsule*) Eigenartiger, leicht metallischer (Blei-)Geschmack, der einigen Bordeaux nachgesagt wird.

Kernelgeschmack Nicht nußartig! Für mich ein unerwünschter Geschmack. Geruch nach bitterer Walnuß oder, schlimmer noch, nach → Bittermandeln.

kiesig Von grober Beschaffenheit, ungeschliffen.

klein Sehr wenig Bouquet und Aroma. Ein Wein von sehr geringer Qualität oder geringem Charakter.

Kohlensäure Die Bläschen im Champagner, in Schaumweinen und der Grund für die Spritzigkeit, das Erfrischende von vielen leichteren Weiß- und Roséweinen. Kohlensäure ist neben Alkohol das natürliche Produkt aus dem Gärprozeß. Wird diese Kohlensäure gezügelt, das heißt teilweise (Sternwein, Perlwein) oder überhaupt nicht (Champagne, Mousseux, Sekt) aus dem Wein entlassen, spricht man von Weinen mit *natürlicher*

Kohlensäure. Sie kann auch *künstlich* beigegeben werden.

kompakt Alle Elemente gut zusammenpassend. → leichtgewoben, → unverwoben.

Korkgeruch, Korkgeschmack Deutlicher Geruch nach Kork, was von einem qualitativ ungenügenden, zu weichen oder schlecht passenden oder vom Korkwurm verdorbenen Zapfen herrührt. Ein solcher Verschluß weist eine Porosität auf, die zuviel Sauerstoff durchläßt. Durch diese → Oxydation teilt sich der Geschmack des Korkens dem Weine mit. – Die stehende Lagerung von Flaschenweinen kann ebenfalls in Korkgeschmack ausmünden. Korkgeschmack ist allerdings auch ein Vorwurf an den Wein, der viel zu oft zu Unrecht erhoben wird, eine Ausflucht von Möchtegern-Weinkennern, die mit diesem Pauschalurteil zu den Alpträumen von Weinbutlern und -kellnern beitragen.

Körper Physikalische Komponente: das → Gewicht eines Weines im Mund, zusammengesetzt aus → Alkohol und → Extraktstoffen. Unterschiedlich, je nach Weintyp und Jahrgang.

körperreich Hoch in Alkohol und Extrakt. Füllt den Mund. Sicherlich Weine von mindestens 12,5° Alkohol. Negativ: Nahe bei → mastig, → schwer oder gar plump. Positiv: → samtig, → kraftvoll. In diesem Buche immer im positiven Sinne verwendet.

kraftvoll Normalerweise in der Beschreibung von großen, → körperreichen Weinen verwendet.

krank Unter Weinkrankheiten versteht man nachteilige Veränderungen durch Mikroorganismen (z. B. → Essigstich, → Lindwerden).

krautig Nach grünem Holz schmeckend. Unreife, die in den meisten Fällen nicht verschwindet. → stielig.

kurz sind Weine, deren Geschmackseindruck schnell abklingt.

lang Auch: ein Wein «mit Schwanz». Er hinterläßt eine Geschmacksempfindung, die am Gaumen sekundenlang anhält. Zeichen von Qualität. → Abgang, → Nachgeschmack.

lebhaft Fest, erfrischend, → würzig. Weist auf gut passenden Säuregehalt hin, besonders in trockenen Weißweinen.

ledern, lederig Ein fühlbarer Effekt im Mund: Die Zunge belegt sich mit einem weichen, gerbstoffhaltigen Überzug (feines Wildleder).

leicht Bezüglich → Körper: niedriger Alkoholgrad. Farbe: wenig Farbe (blaß wäre eine eindeutigere Bezeichnung). Eine leichte → Nase ist gleichzusetzen mit wenig Bouquet. Trotz Mangels an Haltbarkeit können Spitzengewächse aus einem leichten Jahrgang köstliche Weine sein.

leichtgewoben Kann sowohl für Geruch wie Geschmack verwendet werden. Textile Beschreibung, die auf ziemlich vollentwickelte Weine zutreffen kann.

lieblich In Deutschland und Österreich gilt dieses Adjektiv oft als Synonym für «leicht süß» – eine Süße auf der Basis von Zucker. In anglophonen Ländern und in der Schweiz wird es hingegen im Sinne von «schön», «reizend», «angenehm» usw. gebraucht und kann auf jede Art von Wein angewendet werden. In diesem Buch gilt die zweite Version.

lind Ausgelöst durch Lindbakterien, welche die → Viskosität erhöhen, den Wein «ölig» und zähfließend machen. Das ist feststellbar, wenn er beim Einschenken ins Glas sich wie ein Ölfaden herunterzieht, ohne Bläschen zu verursachen. Linde Weine verändern sich im Geschmack. Die Krankheit kann verschwinden.

lose verwoben Gegenteil von → kompakt. Weist auf eine noch nicht perfekte Verschmelzung der verschiedenen, aus unterschiedlichen Rebsorten gewonnenen Weine hin, die in der Komposition eines Bordeaux-Gewächses zu finden sind. Auch Bezeichnung für einen Wein von leichter Struktur.

Macération carbonique → Vergärung unter Kohlensäurezufuhr.

maderisiert Schwerer Geruch eines überreifen, leicht → oxydierten Weines, normalerweise begleitet von Brauntönung und → flachem Geschmack.

mastig Bezieht sich auf eine Kombination von Süßegrad, Alkohol, hohem Extraktgehalt, möglicherweise Glyzerin, verbunden mit einer ungenügenden Säure, was zu Ungleichgewicht führt. → schwer, → körperreich, → fett, → fleischig.

matt Fehlender Charakter, zu fad.

Maulbeer Eine vollere, saftige Art von Frucht, weicher als schwarze Johannisbeere in jungen *Cabernet Sauvignons,* assoziiert mit außergewöhnlich reifem Bordeauxwein, oft mit einer *Merlot*-Dominanz.

Mäuselgeschmack Sehr unangenehmer Beigeschmack bakterienkranker Weine. Auch in Weinen zu finden, deren Traubengut unter Hagelschlag gelitten hat.

medizinal Nasen-Charakteristikum, in kleinen Jahrgängen als Eigenschaft aus der *Cabernet*-Traube hervortretend. Nicht negativ.

metallisch Unangenehmer Geschmack (→ tintig), verursacht durch einen metallischen Gegenstand, der während der Weinbereitung oder Faßreife in den jungen Wein gelangt ist.

milchig Milchähnlicher Geruch. Milchsäure. Kein gutes Zeichen, aber nicht notwendigerweise schlecht oder untrinkbar.

mild → rund.

mittelgewichtig In Alkohol und Extrakt weder leicht noch schwer, das heißt zwischen 12 und 13°, je nach Stil des Weines.

mitteltrocken Trockenheit in gemilderter Form dank sehr reifem Traubengut oder Reife durch Flaschenalter. → trocken.

Most Noch nicht vergorener Traubensaft.

Nachgeschmack «Das interne Bouquet», welches nach dem Herunterschlucken am Gaumen haftet und beim Ausatmen auch in der Nase erkennbar bleibt. Es kann unangenehm sein, wenn der Wein aufdringliche Bouquetstoffe aufweist, gleichzeitig aber von gewöhnlicher Qualität ist. In den meisten Fällen jedoch darf der Nach- oder Endgeschmack als Signal für ein großes Gewächs zu werten sein. Der richtige Grad der richtigen Säure spielt hier eine entscheidende Rolle. Die Geschmackseindrücke müssen derart beschaffen sein, daß man Faust zitieren möchte: «Zum Augenblicke möcht ich sagen: Verweile doch, Du bist so schön . . .»

Nase Der allgemeine Geruch des Weins. Von daher: «die Nase nehmen», das heißt riechen → Bouquet.

nervig Ein Wein hat «Nerven», wenn seine Säuren und seine Extraktstoffe auf eine gute Konstitution hinweisen, die eine längere Lagerung erlaubt.

neutral Ohne Reaktion, ohne deutliche Charakteristika. Viele typisierte Weine sind neutral.

nobel Vereinigt Rasse und Eleganz mit einer guten Konstitution.

Nuance So ist eine Komponente zu nennen, die an ganz spezifische Gerüche erinnert, zum Beispiel Mandeln, Feuerstein . . .

Nußgeschmack Nußgeruch (in Portweinen) sowie eine besondere und gefällige Eigenschaft, die ich mit → Eiche und der Chardonnay-Traube verbinde sowie mit einigen alten Amontillado-Sherries.

Ölig Betrifft Gesichts- und Geruchssinn. Ein Wein, in dem Lindbakterien tätig sind, erscheint ölig beim Einschenken. Diese binden Säure und bewirken ein leichtes Sich-Abflachen in Geruch und Geschmack. Ein Schönheitsfehler. Eine hohe Viskosität in gewissen Weißweinen ergibt dasselbe Bild, ohne daß man von einem Fehler reden könnte.

opal Farbbezeichnung für undurchsichtig tiefe, dunkelrote Weine.

organoleptisch Nennt man das Prüfen von Wein und Speisen mit allen Sinnen und in einem analytischen Zusammenhang.

Oxydation Brauntönung; riecht nach altem Stroh. Flacher, verbrauchter Geschmack eines Weines, der durch zu große Luftzufuhr zerstört worden ist, sei dies im Faß oder in der Flasche; letzteres entweder durch einen fehlerhaften Korken oder durch allzu lange Flaschenlagerung ohne Neuverkorkung.

pappig Dieses Eigenschaftswort verbinde ich mit einer negativen Art von Geruch und Geschmack, etwa: roh, milchig, teigig, etwas plump.

Parfüm Das angenehme, wohlriechende Bouquet des Weines.

Perlenbildung am Glasrand Damit beschreibe ich die kleinen, verräterischen Perlen, die am Glasrand haften bleiben und meiner Erfahrung nach in alten Weinen ein Signal für den bevorstehenden Zusammenbruch sind. Deuten also nicht auf → spritzige Weine hin, deren Perlen beweglicher sind. Als äußeres Beurteilungselement auch nicht mit den durch das → Glyzerin hervorgerufenen → Tränen zu verwechseln, die an der Glaswand herunterfließen.

Pfauenrad Bezeichnet die Art, wie der Geschmack von gewissen großen Burgundern sich im Mund öffnen und auffächern kann.

pfeffrig Effekt eines alkoholreichen jungen Weines, bemerkbar vor allem in Jahrgangs-Portweinen. Springt in die Nase und ist am Gaumen feurig spürbar.

pfirsichähnlich Ruft den betreffenden Fruchtgeschmack hervor, beispielsweise in einem reifen Gewächs von der Ruwer (Deutschland).

pflaumig Farblich als dickes, jedoch nicht reines Purpurrot zu verstehen; am Gaumen mit Frucht, jedoch noch ungeschliffen, zumeist auf ein Zwischenstadium im Reifeprozeß hinweisend.

pikant Eigenartige, überaus duftende, fruchtige Nase; wenn nicht zu nahe bei → scharf und durch einen übersäuerten Endgeschmack bestätigt, kann es ein erfrischendes, schmackhaftes Gewächs sein, sofern kühl getrunken. Häufig keine gute Lebenserwartung.

pilzig Spezifischer Geruch in einigen sehr alten Weinen.

Qualität Zusammen mit dem Adjektiv «fein» ein ausgehöhlter Begriff, von jedermann und für alles verwendet. In diesem Zusammenhang wären etwa drei Definitionen zu geben:

- unbestimmter, allgemein verwendeter Begriff für irgend etwas;
- im Weinbau des EG-Raumes ist «Qualitätswein» ein gesetzlich geschützter und definierter Begriff mit einem *Minimum* an Qualitätskriterien (AOC in Frankreich, DOC in Italien und Spanien, Weingesetz in Deutschland);
- im eigentlichen und in diesem Buch verwendeten Sinn des Wortes umschließt «Qualität» die Klarheit der Farbe, das reine Traubenaroma mit harmonischen Obertönen im Bouquet, alle Komponenten ausgewogen, mit reichem Geschmack, langem Abgang und bemerkenswertem Nachgeschmack.

Randen, rote Beete Eine vergleichende Beschreibung des reifen Pinot-Aromas.

Rasse Auch: Art. Eine abstrakte Qualitätsbezeichnung. Ein feines Gewächs von guter Herkunft sollte Rasse haben, von feiner Art sein.

rauchig Geruch nach Rauch, normalerweise vom Holz (besonders von der Eiche) erzeugt, aber auch anderen Ursprungs. Für mich eine gefällige Art von Geruch, den ich mit guten Burgundern und einigen anderen Provenienzen verbinde.

reich Frucht, Geschmack, Alkohol und Extrakt in Hülle und Fülle.

reif Hocherwünschte Eigenschaft in jedem Zusammenhang: reife Trauben (voll Fruchtzucker); reifer Geruch und Geschmack: beides zeigt Schmelz und «Süße» an, gewonnen aus reifem Traubengut.

Restzucker Der durch die Gärung nicht in Alkohol verwandelte Zuckerrest. Ergibt die natürliche Restsüße in einem Wein.

Robe Eleganter Ausdruck aus dem Französischen zur Bezeichnung der Farbe. Ich benütze ihn nur im Zusammenhang mit roten Hochgewächsen aus dem Burgund.

robust Ausdruck, den ich meistens zur Beschreibung eines muskulösen Rotweines von eher grober Beschaffenheit verwende.

roh Zuviel Tannin und/oder Äthylazetat, verbunden mit Essigsäure.

rund Am Gaumen spürbar: erweckt den Eindruck eines vollkommenen, → ausgewogenen, → reifen Weines. Alle jugendlichen Kanten haben sich abgeschliffen.

Saftig Eine Kombination von Kraft, Jugend, Charme und noch wenig entwickelten Qualitäten.

salzig Eine der vier sogenannten Grundqualitäten des Geschmacks, aber die auf den Wein am wenigsten anwendbare. Man sagt diesen Eindruck einem guten, frischen Manzanilla, einem guten Chablis und gewissen Weißweinen aus der Provence nach.

samtig Textile Beschreibung. Etwas stärker als → seidig, weich, am Gaumen von einer gewissen Fülle.

Sattelgeruch Ein etwas derber, weil mit «verschwitzt» assoziierter, charakteristischer Geruch von gewissen australischen Rotweinen, die aus der *Shiraz* gewonnen werden.

sauber Vorwiegend ein «Nasencharakteristikum», aber auch zur Geschmacksbezeichnung verwendbar. Frisch und frei von jeglichem Fehler.

Säure In der Nase drückt sie sich entweder positiv erfrischend («süffig») aus (Weinsäure) oder aber negativ wie die Säure roher Kochäpfel (Apfelsäure); anfänglich immer vorhanden, sollte sich im biologischen Säureabbau jedoch in die mildere Milchsäure umwandeln (→ Apfelsäure). Alle Weine, selbst die besten, müssen einen gewissen Säuregehalt aufweisen. Er ist auf der Zunge feststellbar, gibt dem Wein wesentlich Frische, bringt die Fruchtaromen deutlicher zur Geltung, trägt zum Gleichgewicht bei und verleiht besonders den leichteren Provenienzen Schmiß und Rasse. → Flüchtige Säure dringt deutlicher in die Nase ein als → gebundene Säure. Die → Ester beider Säuren tragen wesentlich zum Bouquet eines Weines bei. Es gibt mehrere Arten und Grade von Säuren, einige positive, andere mit negativem Einfluß auf das Gesamtbild des Weines. Die positive Art ist eine wichtige Komponente eines guten Gewächses. Sie dient der Haltbarkeit, erzeugt und unterstützt die Bouquet-Intensität und verschafft dem Wein die Möglichkeit, beim Weintrinker den Eindruck zu hinterlassen, er könne ihn → «beißen». Diese Säure stimuliert auch die Magensäfte – eine der oft vergessenen Hauptbestimmungen jeden Tischweines.

scharf Zu hohe Säure mit etwas zuviel Tannin. Die Ernte von nicht ausgereiften Trauben oder eine schlechte (verregnete) späte Lese können dafür verantwortlich sein. Der Wein kann mit der Flaschenalterung milder werden, sich aber auch zu völliger Disharmonie entwickeln.

schimmlig Unerwünschter Geschmack von faulen Trauben oder von verbrauchten, unsauberen Fässern.

schlaff Weich, nichtssagend. Es fehlt die Säure am Gaumen. Auch für Schaumweine zutreffend, die ihre Perlen verloren haben.

schlank Nervig. Ein Wein hat «Nerven», ist → sehnig, wenn seine → Säuren und → Extraktstoffe gut ausgebildet und ausgewogen sind. Am Gaumen zu beurteilen. Oft das Zeichen für einen «Langstreckenläufer», also für einen sehr langlebigen Wein.

Schmelz Ein Wein mit Schmelz lädt zum Kauen ein. Zurückzuführen auf ziemlich hohen Extrakt- und Alkoholgehalt; Zeichen für Wein aus gut ausgereiften Trauben.

schneidig Schnittig, schneidig, aber auch → griffig. Hinweis auf gut passende Säure.

schokoladig Beschreibt einen Geruchs- und Geschmackseindruck. Ich benütze es hauptsächlich bei → süßeren, → schwereren, normalerweise verschnittenen Burgunderweinen einfacher Herkunft. Eher mächtig und etwas dick am Gaumen.

schweflig Schwefel in verschiedensten Formen hat nicht nur einen sehr deutlichen vulkanischen Geruch, seine Präsenz kann auch physikalisch wahrgenommen werden, indem beim Einatmen durch die Nasenlöcher eine stechende Empfindung und im Rachen ein Hauch von einem eben entflammten Schwefelstreichholz zu verspüren ist. Schwefel wird verwendet als

Antiseptikum, zur Reinigung von Fässern (indem man Schwefelschnitten abbrennt) und von Flaschen (mit einer milden Schwefeldioxyd-Lösung). Unsorgfältig oder im Übermaß verwendet, bleibt ein unerwünschter Geruch zurück. Das Bouquet mancher junger Weine ist manchmal etwas «maskiert» mit einem Schwefelblümchen, was jedoch harmlos ist und fast immer verschwindet, sobald der Wein ausgeschenkt («gelüftet») worden ist.

schwer Mehr als → körperreich oder vollmundig. Überbelastet mit → Alkohol. Absenz von → Finesse.

sec Wörtlich übersetzt eigentlich «trocken». In der Typenbezeichnung der Champagner und Schaumweine bedeutet sec jedoch «leicht süß».

sehnig hager, aber muskulös, am Gaumen spürbar. Normalerweise ein Wein von guter Entwicklungsfähigkeit. → schlank → nervig.

seidig Bezieht sich nur auf das am Gaumen spürbare Gefüge. Wein von sehr feiner Struktur, ein reifer Pomerol der Spitzenklasse beispielsweise.

Spiel Weine, bei denen die Säure im Verhältnis zu andern organoleptisch erfaßbaren Komponenten in einem gut passenden Verhältnis in Erscheinung tritt. Ruft den Eindruck eines stets wechselnden Spieles hervor. Wird bei der Beurteilung von Weißweinen verwendet.

spitzig Scharf in die Nase steigend dank hoher → flüchtiger Säure. Zu finden zum Beispiel in gewissen alten Madeiras.

spritig Nasen- und Gaumencharakteristikum vorwiegend von → alkoholverstärkten Weinen (z. B. Port). In jungen Erzeugnissen hervortretend, wenn zuviel Weinalkohol beigegeben wurde, in alten spürbar, wenn der → Körper müde geworden ist und das Alkoholgerüst durchscheint. Nicht zu verwechseln mit → alkoholisch.

spritzig Mit dem Gesichtssinn erfaßbar, wenn kleine Luftbläschen im Wein aufsteigen. Am Gaumen ein erfrischendes Prickeln von Kohlensäure.

spröd Geschmacksbezeichnung: hart, etwas rauh. Kein Fehler, möglicherweise unentwickelt und sicherlich auf ein Manko an → Fleisch und Charme hinweisend.

Stallgeruch Reicher, reifer Geruch, der an warmes, nasses Stroh in einem Pferdestall erinnert. Normalerweise in → vollreifen, möglicherweise → alten Weinen anzutreffen.

sortentypisch Ausgeprägtes Aroma in Nase und Gaumen, von der entsprechenden Rebsorte herrührend.

stahlig Ein fester, hagerer (nicht dünner) Weißwein mit gut passender Säure, etwa ein guter Chablis oder Puligny-Montrachet.

stark Alkoholreich.

staubig Hauptsächlich zur Beschreibung eines Bouquets verwendet: buchstäblich der Duft eines staubtrockenen Kellers, wenig Frucht; möglicherweise hoher Alkoholgehalt in einem jungen Wein. → pfeffrig.

stechend, stichig Deutlich schärfer als → pikant. Essiggeruch, → beißend. Ein unheilbarer Fehler.

stielig Nase und Geschmack: nicht unbedingt ein Fehler, jedoch unerwünscht, oft leichter → Bitterton, der nicht verschwindet. Ordinär, keine Eigenschaft feiner Gewächse. Vermutlich auf unreifes Traubengut zurückzuführen oder auf überlangen Kontakt des Gärmostes mit den Traubenstielen.

streng Harter, unnachgiebiger Wein.

süß Ein Wein mit einem hohen natürlichen oder beigefügten Zuckergehalt schmeckt süß. Eine Eigenschaft aller Dessertweine.
Wein kann süß riechen, doch wird diese Eigenschaft in erster Linie am Gaumen entdeckt. Die Süße von Sauternes oder deutschen Beerenauslesen ist das Re-

sultat aus der Vergärung von überreifen Trauben, die einen besonders hohen natürlichen Zuckergehalt aufweisen. Portwein wird durch Beigabe von Weinalkohol erzeugt, der die natürliche Gärung abstoppt und damit den erwünschten Grad von unvergorenem Zucker zurückläßt. Süßer Sherry entsteht durch Zugabe von Süßwein.
«Süß» in Anführungszeichen weist auf eine nicht physikalische Süße hin, sondern auf einen hocherwünschten Reifegrad (der verarbeiteten Trauben oder des gelagerten Weines), der den Sinneseindruck weckt, den wir – in Ermangelung eines andern Wortes – mit «süß» bezeichnen. → Flaschenalter, → reif.

Tannin Neben → Säure und → Alkohol wesentliches Haltbarkeitsmittel, welches während der Gärung aus den Beerenhäuten und -kernen extrahiert wird. Ein Teil des Reifeprozesses besteht in der Reduktion des Tanningehaltes. Es wird ausgefällt durch die Tätigkeit von Proteinen und lagert sich – zusammen mit Farbstoff – am Flaschenboden ab, wo es den → Bodensatz bildet. Die Anwesenheit von Tannin trocknet den Gaumen aus, beschlägt die Zähne und erinnert manchmal an einen «Kellergeschmack». Es ist eine hervorstechende physikalische Komponente von jungen Rotweinen – im besondern Bordeaux – mit einem praktischen Zweck: fetthaltige Speisen zu «unterbrechen» und den Gaumen zu reinigen. In Weißweinen zählt Tannin praktisch nicht, weil die Hauptquelle, die Beerenhäute, *vor* der Gärung entfernt werden.

tête de cuvée Ausdruck aus dem Französischen. Keine gesetzlich geschützte Bezeichnung. Variiert in der Sinnbedeutung von Anbaugebiet zu Anbaugebiet. Ursprünglich verwendet für das beste Faß (oder die besten Fässer) einer Ernte in einem bestimmten Winzerkeller.

tief, Tiefe Kann in verschiedenen Zusammenhängen angewendet werden: Ein Wein kann Tiefe haben, beispielsweise in der Farbe, in der → Nase – im Gegensatz zum oberflächlichen, an dem man lange zu schnüffeln hat, bis sich Frucht und Charakter zeigen. Tiefe im Geschmack heißt komplex, nuancenreich.

tintig Unangenehmer, metallischer Geschmack dank der Präsenz von Eisen-Tannat (Tannat = Gerbsäuresalz). Kann entstehen, wenn Tannin auf Eisen aktiv wird. Ein Nagel in einem Faß kann diesen Effekt auslösen.

Tränen Zähflüssige Tropfen, die nach dem Schwenken des Weines an der Glaswand herunterfließen. Visuelles Zeichen für Alkoholgehalt: je geringer die Abstände zwischen den Tränen, desto höher der Alkoholgehalt (= «Kirchenfenster» im Spitzbogenstil), je weiter die Abstände, desto tiefer der Alkoholgehalt (= «Kirchenfenster» im Rundbogenstil). Siehe auch Seite 125.

traubig Erklärt sich selbst. Traubenaroma und -geschmack werden normalerweise mit sehr reifen Riesling- und Muskatellerweinen assoziiert.

trocken In der Weinsprache bedeutet dieses Eigenschaftswort «nicht süß», das heißt der Fruchtzucker ist vollständig durchgegoren. → halbtrocken, → herb, → sec.

trüb Selbst eine tiefe Farbe strahlt, wenn das volle Glas gegen eine Lichtquelle gehalten wird. Ein trüber Wein strahlt nicht. Hauptsächlich ein Fehler in Rotweinen.

tuilé Französisch: Farbbezeichnung für das sonnengebleichte, südländische → Ziegelrot.

Unreif Bezeichnet die Beschaffenheit eines Weines, der aus unreifem Traubengut erzeugt worden ist. Die nicht abgebaute Apfelsäure gibt dem Getränk einen Geruch nach Kochäpfeln und einen → harten, etwas sauren Endgeschmack. Nicht zu verwechseln mit → unentwickelt. → grün.

unverwoben Provenienzen, die aus den fertigen Weinen verschiedener Rebsorten komponiert werden (z. B. Bordeaux), sind anfänglich nicht gut miteinander «verwoben» (uneinheitlicher Eindruck). Die hohe Kunst der Komposition erreicht diese Durchdringung in perfekter Weise unter gleichzeitiger Berücksichtigung von optimalen Entwicklungsmöglichkeiten.

Vanille Geruchsbeschreibung zur Charakterisierung gewisser in Eichenholz gereifter Gewächse.

verblassend Kann angewendet werden auf den Verlust von Farbe und zur Bezeichnung des allgemeinen Niederganges von Bouquet und Geschmack. → alt.

verblüht Der etwas ungefällige Geruch eines überreifen oder fehlerhaften Weines.

Vergärung unter Kohlensäurezufuhr Moderne Weinbereitungsmethode, die im besten Falle ansprechend erfrischende und fruchtige Weine erbringt, im schlechtesten jedoch oberflächliche und fadenscheinige. Was mich beunruhigt, ist die Tatsache, daß immer mehr Anbaugebiete die traditionelle → Vinifikation verlassen. Die Vergärung unter Kohlensäurezufuhr ist eine einfache Methode, um sich der Beschwernis der herkömmlichen Bereitungsart zu entziehen, doch neige ich heute dazu, so produzierte Weine als «Vollfrucht-Drinks» zu bezeichnen. Diese Methode scheint Weine auf jene Art von Getränk zu reduzieren, die man gerade noch «Wein» nennen darf, Grenzen und Charakter verwischend.

verrieseln Absterben der Blüte und Abfallen der Fruchtansätze infolge physiologischer Störungen während der Blütezeit.

verschlossen Normalerweise im Zusammenhang mit einem unreifen, roten Qualitätswein verwendet, dessen → Bouquet noch → unentwickelt ist. Manchmal kann dieses «schlafende» Bouquet etwas geweckt werden, indem das Glas zwischen die beiden warmen Handflächen genommen und der Inhalt eine gute Weile rundum geschwenkt wird.

vin de garde (Aus dem Französischen.) So nennt man ein Gewächs, das aufbewahrt werden und altern kann. Im deutschen Sprachbereich auch etwa «qualifizierter Jahrgangswein» genannt (siehe auch Seite 59).

Vinifikation Vorgang der Weinbereitung: Vorbereitung des Traubengutes und Gärprozeß.

Viskosität Grad der Dünn- oder Zähflüssigkeit. → Tränen.

voll Muß näher umschrieben oder klar in einem bestimmten Zusammenhang erwähnt werden: vollfarbig (besser: tieffarbig), vollmundig (was den Geschmack betrifft). Steht meistens im Kontext mit dem → Gewicht des Weines.

vollentwickelt Erwünschter Zustand eines Weines. → ausgewogen.

Wächsern Der milde, leicht süßliche, sanfte Geruch nach Bienenwachs, zum Beispiel das Aroma eines guten Vouvray. Ich assoziere ihn mit der Rebsorte *Chenin Blanc* und bis zu einem gewissen Grad mit *Sémillon* von der Loire und aus dem Bordelais.
Ein gefälliger, charakteristischer Geruch, kein absonderlicher wie → firnig.

wässerig Dünn und schwach, ohne Rückgrat. Es fehlen Charakter und Qualität.

weich Ohne irgendwelche Ecken. Tannin und Säure haben sich verschmolzen und absorbiert. → rund.

Weinbeerengeschmack Reiches, muskatähnliches Aroma, welches von bestimmten Traubensorten abgegeben wird, wie von der Muskatellertraube selbst, aber auch von Kreuzungen wie *Scheurebe* und *Riesling* × *Silvaner* (Müller-Thurgau).

weinig Ein abstrakter Begriff und kein Paradoxon: Inbegriff von Wein, erzeugt aus feinen, reifen Früchten und zur vollen Harmonie aller Elemente gelangt. In der Nase etwa verwendet, wenn einem zwar ein positiver, weiniger Geruch entgegenkommt, der jedoch nicht → sortentypisch ist.

widerlich Eher ungefällig als schal. Verdorbener Charakter.

Wildgeschmack Betrifft Nase und Gaumen: in alten Weinen anzutreffen, die gerade noch trinkbar und oft sehr geschmacksreich und attraktiv sind. Höhepunkt jedoch eindeutig überschritten.

würzig Reicher Geruchs- und Geschmacksausdruck. Ein guter Gewürztraminer oder Meursault kann als Beispiel dienen.

Zart Ein Wein mit feingewobener Struktur und von mittlerer Konstitution. Merkmal gepflegter, reifer Bordeauxweine – besonders aus Saint-Julien.

Zedernholz Zedernholzgeruch, der auch einer Zigarrenschachtel anhaftet, ist ein Merkmal manch eines klassischen Bordeauxweines.

ziegelrot In meinen Augen das sonnengebleichte Ziegelrot der Provence, nicht jenes von neuen Dachziegeln. → tuilé.

Zitronengeschmack Zitronenähnliche Obertöne sind unter anderem in einigen guten, aber unreifen weißen Hermitage-Weinen feststellbar.

zurückhaltend Nicht entwickelt, trägt aber das Versprechen für Qualität in sich. Oft das Zeichen grüner Jugend.

Oft verwendete französische Degustationsausdrücke

agressif	roh, unreif, disharmonisch, zuviel Säure
aimable	angenehm, gutes Gleichgewicht
amer, acerbe	bitter, eher unangenehmer Geschmack
américain, goût	ziemlich süß, Spezifikation für den entsprechenden Markt (wird zur Typenbezeichnung des Champagners verwendet)
âpre	hart, herb: hoher Tannin- und/oder Säuregehalt
arôme	Geruch nach Trauben
arrière-goût	Nachgeschmack
astringent	adstringierend; mundzusammenziehender Effekt, verursacht durch hohen Tanningehalt
bois, goût de	Holzgeschmack
bouchonné (il a du bouchon)	Korkgeschmack
bouquet	Duft eines Weines in Entwicklung oder im reifen Zustand
bourru, vin	junger, wolkiger (d. h. noch nicht filtrierter) Wein
brut	trocken
brut de brut oder brut intégral	naturtrocken (für Champagner)
Capiteux	schwer, wuchtig, voll
cassé	trüb, braun, wolkig
charnu	fleischig, körperreich, aber mit guter Säure
chaud	«warm», alkoholisch
chemise	Ablagerung auf der Unterseite einer seit langem lagernden Flasche alten Rotweines
chêne	Eichengeschmack (von den Faßdauben eines neuen oder zumindest noch wenig gebrauchten Fasses stammend)
clairet	hellrot, fast rosé
classe	Wein mit Klasse, das heißt Qualität und Potential

complet	komplett, ausgewogen und harmonisch
corps	Körper
corsé	körperreich, gut konstituiert; wird für noch nicht ganz reife Weine verwendet
coulant	gefällig, süffig
coupé	verschnitten
court	kurz, ohne Nachgeschmack
crémant	sehr leichtes, feinschäumiges Perlen (wenig Kohlensäure; wird in der Schaumweinproduktion verwendet)
creux	hohl
cuit, goût du	Weine mit «gekochtem» Geschmack, aus einem heißen Sommer oder von heißen Böden
cuit, vin	«gekochter» Geschmack, brandig, herrührend von einer Aufzuckerung des Mostes
dégustation	Weinprobe – der Gegenstand dieses Buches
délicat	delikat, lecker, leichte Konsistenz, eher tief im Alkohol
demi-sec	halbsüß (für Champagner und Schaumweine)
doux	süß
dur	hart, Übermaß von Tannin und Säure
élégant	elegant, stilvoll
équilibré	harmonisch, ausgeglichen
étoffé	Wein mit deutlich ausgebildeten Qualitäten, die eine längere Lagerung ermöglichen
évent, goût d'	unangenehm, unsauberer Geruch und flacher Geschmack
faible	schwach, dünn
ferme	fest; die jugendliche Verschlossenheit eines in seinen Anlagen edlen Gewächses
ferment, goût de	Gärgeschmack
finesse	anmutig, delikat, vornehm
fort	stark

frais	frisch, erfrischend (in anderem Zusammenhang: kühl)
franc	natürlich, sauber, gesund
fruité	fruchtig; aus guten, reifen Trauben, nicht unbedingt an Traubenaroma erinnernd
garde, vin de	lagerfähiger Wein oder solcher, der noch gelagert werden muß
généreux	reich an Alkohol, Geschmack und Parfum; erzeugt ein Gefühl des Wohlbehagens
goudron, goût de	Teergeschmack
grain	Charakter, vollständig
grossier	plump und grobschlächtig
léger	leicht im Alkohol
liquoreux	süß und reich, aber auf natürliche Weise
long	lang, intensiv aromatisch, anhaltender Nachgeschmack
lourd	schwer, unausgeglichen
maderisé	maderisiert, oxydierter Wein
mâché	Mischmasch: ein gestörter, müder oder aufgewühlter Wein
maigre	mager, dünn, schwach
mauvais goût	schlechter Geschmack
moelleux	weicher, voller Wein, nicht unbedingt süß
moisi, goût de	faulig
mou	flach, charakterlos
mouillé	wässerig
mousseux	perlend (in Schaumwein)
mousse	Schaum
moût	unvergorener Traubensaft, Most
mûr	ausgewogen, reif
muté	künstlicher Unterbruch der Gärung, woraus ein ungewöhnlich hoher Restzuckergehalt resultiert

Nerveux	fest, nervig, lebendig
Odeur	Geruch
œil de perdrix	hellrote Farbe des Rebhuhnauges
onctueux	körperreich, fett
Paille, goût de	erinnert an feuchtes Stroh; kein Kompliment
parfum	Duft, das angenehme Traubenaroma
passé	zu alt; am Zusammenfallen (gerade noch trinkbar)
pâteux	dick, teigige Konsistenz
pauvre	arm, klein
pelure d'oignon	Farbe der Zwiebelhaut
perlant	spritzig
pétillant	Wein, aus dem beim Einschenken leichte Kohlensäureperlen aufsteigen und entweichen
petit	klein, vermutlich mit zuwenig Alkohol
pierre à fusil, goût de	Feuersteingeschmack
piquant	scharf und sauer; kann attraktiv, aber auch unerwünscht sein, je nach Wein, Gelegenheit und Temperatur
piqûre	eine Krankheit, die sich in einem grauen Film an der Weinoberfläche äußert, der den Alkohol in Essig verwandelt, stichig
plat	flach
plein	voll
précoce	frühreif
Race	rassig, der «große Atem»
rancio, goût de	ranzig; charakteristischer Geruch eines *vin doux*
riche	reich, großzügig
robe	Farbe. Im allgemeinen im Zusammenhang mit großen Rotweinen (besonders Burgunder) verwendet
rond, rondeur	rund, harmonisch
rude	adstringierend

Sauvage, goût	ein «wilder» Geschmack, den in Amerika heimische Reben und einige Hybriden (Direktträger) mitteilen (Foxton)
saveur	Geschmack im Mund in seinem weitesten Sinne
sec	trocken, durchgegoren. Im Zusammenhang mit Schaumwein jedoch auch den Intensitätsgrad der Süße angebend. Sec bei Schaumweinen bedeutet meistens «süßlich»
séché	ausgetrocknet. Wein, der zu lange im Faß lag
sève (il a de la sève)	Saft: eine Kombination von Kraft, Jugend, Charme und noch wenig entwickelten Qualitäten
solide	solid, substantiell
souple	keine scharfen Kanten, elegant, ausgewogen, gefällig
soyeux	seidig (feine Struktur)
spiritueux	hoch im Alkohol
suave	weich, geschmeidig, harmonisch
Taille, goût de	rauh, arme Qualität, Geschmack jenes Weines, der aus der letzten Pressung stammt
tendre	zart, jugendlich, leicht zu trinken
terne	matt, glanzlos; es fehlt an Qualität und Interesse
terroir, goût de	erdiger Geschmack und Geruch von gewissen Böden
troublé	wolkig, unklar. Entweder krank oder momentan in schlechter Verfassung
tuilé	ziegelrot; ein eigenartiges Stadium, das ein Wein erreichen kann, wenn er seine jugendlichen Purpurspuren verloren hat und eine Reife zeigt, die möglicherweise nicht lange anhält
Velouté	samtig, schmeichelt dem Gaumen durch einen gefälligen Geschmack und vermittelt den Sinneseindruck von Süße, ohne physikalisch süß zu sein
vert	grün, unreif
vif	frisch, jung, lebendig
vineux	weinig (siehe deutsches Glossar, Seite 271)

Oft verwendete italienische Degustationsausdrücke

abboccato	mit etwas Süße
acerbo	Geschmack von unreifen Äpfeln
aggressivo	aggressiv: roh, unreif, disharmonisch
allapante	ungefällig, schlecht temperiert
alcoolico	alkoholisch
amabile	süßlich
amaro	bitter
ammaccato	unangenehmer Geschmack, zwischen trocken und mostig
ampio	komplett und großzügig
aristocratico	vornehm; Wein guter Abstammung: Boden, Rebsorte, Weinbereitung und Jahrgang
armonico	harmonisch
asciutto	trocken: durchgegoren, sauber
aspro	rauh am Gaumen
astringente	mundzusammenziehender Effekt, verursacht durch hohen Tanningehalt
austero	spröd: Merkmal eines großen, jungen Weines
beverino	süffig
Carattere	Charakter
carezzevole	zärtlich: reich, überfließend
cassato	trüb, stark gedunkelte Farbe
colore	Farbe
completo	komplett
con retrogusto	mit Nachgeschmack
corpo	Körper
costituito	gut gebaut
debole	Wein mit wenig Charakter
deciso	mit entschiedenen Qualitäten
decrepito	alt, verblaßt

delicato	delikat, wohlschmeckend, harmonisch
di corpo	körperreich; hoher Alkoholgehalt
dolce	süß
duro	hart, Übermaß von Tannin und Säure
elegante	elegant, stilvoll
equilibrato	ausgewogen
erbaco	grün, unreif, leicht pikant
fiacco	müde
franco	natürlich, sauber, keine Feinheiten
fresco	frisch im Stil, erfrischend
fruttato	fruchtig
frizzante	spritzig
generoso	entgegenkommend, großzügig, reich in Körper und Extrakt
grasso	fett
gradevole	gefällig, süffig
immaturo	unreif
invecchiamento, vino di	lagerfähiger Wein oder solcher, der noch gelagert werden muß
leggero	leicht im Alkohol
liquoroso	sehr süß, leicht sirupartig
maderizzato	maderisiert
magro	mager
marca	sortentypisch, regionaltypisch
maturo	reif, ausgewogen
molle	flach, charakterlos
morbido	weicher, milder Wein mit Schmelz
muffa, gusto di	mostig

Naturale, vino	natürlicher, ungezuckerter Wein
nerbo	nervig
nervoso	nervös, lebendig
netto	Grundgeschmack deutlich hervortretend
neutro	neutral, wenig Charakter
Odore	Geruch, Aroma, Bouquet
Passabile	akzeptabel
passato	überaltert, eventuell aber noch trinkbar
piatto	flach
piccolo	klein
piccante	scharf und sauer; kann attraktiv, aber auch unerwünscht sein, je nach Wein, Gelegenheit und Temperatur
pieno	voll
precoce	frühreif
profumo	Duft
prontabeva	rasch reifender, junger Wein
Ricco	reich, großzügig
robusto	robust, gut konstituiert
rosato	rosafarben
rotondo	rund: voll und mild
ruvido	rauh
Salato	salziger Charakter
sapido	saftig (siehe im französischen Glossar: *sève,* Seite 277)
secco	trocken, durchgegoren
selvatico	grobschlächtig, unzivilisierter Charakter
semi-dolce	halbsüß
spogliato	verdorben durch Überalterung
spumante	perlend, Wein mit Kohlensäure
stoffa	Wein mit Stoff, längere Lagerung möglich

tannico	tanninhaltig
tappo, gusto di	Korkgeschmack
tenero	zart, jugendlich, leicht zu trinken
terra, sapore di	erdiger Geschmack und Geruch von gewissen Böden
Vellutato	schmeichelt dem Gaumen durch einen gefälligen Geschmack, Sinneseindruck von leicht süß, ohne physikalisch süß zu sein
verde	grün, unreif
vivo	frisch, jung, lebendig
vigoroso	kräftig, saftig
vinoso	weinig (siehe deutsches Glossar, Seite 271)
vivace	fest, nervig, lebendig
vuoto	leer, oberflächlich, kurz

XV
Praktische Rekapitulation des Degustationsvorganges

Marsanne

Und jetzt, Freunde, macht euere eigenen Weinproben.
Man braucht dazu ein paar gute Flaschen,
etwa vierzig Jahre Erfahrung und – vor allem –
Freude am Wein!

Joseph Wechsberg,
«Freude am Wein» (Privatdruck von 1963).

Auf dem Hintergrund der bisher formulierten Erkenntnisse und Erfahrungen möchte ich nun zusammenfassend darzustellen versuchen, was sich bei einer Weinprobe abspielt.

Zum Thema «Erscheinungsbild»

Die zwei Hauptelemente heißen Tiefe und Farbe (oder Färbung). An zweiter Stelle kommen Klarheit und Viskosität.

Das korrekte Probeglas, den weiß gedeckten Tisch und geeignetes Licht als vorhanden vorausgesetzt, heben wir das Glas am Stiel von der Tischfläche hoch und betrachten die Tiefe aus einem Blickwinkel von 45° oder direkt von oben herab. Die Unterschiede in der Farbtiefe von Weißweinen sind gering und relativ unbedeutend. Bedeutsam dagegen sind sie in Rotweinen: Blässe weist normalerweise auf ein Leichtgewicht und wenig Extrakt hin (obwohl etliche wohlkonstituierte Burgunder irreführend blaß sein können), eine satte Tiefe läßt eher auf Körper schließen, und ganz oder fast fehlende Transparenz bedeutet viel Alkohol, Extrakt und wahrscheinlich auch viel Tannin und Frucht. Farbtiefe kann in der Weinbereitung zwar beeinflußt werden, in den klassischen Anbaugebieten jedoch, etwa im Bordelais, ist Sattheit im allgemeinen ein verläßlicher Hinweis auf einen guten Jahrgang und Blässe ein solcher auf ungenügende Wetterbedingungen. (Viel Sonne verdickt die Beerenhäute, worin sich der rote Farbstoff befindet; ihre Wärme erzeugt Zucker, der sich in der Gärung in Alkohol verwandelt. Ein gutes Weinjahr ist somit identisch mit einem warmen, sonnigen Sommer und einem ebensolchen Frühherbst – und umgekehrt.)

Die Farbe und ihre Tönung

Betrachten Sie nun die Farbe von der Mitte aus bis hin zum Rand und achten Sie auf die feine Abstufung.

Weisswein. Notieren Sie die Grünspuren in jungen, trockenen Weinen, besonders aus eher nördlich liegenden Anbaugebieten wie Mosel und Sancerre; die eher gelbe Farbe eines reifen Chardonnay aus Meursault oder dem Napa Valley; die Gelbgoldschattierung eines jungen

Dessertweines und die noch tiefere Gelb-, Gold- und Bernsteintönung als Resultat einer längeren Flaschenlagerung.
ROTWEIN. Ein heller violettroter Rand bedeutet Unreife, Pflaumenrot ein Übergangsstadium, und bevor das Braunrot als Zeichen der Reife eintritt, herrscht ein manchmal schwer zu definierendes Rot vor, weshalb es dann Weinrot heißt. Achten Sie auf den Mahagonirand eines alten Bordeaux und auf das verräterische schmutzfarbene Braun eines überalterten und oxydierten Weines.

Die Farbe liefert übrigens die genauesten Informationen über den Reifezustand eines Rotweines.

KLARHEIT, HELLIGKEIT, DURCHSICHTIGKEIT

Heben Sie das Glas nun hoch und halten Sie es gegen eine Lichtquelle. Ein guter Wein bei guter Gesundheit zeigt einen besonderen Schimmer, ähnlich dem seidenglänzenden Flaum auf einer vollkommenen Pfirsichfrucht. Ein mattes Erscheinungsbild deutet zumeist auf einen müden Wein hin. Korkstückchen mögen von einer unsorgfältigen Verkorkung oder Entkorkung herrühren und sind nicht von Bedeutung. Trübung und milchige, bläuliche oder orangene Tönung sind Hinweise auf Fehlerhaftigkeit.

VISKOSITÄT, TRÄNEN UND PERLEN

Stellen Sie das Glas nun auf die Tischplatte zurück und schwenken Sie den Inhalt rundum, so daß er die Glaswand bis hinauf zum Rande benetzt. Beachten Sie die Tränenbildung (zu ihrer Bedeutung siehe Seite 125).

Schauen Sie gleichzeitig auf winzige Perlen, die sich eventuell dem Oberflächenrand entlang bilden. In jungen Weiß- und einigen jungen Rotweinen verraten sie die Präsenz von Kohlensäure, die dem Getränk seine Spritzigkeit oder Süffigkeit verleiht. In einem alten Rotwein dagegen gelten sie als Anzeichen des Zerfalls.

Zum Thema «Nase oder Bouquet»

Schwenken Sie das Glas nun erneut rundum und versuchen Sie, das Dornröschen zu wecken (was, wie man weiß, nur gelingen kann, wenn es sich um eine wirkliche Prinzessin handelt), das heißt dem Weine seine flüchtigen, ätherischen Bouquetstoffe zu entlocken.

Dann führen Sie das Glas an Ihre Nase und lassen diese buchstäblich darin verschwinden. Es ist wichtig, sich während dieser Bewegung voll zu konzentrieren, um den ersten Eindruck mit höchster Aufmerksamkeit entgegenzunehmen. Atmen Sie leicht ein und achten Sie darauf, ob das Gewächs sauber und frisch riecht, ob ein sortentypisches (Trauben-)Aroma und eine jugendliche Säure oder die Milde des Alters erkennbar ist. Dieser erste Eindruck kann natürlich nie das ganze Potential eines Weines entdecken. Ein blitzartiges Erkennen ist jedoch nur in diesem Moment möglich, weil die flüchtigen Aroma- und Bouquetstoffe auf Ihre frischen Sinne treffen. Oft sind sie leicht zu bemerken, selten aber leicht zu analysieren. Sie bilden eines der wichtigsten Qualitätskritierien und, um Emile Peynaud zu zitieren, «formen recht eigentlich die Persönlichkeit des Weines».

Nun setzen Sie das Glas wieder ab, schwenken den Inhalt nochmals rundum und heben es erneut an die Nase. Diesmal aber schnüffeln Sie mehrmals (schnelles, kurzes Ein- und Ausatmen). Die so verursachten kleinen Luftwirbel vermögen vielleicht weitere Elemente zu verdeutlichen: die Frucht, eine Traubensorte, die Säure – die kräuselnde Apfelsäure im Kochapfelgeruch von unreifen «grünen» Trauben, die gefällige, mundwässernde (saftige) Weinsäure, den hochgetönten, leicht essigsauren Hauch von etwas zu hoher flüchtiger Säure. Warnung: Wenn Sie zu häufig schnüffeln, wird die Nase vorübergehend unempfindlich. Dasselbe Phänomen ist bei zu oft wiederholtem, langem Einatmen zu beobachten. Beides hat eine Verminderung der Aufnahmefähigkeit zur Folge.

Ein sehr junger Portwein gibt in der Nase manchmal wenig her. Ein ledriger Geruch deutet auf beträchtliches Tannin hin, Pfeffrigkeit auf einen hohen Alkoholgrad.

Ein reifer Weißwein aus einem guten Jahrgang offeriert ein weiches, wohlduftendes, honigähnliches Bouquet. Ein klassierter reifer Bordeaux zeigt ein kompaktes, weiches Bouquet, das sich im Glas zu einem reichen, biskuitartigen Wohlgeruch entwickelt. Aber ein herrliches, opulentes Bouquet kann auch verhüllen, daß die Struktur des Weines selbst brüchig geworden ist.

Junge Gewächse haben oft rohe Teilkomponenten, die tatsächlich als Einzelelemente erkannt werden können. Durch den Reifevorgang verschmelzen diese Komponenten, sie verlieren ihre individuelle Identität zugunsten einer einzigen, neuen, die man Harmonie nennt, doch ist dieser Wohlklang verschieden von Region zu Region: Burgund, Bordelais, Rheingau usw., sie alle besitzen ihren Charakter, ihr Gewicht, ihren Stil.

Zum Thema «Gaumen oder Geschmack»

Dem erfahrenen Degustator bestätigen die Wahrnehmungen am Gaumen im Grunde genommen das, was seine Augen und seine Nase bereits registriert und beurteilt haben.

Nehmen Sie nun ein Schlückchen. Achten Sie auf die erste Berührung von Wein und Zunge: Hier entdecken Sie die Süße. Neigen Sie Ihren Kopf etwas vornüber und ziehen Sie durch einen Lippenspalt etwas Luft ein, wenn der Wein über die Zunge fließt. Die aromatischen Elemente füllen Ihre Mundhöhle. Wenn Sie die Gelegenheit haben, spucken Sie nun aus, wenn nicht, schlucken Sie hinunter und notieren Sie die Geschmackseindrücke, den Abgang und die Länge.

Süsse

Sicherlich die wichtigste Eigenschaft eines Weißweines und gewiß die erste, die festgestellt wird. Ist er trocken, das bedeutet vollkommene Absenz von Süße, leicht süß oder sehr süß?

Normalerweise sind alle Rotweine voll durchgegoren und enthalten keinen oder fast keinen Restzucker. Somit kommt diesem Aspekt hier keine Bedeutung zu: Rotweine sind trocken. Eine gewisse Weichheit und der Eindruck einer leichten Süße ergeben sich allerdings, wenn ein Rotwein aus vollreifen Trauben in einem besonders guten Jahrgang im

Bordelais oder in Burgund erzeugt worden ist, oder auch, wenn er aus einem heißen, sonnenreichen Anbaugebiet stammt. Teilweise zurückzuführen ist das auf eine minimale Menge von nicht vergorenem Zucker, hauptsächlich jedoch, wie ich vermute, auf den ungewöhnlich hohen Grad von Alkoholgehalt, der den Eindruck von Süße vermittelt.

Süße muß an der Zungenspitze beurteilt werden und nicht im Zungenhintergrund, weil der Säuregehalt des Weines einen maskierenden, das heißt süßedämpfenden Effekt haben kann – oder eine die Trockenheit fördernde Wirkung. Gewächse mit natürlich hohem Säuregehalt, wie zum Beispiel Madeira und süße deutsche Dessertweine, benötigen die Süße zur Trinkbarkeit, so wie rote Johannisbeeren gezuckert werden müssen.

Säure

Säure fördert die Speichelbildung. Ein passender Grad von Weinsäure trägt zur Süffigkeit bei – eine wünschbare Eigenschaft eines jeden Getränkes. Für mich ist Säure das Nervensystem des Weines, denn – abgesehen von ihrer Wirkung in der Mundhöhle – sie ist eine seiner wesentlichen Teilkomponenten, ein Eckpfeiler, ohne den das Getränk nicht hält, flach und nichtssagend wird. Säure gibt ihm den sauberen Abgang. Säure ist der Schaukelpartner des natürlichen Zuckers in einem süßen Wein.

Zuviel Säure, rohe, unreife Säure stößt das Gleichgewicht um, schmeckt scharf und zieht den Mund zusammen. Die verschiedenen Säurearten finden Sie im Glossar in Kapitel XIV beschrieben.

Körper, Gewicht, Alkohol

Liegt der Wein leicht und substanzarm im Munde oder eher schwer, massiv und mundfüllend? Bestimmend hiefür ist der Alkoholgehalt. 11° Alkohol fühlen sich leicht an und sind es auch – ein Mosel beispielsweise. Mittelgewichtig ist ein Gewächs um 12° zu nennen, ein anständiger Bordeaux aus einem guten Jahr. Körperreich bedeutet 13° oder mehr: ein roter Corton zum Beispiel oder ein klassischer Châteauneuf-du-Pape. Doch Alkohol ist nicht das einzige gewichtsbildende Element des Weines. Sicherlich sein Rückgrat, doch gesellen sich hinzu das Tannin (besonders in jungen Rotweinen) und die Extraktstoffe – kurz: die Substanz.

Tannin

Extrahiert aus Häuten und Kernen während der Gärung und auch aus den Dauben kleiner Eichenfässer während der ersten Reifung, ist Tannin ein wichtiges Element in der Struktur von Rotweinen. (Weißweine werden ohne Häute und Kerne vergoren und zumeist nicht oder nur kurze Zeit im Holzfaß aufbewahrt.)

Tannin trocknet den Mund aus und gerbt die Zunge (Gerbstoff). In jungen Gewächsen schmeckt es bitter, doch verschwindet dieser Eindruck mit dem Alter. Tanninreiche Weine rufen nach einem höheren Alkoholgehalt mit seiner «Süße» und seiner Wärme, um die Adstringenz auszugleichen. Wo Alkohol und Extrakt vergleichsweise gering sind, wie in jungen Beaujolais beispielsweise, kann das Tannin durchdrücken und einen bitteren, blechernen Geschmackseindruck zurücklassen.

Frucht-, Holz- und andere Geschmacksnoten

Zucker, Säuren, Alkohole und Tannin sind vielleicht die fundamentalen Strukturelemente. Glücklicherweise aber wird der Geschmack des Weines ergänzt von Hunderten von andern Spurenelementen, flüchtigen und festen, die aus der Frucht selbst stammen oder aus Mineralien, aus dem Gärprozeß, aus den Hefen, dem Holz, ja selbst aus der Luft.

Viele würzige, aromatische Geschmacksrichtungen (und Gerüche) können direkt einem bestimmten Ursprung zugeordnet werden. Vanille etwa kommt aus Äthylvanillin, dem Hauptgeruch des Eichenholzes. Doch die allermeisten Geruchs- und Geschmacksempfindungen werden durch Vergleiche beschrieben, jene Bilder also, die ein Weingeschmack in meinem Gedächtnis abruft. Daher sollte sich der Degustator zuerst üben im Erkennen von Gerüchen und Geschmäcken, etwa Tabak, Pinie, Petrol, Caramel, Brotkruste, Süßholz, Pfeffer, Zimt; er sollte den Weinnamen notieren, seine Herkunft, sein Alter, die Rebsorte, so daß man einen Geruch assoziieren kann mit einem Ort, einer Bodenart, einer Weinbereitungsmethode, einer Jahrgangscharakteristik.

Die Kombination all dieser Sinneseindrücke ergibt nicht selten etwas Undefinierbares. Ein Element noch beigefügt, ein anderes eliminiert – und schon entpuppt sich unsere Vermutung als Luftschloß, das sich in Nichts auflöst. Das ist das Geheimnis und die Herausforderung des Weines!

Der Degustator möge keine Hemmung haben, seine Eindrücke in Worte zu kleiden versuchen, wie phantastisch dies auch klingen mag. Lassen Sie den Wein zu Ihnen reden und bescheiden Sie sich mit der Übersetzung, *Ihrer* Übersetzung!

Gleichgewicht, Finesse – Facetten der Qualität

Gleichgewichtig ist ein Wein, in dem alle Teilkomponenten in einem idealen Verhältnis miteinander verwoben sind: nicht nur, daß die Säure das Tannin ausgleicht, daß der Alkohol ausreicht, um beide zu stützen, sondern auch, daß die subtileren, flüchtigen und schwer faßbaren Elemente das Gesamtbild mitzugestalten, zu runden vermögen, so daß ein harmonischer, einprägsamer Charakter daraus wird.

Ein junges Gewächs kann ausgewogen sein trotz einem Mangel an Entwicklung, doch nur ein vollreifer Wein wird Milde mit Festigkeit paaren, Zartheit mit Kraft, Präsenz ohne Schwächung, sich entfaltend und je tiefer offenbarend, je länger man riecht und kostet.

Länge ist ein Qualitätsmaßstab: die Zeit, die ein Geschmack zur Durchquerung der Mundhöhle braucht, die Intensität, mit der er sie ausfüllt und wie er haften bleibt, bis der Wein hinuntergeschluckt ist – und lange darüber hinaus.

Ein ungenügender Wein mag ein rauhes, grobschlächtiges Gefüge haben, einen positiven Geruch missen lassen und einen unsauberen Endgeschmack aufweisen. Ein gewöhnlicher Wein hinterläßt am Gaumen keinen besondern Eindruck, ist achselzuckend neutral, ein Weingeschmack, der nach dem Hinunterschlucken sofort verschwindet. Ein guter Wein zeigt unmittelbar einen positiven Geruch und Geschmack, besteht aus Anfang, Mittelstück und Ende. Ein Hochgewächs besitzt fast unergründliche Tiefe, vielleicht eine seidige Struktur, wirkt mundfüllend und ist doch von elegant-delikatem Geschmack, verharrt im Munde, geht sauber ab und erfreut mit einem lange nachklingenden Spiel von Geschmacksnoten. Ein großer Wein hat eine besondere Dimension und zeigt wie ein Kaleidoskop immerzu neue, überraschende und außergewöhnliche Feinheiten.

Und zur «Notiznahme»

Beschreiten Sie verschiedene Wege, um die Qualitäten eines gleichen Weines auszudrücken. Zuerst notieren Sie die Grundelemente: *tiefes Purpur/verschlossene Nase/trocken, voll Tannin, unreif.* Dann erweitern Sie, beispielsweise so: *tief, schwarz im Zentrum, unreifes Violett-Purpur am Rand/ unentwickeltes Bouquet, aber gute, aromatische Unterlage, Merlot-Dominanz. Wird sich entwickeln/Spuren von Reife am Zungenvordergrund, aber am Gaumen trocken mit substantiellem Tannin und Säure. Körperreich, alkoholisch, extraktreich, gute Länge. Trinkbar in fünf Jahren, vermutlich vollentwickelt in 10, Lebensspanne bis etwa 20 Jahre nach Degustationsdatum.* Benotung, sagen wir 17/20, für die innewohnende Qualität und die gute Zukunftsaussicht. Wenn Ihnen das zu kompliziert ist, dann notieren Sie zumindest: *tief, jung, wird gut werden.*

Ein letzter Rat: Versuchen Sie Ihre Notizen dem Typ und der Qualität eines Weines anzupassen. Es ist eher einfältig, einen Wein detailliert und poetisch schildern zu wollen, dessen einzige Tugenden sein tiefer Preis und die Trinkbarkeit sind. Umgekehrt ist es eine fast tragische Unterlassung, nicht zu versuchen, die herrliche Erscheinung, den bezaubernden Wohlgeruch, den faszinierenden Geschmack eines besonderen Gewächses in Worten festzuhalten.

XVI
Vom Keller auf den Tisch

Merlot

Gasterea ist die zehnte Muse,
sie ist die Herrin der Geschmacksfreuden.
Sie hätte ein Anrecht auf die Weltherrschaft,
denn die Welt ist nichts ohne Leben,
und alles, was lebt, nährt sich.
Mit besonderer Vorliebe hält sie sich in Gefilden auf,
in denen der Weinstock blüht,
der Orangenbaum duftet . . .

Brillat-Savarin,
«Physiologie des Geschmacks», 1825.

Die ideale Weinlagerung

Es kann kein Zweifel darüber bestehen, daß der lichtscheue, leicht feuchte Keller unter dem Erdgeschoß, so wie er in Landhäusern, alten Villen und in Klöstern angelegt wurde, der ideale Ort zur Lagerung von Weinen jeglicher Art war und es noch immer ist.

Doch selbst der altmodische Romantiker, der ich bin, anerkennt bereitwillig die Eignung eines oberirdischen «Kellers», dessen Temperatur und Feuchtigkeit reguliert werden kann und der damit zum Schutz und Lagerraum jeglichen Weines selbst in schwierigen Klimazonen wird. Von der Wirksamkeit des *air conditioning* konnte ich mich auf meinen häufigen Reisen durch Amerika immer wieder überzeugen, so daß Weinliebhaber in den Südstaaten sich nur zwei Risiken gegenübersehen: dem Stromausfall und der Hitze, der ein Wein auf seinem Transport ausgesetzt werden kann. Bevor ich also ein paar Worte über die idealen Lagerbedingungen und Ordnungsprinzipien im Keller verliere, mögen ein paar Bemerkungen über den Transport angebracht sein.

Wie Wein reist

Es ist bezeichnend, daß die mit dem Transport von Wein zusammenhängenden Probleme erst in jüngster Zeit Gegenstand konzentrierten Nachdenkens geworden sind. Das erste internationale Symposium über Weintransport fand im April 1984 in Montreal statt. Von der *Société des Alcools du Québec* und der *Union Internationale des Œnologues* veranstaltet, wurde jeder einzelne Aspekt fachmännisch beleuchtet.

Allein, es gibt nichts Neues unter der Sonne. Wein in ihre Grenzprovinzen zu karren und zu schiffen war schon den Römern so problematisch, daß sie es vorzogen, Reben zu transportieren statt Wein, und so den Saft an Ort und Stelle zu gewinnen und auszubauen.

Im mittelalterlichen England gehörte der Weinhandel zu den blühendsten Wirtschaftszweigen. Die Historiker erinnern uns daran, daß von 1152 an, dem Jahr der Vermählung von Eleonore von Aquitanien mit Heinrich von Anjou, dem späteren König Heinrich II., Bordeaux und sein Hinterland für drei Jahrhunderte zur englischen Krone gehörte. Während dieser Zeit stieg der Konsum von Wein jäh an, und auf seinem Höhepunkt, das heißt während der Herrschaft von König Edward III., wurde *claret* (Bordeaux) und *rhenish* (Rheinwein) ebensooft getrunken wie Bier. Es gab zahlreiche Händler mit großer Sachkenntnis und Erfahrung. Jeden Frühling segelten lange, mit Weinfässern vollbeladene Schiffskonvois die Gironde hinunter und nahmen Kurs Richtung London, Bristol und andere traditionelle Weinhäfen. Die Wahl fiel nicht nur deshalb auf das Frühjahr, weil die Jungweine dann erstmals verkostet werden konnten, sondern auch um zu vermeiden, daß die Fracht winterlicher Kälte oder sommerlicher Hitze ausgesetzt war.

Weine aber, die weiter südlich und in heißeren Regionen als dem Bordelais produziert worden waren, erhielten ihre Transportfähigkeit durch Beigabe einer Dosis Branntwein. Vermutlich fand dieses Rezept schon im 17. Jahrhundert Anwendung zur Stabilisierung von roten Douro-Weinen (Portugal) und wurde zur Norm im 18. Jahrhundert für Portwein, für Sherry (der von Cádiz abging) und für den noch weiter südlich erzeugten Madeira. Tatsächlich war die Verstärkung des Weines durch Alkohol so wirksam, daß Madeira auf einer Seereise nicht nur der Hitze widerstand, sondern diese der positiven Entwicklung gar förderlich war. Er galt als der Wein *par excellence,* dessen Robustheit dem feuchtwarmen Klima in den amerikanischen Kolonien standhielt, lange vor dem Aufkommen von Klimaanlagen.

Bis noch vor wenigen Jahren wurde Wein aus den klassischen Anbaugebieten Europas nur im Frühling und Herbst nach England verschifft. Diese traditionelle Sorgfalt und unser gemäßigtes Klima verringerten sicherlich das Risiko einer Qualitätseinbuße während des Faßtransportes, des Güterumschlages, der Flaschenfüllung und der Auslieferung auf ein absolutes Minimum. Ich glaube aber, daß Kostenüberlegungen beim Containertransport und beim Betreiben einer großen Abfüllanlage heutzutage Vorrang haben vor Qualitätsüberlegungen, die mit dem Klima und der Eignung des Weines zur Flaschenfüllung zu tun haben. Die unselige Auswirkung von wirtschaftlichen Sachzwängen auf die Qualität dürfte mit ein Grund dafür sein, daß qualitätsbewußte Erzeuger ihre Weine heute selbst auf die Flasche ziehen, was nicht nur seine Originalität garantiert, sondern gleichzeitig auch die Verdrängung des Qualitätsbewußtseins beim Abfüller gegenstandslos macht.

Jene Weinsorten, die noch immer im Faß nach England gelangen und dort abgefüllt werden, gehören zu den diesbezüglich unempfindlichen Massenweinen.

In Übersee sieht die Lage etwas anders aus. Es ist leider nicht ungewöhnlich, daß Wein an Bord gefriert, wenn er den Sankt-Lorenz-Strom hinunterfährt, um in den amerikanischen Mittelwesten zu gelangen. Oder daß er starker Augusthitze ausgesetzt ist, bevor er im Hafen von Galveston auf Lastwagen verladen und in texanische Städte verteilt wird. Oder daß Korken von Hochgewächsen im Laderaum eines transkontinentalen Düsenflugzeuges herausspringen. Der Exporteur trägt noch immer eine große Verantwortung für den qualitätserhaltenden Transport seiner Weine, die mit so großer Sorgfalt erzeugt worden sind.

Keller und «Keller»

Ich darf voraussetzen, daß jeder seriöse Weinhändler sehr wohl weiß, wie Wein zu lagern ist. Meine Ratschläge richten sich somit an den interessierten Laien.

Temperatur. Wenn eine einzige klimatisierte Aufbewahrungsstätte verfügbar ist, so empfehle ich, diese auf 13 °C zu regulieren. Dies ist der durchschnittliche Erfahrungswert aus traditionellen Landhauskellern, in denen ich schon so oft alte und älteste Jahrgänge fand. In hervorragend gutem Zustand waren die Gewächse im berühmten Keller von Fasque, einem Haus in Schottland, das der Gladstone-Familie gehört: Der Keller wies jahraus, jahrein 8 °C Kälte auf, aber das ganze Haus war kalt, und im kleinen Keller, etwa sieben Quadratmeter groß, bestanden Boden, Wände und Decke aus Steinplatten. Höhere Temperaturen sind kein Grund zur Sorge, solange sie konstant bleiben.

Zur Weinlagerung geeignete Keller waren ursprünglich stets unterhalb des Erdgeschosses angelegt, oberirdisch verbunden mit porösen Backsteinen oder Luftschächten, die in die Außenwelt führten. Ein leichter Luftzug im Keller ist erwünscht, denn er verhindert schlechte Luft und Bedingungen, die zu Pilz- und Fäulnisbildung führen können.

Unter den modernen Kellern, die ich bisher gesehen habe, möchte ich nur einen, allerdings höchst bemerkenswerten, erwähnen. Er liegt

in Kalifornien und ist dreigeteilt. Das Kernstück ist auf 13 °C temperiert und enthält Kisten mit Lagerweinen junger Jahrgänge. Dahinter liegt, getrennt durch doppeltverglaste Türen, das Abteil mit alten Bordeauxweinen aus der Zeit vor dem Reblauseinfall in Europa (d. h. vor über hundert Jahren), alte Sauternes und Hochgewächse vom Rhein und weitere Raritäten. Diese Einzelflaschen liegen in Metallgestellen bei einer Temperatur von 10 °C. Der eigentliche Keller, in den die Stufen hinunterführen, weist eine Temperatur von 16 °C auf oder vielleicht gar noch etwas mehr. Hier liegen die sehr jungen Vintage Ports sowie die Weine für den täglichen Konsum.
FEUCHTIGKEIT. In alten Kellern ist sie zumeist ausreichend vorhanden. In modernen Häusern aber muß sie überwacht werden. Der ideale Wert liegt um 60 % relativer Luftfeuchtigkeit. Ist sie zu gering, so besteht Gefahr für die Korken: Sie können schrumpfen und austrocknen. Ist sie zu hoch, können sich ablösende Etiketten, anfaulende Kistenböden und nachgebende Kartonstapel die Folge sein. Die leimlösende Wirkung ist der Grund dafür, daß Jahrgangs-Portweine traditionellerweise unetikettiert gelagert wurden. Der Flascheninhalt konnte identifiziert werden durch die genaue Bezeichnung des Lagerabteils und durch das auf jeder Flasche angebrachte Wachssiegel, worauf der Jahrgang und der Name des Abfüllers/Exporteurs oder der Marke eingestempelt waren. Und um jede Verwechslung auszuschließen, wurden Name und Jahrgang ein zweites Mal auf den langen Korken eingebrannt.

Wer ein ungekünsteltes Verhältnis zum Wein hat, dem kann ich die idealen Temperatur- und Feuchtigkeitsverhältnisse so definieren, wie sie mir bewußt wurden, als ich Lord Roseberys Keller in Dalmeny House, seinem Sitz in Schottland, besuchte. Beim Betreten des Kellers spürt man eine deutliche Kälte: Man braucht warme Kleidung. Und was die Feuchtigkeit anbelangt: Ein gummiertes Etikett beginnt innerhalb von Sekunden sich zusammenzurollen, wenn man es im Keller auf eine flache Unterlage legt.
LAGERGESTELLE. Die Wahl eines geeigneten Regales hängt ab vom verfügbaren Raum einerseits und von den Absichten des Besitzers anderseits. Als möglichst vielseitiges System empfehle ich

für eine längere Lagerung:

◇ Freiplatz zum Stapeln von Originalkisten.

◇ Ein standhaftes Gestell, eine oder zwei Kisten tief und eine bis drei Kisten hoch, zur Aufbewahrung von Kisten und Kartons. (Auf der Stirnseite der Verpackungen steht normalerweise der Name des Weines. Diese muß nach vorne schauen.)

◇ Rechteckige Fächer, zwei bis vier Flaschen tief, etwa 75 cm hoch und 90 cm breit, worin die Flaschen reihenweise auf Holzlatten gelagert werden können. Das ist die erprobte Methode und für größere Mengen die sparsamste. Fragen Sie Ihren Weinhändler, wie man die Flaschen kunstgerecht stapelt.

◇ In schiefwinkligen Holzgestellen mit Seitenlänge von etwa 1 m. Geeignet für kleinere Partien.

für den Alltag und für kleinere Mengen:

◇ Kleine Fächer, eine Flasche tief.

◇ Schiefwinklige Holzgestelle, wie oben erwähnt.

◇ Traditionelle Metall- und Holzgestelle für Einzelflaschen. Sie sind ideal für eine Sammlung von seltenen und alten Einzelstücken, aber platzraubend.

DEKANTIERTISCH. Ein Tischchen im Keller ist dienlich für Schreibarbeiten, für das Dekantieren und zur Plazierung von kleinem Kellergerät, an dessen Aufzählung ich mich jedoch nicht heranwage. Die Bemerkung mag genügen, daß viele Keller, die ich besucht habe (und nicht nur in den Vereinigten Staaten), manchmal mit rührender Sorgfalt dekoriert worden sind, mit besonderem Licht ausgestattet, mit Landkarten und mit Weingegenständen aller Art. Gewiß, jedem das Seine – in meinem Londoner Keller steht ein Fahrrad.

Wie der Wein vom Keller heraufzubringen ist

Darüber Worte zu verlieren mag manch einem Leser geschwätzig erscheinen. Ich wage es trotzdem, weil ich oft gefragt werde, wie lange vor einem Essen ein Wein aus dem Kellergestell herausgenommen und in den Wohnraum gebracht werden soll, liegend oder stehend und bei welcher Temperatur.

Voraussicht ist selbstverständlich überflüssig bei gewöhnlichen Alltagsweinen und ebenso für die meisten Weißweine. Die folgenden Bemerkungen beziehen sich auf qualifizierte Rotweine, im besondern auf die klassierten Gewächse aus dem Bordelais, sowie auf einige wenige wirklich erstklassige Domänenweine aus Burgund und dem Rhonetal. Diese fällen im Laufe der Jahre Farb- und Gerbstoff aus, der sich in Form von Bodensatz auf der ganzen Länge der liegenden Flasche absetzt. Durchleuchten Sie darum den Vorrat an solchen Provenienzen von Zeit zu Zeit, um die Depotbildung zu verfolgen und im Kellerbuch aufzuschreiben. Steht dann eine bedeutsame Mahlzeit bevor, zu der eine dieser Flaschen kredenzt werden soll – und das weiß man normalerweise etliche Tage im voraus –, nehmen Sie sie aus dem Gestell und stellen sie senkrecht. Das feine Depot sinkt so auf den Flaschenboden ab. Ein bis zwei Tage vor dem Anlaß legen Sie sie wieder hin, Etikett nach oben, worauf das Depot sich im Winkel des Flaschenbodens ansammelt. Auf diese Weise gewinnen Sie beim Dekantieren die größtmögliche Menge an reinem Wein.

Bringen Sie die Flasche 24 Stunden vor dem Essen in den Wohnraum, indem Sie sie im Keller sorgfältig aus dem Fach nehmen (nicht stellen), ins Dekantierkörbchen legen und möglichst erschütterungsfrei nach oben bringen. Der Wein wird sich langsam erwärmen. Man soll ihn nie aufheizen, indem man ihn etwa vor ein Feuer oder in heißes Wasser stellt.

Die meisten Restaurants halten ihre Weine in Trinktemperatur bereit, doch handelt es sich dabei um eine Auswahl von eher vielverlangten Provenienzen. Seltenere und teurere Flaschen liegen im Keller bei entsprechender Temperatur. Wenn Sie also ein Essen in einem Restaurant planen, das alte Spitzenweine führt, dann ist es ein Gebot der Klugheit, Essen und Wein zumindest einen Tag im voraus zu bestellen. Sie vermeiden damit einen zu kalten Service des Rotweines oder, schlimmer, die Bemerkung des Weinbutlers: *«Just warmed a little, Sir.» («Nur etwas auf Temperatur gebracht, mein Herr».)*

Wann der Korken zu ziehen ist

Auch dies ist keine Frage für die meisten Weiß-, Rosé- und die preiswerten jungen Rotweine. Sie hat Bedeutung nur für hochklassige und/oder alte Weine. Eine gesicherte Antwort gibt es allerdings nicht. Bei Jahrgangsweinen mit Bodensatz empfehle ich ein Entkorken etwa zwei Stunden vor dem Dekantieren. Der Grund: Ein widerspenstiger oder bröckelnder Korken kann zu versehentlichem Schütteln der Flasche führen, was die Ablagerung aufwühlen kann. Zwei Stunden sollten genügen, um diese wieder so absetzen zu lassen, daß hierauf mit befriedigendem Resultat dekantiert werden kann. Legen Sie den Korken dann quer auf die Flaschenöffnung oder stopfen Sie ihn wieder auf die Mündung, etwa zwei bis drei Millimeter tief.

Das Entkorken

Ähnlich wie bei den vorstehenden Bemerkungen hat dieser Akt nichts mit dem Weinprüfen an sich zu tun, doch kann er den Weingenuß fördern oder beeinträchtigen und ist deshalb Gegenstand eingehender Überlegungen schon seit dem 18. Jahrhundert.

Das Ziel dieser Übung ist es, den Korken glatt und in einem Stück herauszuziehen, ohne die Flasche zu schütteln und den Bodensatz aufzuwühlen. Die meisten Korken lassen sich problemlos entfernen, und die meisten Zapfenzieher funktionieren einigermaßen. Immerhin gibt es etliches Gerät, das entschieden geeigneter ist als anderes. Die besten Korkenzieher verfügen über zusätzliche Vorrichtungen wie etwa für das zentrierte Ansetzen der Spindel, oder sie brillieren mit ausgeklügelten Hebel- und Drehwirkungen.

Der im frühen 19. Jahrhundert patentierte Typ, bei dem mittels eines gezahnten Sperrgestänges der Korken durch kontinuierliches Rechtsumdrehen erfaßt und entfernt werden konnte, ist in seiner Praktikabilität bis heute ungeschlagen. Die moderne und ebenso wirksame Version heißt *Screwpull,* dessen einziger und kaum nennenswerter «Nachteil» der Zeitaufwand ist, der für das Zurückdrehen der Spindel aus dem Korken erforderlich ist. Doch wird er aufgewogen durch einen vom Erfinder nicht beabsichtigten «Vorteil», indem die beiden leicht elastischen Schenkel des Gerätes, flach auf den Tisch gelegt, sich sehr gut als Kerzenhalter eignen. Die langen Korken von sehr alten Bordeaux und reifen Vintage Ports benötigen eine langgezogene und breitflächige Spindelschnecke, wodurch das Risiko eines bröckelnden Korkens und damit einer Verunreinigung des Weines auf ein Minimum reduziert wird.

Ein alter Freund in Amerika verwendet auch bei sehr alten Flaschen einen Zapfenzieher, der mit Preßluft arbeitet. Das dabei zwischen Weinoberfläche und Korkenboden entstehende Luftkissen dürfte den Inhalt kaum schädigen, doch beschleicht mich jeweils ein ungutes Gefühl, wenn ich das Hineinpressen der Luft höre.

Jahrgangs-Portwein wirft ein anderes Problem auf. Zusätzlich zum langformatigen und starken Korken verbreitert sich der Hals der traditionellen Portweinflasche nach unten, entweder konisch oder gar zwiebelförmig. Der frisch hineingetriebene Korken paßt sich dieser Form an und ist nach Jahren der Lagerung nur sehr schwierig in einem Stück zu entfernen. Bei ganz alten Exemplaren stößt man etwa noch auf eine Vertiefung im Innern des Flaschenhalses, was die Operation auch nicht gerade erleichtert. Angesichts dieser Eigenarten drehe ich die Spindel jeweils nur bis zur Hälfte ein, ziehe die obere Hälfte des Korkens heraus und drücke die untere Hälfte nach unten in die Flasche. Dies ist die bessere Lösung als der Versuch, das Corpus delicti in einem Stück herausziehen zu wollen und dabei bloß Fragmente zu erwischen.

Es kommt selten vor, daß ich einen alten Portwein öffne, dessen Name und Jahrgang mir unbekannt sind. In einem solchen Fall gehe ich vor wie oben beschrieben und breche vor dem Dekantieren der Flasche den Hals. Das untere Zapfenstück lässt sich aus dem Hals hinausdrücken und mit dem normal gezogenen Teilstück zusammensetzen. Dabei lasse ich mich von der stets bestätigten Hoffnung leiten, ein Korkbrand verrate mir Jahrgang und Name des Exporteurs.

Einer Flasche den Hals brechen

Dieser Ausdruck wird etwa unter Freunden verwendet und will sagen, man gehe zusammen eine Flasche trinken. Handelt es sich aber zufällig um alten Vintage Port, dann kann das «Brechen» durchaus buchstäblich genommen werden. Die eine Methode arbeitet mit einem schweren Messer, die andere mit einer Port-Zange. Beide haben zum Ziel, den Hals sauber abzubrechen, ohne den Korken zu berühren, und den Wein anschließend zu dekantieren. Sofern der Korken zur Identifikation des Flascheninhaltes geprüft werden muß, kann der abgebrochene Hals mit einem Hammer zerschlagen werden. Er sollte dabei in ein Stück Tuch oder ein Papier eingewickelt sein.

Nun zur «halsbrecherischen» Technik. Die erste Methode erkläre ich vielleicht am besten, indem ich die Erinnerung an eine einmalige Vorstellung auffrische, die einer meiner alten Freunde gab, ein Colonel im Ruhestand mit einem höchst bemerkenswerten Weinkeller. Im Verlaufe eines großen Wein-Dinners stand er unvermittelt neben dem Kamin, die linke Hand hielt mit festem Griff die untere Hälfte einer alten Portweinflasche; mit der größten Selbstverständlichkeit ergriff er ein über der Feuerstelle hängendes Schwert und durchhieb den Flaschenhals in einem einzigen sauberen Streich! Die Flasche erhielt einen kleinen Stoß, doch war der Bodensatz fest genug, so daß das Dekantieren hinterher keine Probleme aufwarf. Beifall und Gelächter quittierte der alte Haudegen nur mit einem zufriedenen Schnauben. Diesem Kabinettstück kann ich nur zwei bescheidene Ratschläge beifügen: Die Rückseite eines leichten, modernen Brotmessers ist zu schwach, ein altmodisches Schnitzermesser eignet sich besser. Und moderne, maschinengefertigte Portweinflaschen (von etwa 1960 an) weisen nicht mehr dieselbe Spannung im Glas auf wie ältere Flaschen, was einen sauberen Bruch erschwert.

Port-Zangen sind ebenso traditionsreich und, richtig bedient, auch von Personen ohne militärische Ausbildung einfacher und wirksamer zu handhaben als Messer. Ihr Ziel ist es, mittels eines plötzlichen Temperaturwechsels das Glas zum Brechen zu bringen. Nehmen Sie also eine gußeiserne Port-Zange und halten Sie die beiden Kneifer ins Feuer oder in einen wirklich heißen Ofen, bis sie rotglühend sind. Setzen Sie sie dann unterhalb des Korkenbodens während einiger Sekunden an den Flaschenhals, um das Glas zu erhitzen. Hierauf ersetzen Sie die Zange durch ein in kaltes Wasser getränktes Tuch: Das Glas bricht.

Entfernen Sie den oberen Hals sorgfältig und dekantieren Sie. Der Vorteil dieser Methode ist, daß sie auch auf modernes Flaschenmaterial angewendet werden kann.

Vom Dekantieren

Zu diesem Thema kursieren wohl mehr phantasievolle Argumente als zu jedem andern. Dabei sind die Ursachen zum Dekantieren sehr elementar, und das Vorgehen ist keineswegs schwierig.

Der wichtigste Grund liegt im Wunsche, reinen Wein einschenken zu können, Wein also, in dem sich auch nicht die geringste Spur von Bodensatz mehr befindet. Dieser soll vielmehr auf dem Boden der Flasche zurückbleiben. Ist das wirklich so wichtig? Oh ja, sehr sogar. Ein Glas voll trüben Weines ist nicht nur unansehnlich. Der durch Lagerung ausgefällte Gerb- und Farbstoff kann den Geschmack des Weines bis zur Ungenießbarkeit beeinträchtigen! Der zweite Grund, meines Erachtens der sehr viel weniger bedeutende, liegt im «Lüften» eines Weines. Und hierüber wird viel Nebelhaftes vorgebracht, so daß ich versuchen will, diesen Aspekt zuerst zu klären.

Das Lüften oder Atmen von Wein

Man stimmt im allgemeinen damit überein, daß jungen Weinen Luftzufuhr gut tut, älteren dagegen weniger und sehr alten überhaupt nicht: Nach dem Entkorken sind sie sofort und sorgfältig zu dekantieren und zu servieren.

Ja, wenn es nur so einfach wäre.

Einmal mehr habe ich meinen Bemerkungen voranzustellen, daß die überwiegende Mehrheit der Weine dieser Welt keine besondere Aufmerksamkeit verlangt: Sie sind zu öffnen und zu trinken. Alle handelsüblichen Rot- und Roséweine und die meisten besseren Weißweine ändern sich nicht, indem man sie der Luft aussetzt. Dagegen werden *alle* oxydieren und im Geschmack abflachen, wenn die Flasche unverkorkt oder während Tagen angebrochen herumsteht.

Wir sprechen hier also nur von qualifizierten, hauptsächlich roten Jahrgangsgewächsen. Es ist wichtig zu wissen, daß diese Weine aufgrund ihrer Sensibilität den Geschmack ändern können, wenn sie der Luft ausgesetzt werden. Das Problem ist bloß zu wissen, welche Menge Luft in welcher Zeit sich auswirkt.

Je länger ich mich mit diesen Hochgewächsen befasse, desto mehr festigt sich meine Überzeugung, daß gut produzierte Weine aus guten Jahrgängen und von guter Herkunft, einwandfrei abgefüllt, verkorkt und gelagert, unabhängig von ihrem Alter auch gut zu trinken sind, nachdem der Korken einmal gezogen ist. Damit will ich sagen, daß ein gesunder Wein, sei er nun 5, 10, 25 oder 50 Jahre alt, in der Zeit zwischen dem Entkorken und Dekantieren nicht zerbricht, selbst wenn Luft hinzutritt. Handelt es sich aber um ein hundert oder mehr Jahre altes Gewächs, so wird es noch einmal Atem holen und noch einmal während zwei, drei Stunden sein Bouquet entfalten, bevor der Sauerstoff es zerstört.

Ist der Wein dagegen aus einem kleinen Jahr, fehlen ihm also in der Jugend schon Körper und Gleichgewicht oder war die Lagerung ungenügend, zu warm vielleicht, was den Korken schrumpfen ließ, so zerbricht der Wein mit großer Wahrscheinlichkeit kurze Zeit nach dem Umgießen, vielleicht gar innerhalb von Minuten.

Bordeaux aus einem kraftvollen jungen Jahrgang dagegen, wie etwa 1982, steckt derart voll von Tannin und Extrakt, daß ein Dekantieren am frühen Nachmittag im Hinblick auf den Service gegen 20.30 Uhr ihn ermutigen wird, sich zu «entspannen», etwas weicher zu werden. Wie oft hat man schon gehört und es vielleicht zufällig selbst schon entdeckt, daß ein junger Rotwein guter Herkunft am Tag *nach* dem Entkorken weicher und besser am Gaumen lag? Das gleiche kann gelegentlich bei sehr alten Weinen allererster Provenienz geschehen, obwohl nur mutige Männer von respektabler Neugier solches riskieren.

Es ist meine wohlerwogene Meinung, daß während einer ansehnlichen Zeitspanne nach dem Entkorken keine Oxydation von Bedeutung eintritt, und überraschenderweise ändert der Wein seine Qualitäten auch nur minim, wenn er sich einmal in der Karaffe befindet. Die erstaunlichste Änderung findet im Glase statt.

An einem unlängst von Christie's organisierten Bordeaux-Club-Dinner eröffnete ich den Reigen mit einer (meiner letzten) Flasche Château

Lafite 1961. Wie konnte ich dieses Gewächs von seiner schönsten Seite präsentieren? Zwei Wochen vor dem Anlaß nahm ich die Flasche aus meinem Londoner Keller in die Firma. Am Vortag brachte ich sie sorgfältig in mein Büro, wo sie die Nacht durch stand. Am Nachmittag vor dem Dinner entfernte ich sorgsam den Staub und Schmutz von der Flasche, schnitt die Kapsel ab und reinigte den Ausguß, zuerst mit einem feuchten Tuch, dann mit einem sauberen, trockenen Küchenpapier. Um 17 Uhr zog ich den Korken und setzte ihn lose auf die Mündung, rote (Wein-)Fläche nach unten, weniger zur Verhinderung von Luftzutritt denn als Schutz vor Staub. Um 18.45 Uhr wurde der Wein in eine Karaffe mit einem ziemlich weit geöffneten Ausgußmaul dekantiert. Der Stopfen blieb weg. Um 19.30 Uhr, kurz vor Ankunft der ersten Gäste, brachte ich die Karaffe ins Eßzimmer. Eine Stunde später wurde der Wein serviert. Um 21 Uhr begann das Bouquet aufzublühen, und eine Dreiviertelstunde darauf war es voll entwickelt und zeigte sich in herrlich warmen, würzigen Tönen. Nach dem Genuß des Weines behielt ich ein wenig davon im Glase zurück. Nach weiteren zwei Stunden entfloh ihm noch immer ein unglaublich delikater Wohlgeruch.

Es mag hier interessieren, daß der letzte der vier offerierten Rotweine ein Ch. Desmirail (Margaux) aus dem Jahre 1875 war. Die Flasche war von bester Herkunft. Sie stammte aus dem privaten Keller eines bekannten Weinkenners in Paris, wurde neu verkorkt, vermutlich in den 30er Jahren, und wies ein gutes Füllniveau auf. Während unseres Essens kehrte ich in mein Büro zurück, entkorkte die Flasche, dekantierte sie und brachte den Wein in den Eßraum, wo er sofort serviert wurde. Um diesen Bordeaux aus der Zeit vor dem Reblauseinfall in Europa zu beschreiben, fehlt mir hier der Platz. Es muß genügen, wenn ich sage, daß nicht eine Spur von Überalterung oder gar Zerfall vorhanden war, weder in der Nase noch am Gaumen. Nach 15 Minuten im Glas erschien er uns etwas fetter und runder, und selbst eine Stunde später spielten noch exquisite Duftnoten in und um die Nasen, die wir wiederholt und aufmerksam ins leere Glas steckten. So möchte ich abschließend zu diesem Kapitel bemerken: Dekantieren Sie nicht zu ängstlich, ein paar Stunden im voraus. Und vor allem: Geben Sie dem Wein eine Chance, im Glase aufblühen zu können.

Weitere Vorbemerkungen

Bevor ich zur Darstellung der richtigen Methode komme, lassen Sie mich nochmals jene Weinkategorien aufzählen, die nicht dekantiert werden müssen. Grundsätzlich sind es all jene, die keinen Bodensatz aufweisen, das heißt alle jungen Rotweine bis etwa in ihr fünftes Flaschenjahr, gewöhnliche rote Tafelweine unabhängig von ihrem Alter, junge Weißweine inklusive Sherry, Roséweine, Champagner, Ruby- und Tawny-Port sowie die preiswerteren Madeiras.

Weißweine umzugießen macht nur bei wirklich alten Gewächsen Sinn, ob süß oder trocken, sowie bei einigen seltenen alten Sherries, Soleras und Madeiras mit Jahrgang. Diese letzteren mit ihrer glühenden Bernsteinfarbe und alte Sauternes, die normalerweise ein mit Gold durchschossenes, warmes Gelborange zeigen, präsentieren sich besonders schön in einer völlig unverzierten oder nur leicht geschliffenen Glaskaraffe. Weißwein mit einer *kristallinen* Ausfällung (d. h. mit Weinstein, eine geschmackneutrale Ablagerung, zumeist durch einen plötzlichen Temperatursturz entstanden und völlig harmlos) kann, aber muß nicht dekantiert werden.

Spitzenkandidaten für das Dekantieren sind also reife Bordeaux und Jahrgangs-Portweine.

Was die roten Burgunder betrifft, so gibt es zwei Schulen. In Burgund selbst wird der Wein selten umgegossen. Der Grund ist mir nicht ganz klar. Sehr einleuchtend aber ist mir die große Sorgfalt, die während des Dekantierens zu befolgen ist, weil Bodensatz im Burgunder zumeist sehr fein, sehr *poudreux* ist. Man braucht also eine ruhige Hand und ein altmodisches Dekantiergerät mit einer Drehkurbel und einer weichen Kraftübertragung. Die Gläser müssen zur Flasche gebracht werden und nicht umgekehrt. Ist diese Vorrichtung nicht vorhanden, sollten die Gläser in einer Linie aufgereiht und der Flascheninhalt auf sie verteilt werden, ohne die Flasche auch nur einmal abzusetzen. Auf jeden Fall muß sehr darauf geachtet werden, das Einschenken zum Abschluß zu bringen, bevor Bodensatz den Flaschenhals durchläuft. (Kürzlich erlebte ich mit geweiteten Pupillen, wie der Genuß an einer Magnum herrlichen Burgunders verdorben wurde, weil der Gastgeber – sonst ein großer Weinkenner – den Wein zwar korrekt in acht große

Gläser eingoß, bei der Feinverteilung aber die Runde wiederholte und bis zum bitteren Ende jedem Glas mit etwas Bodensatz den Gnadenstoß versetzte.)

Persönlich empfehle ich das Dekantieren jeden roten Burgunders von entsprechendem Jahrgang und guter Herkunft, sofern Verdacht auf Bodensatz besteht. Klüger ist es in jedem Fall.

Doch nun zur Methode:

Die Flasche muß ein paar Stunden oder einen Tag stehen, so daß die Ablagerung sich setzen konnte.

Die einzigen Ausnahmen sind vielleicht alte Sauternes, die man kühl zu servieren beabsichtigt und deshalb im Keller dekantiert, sowie Vintage Port, der sorgfältig dem Fach entnommen und an Ort und Stelle umgegossen wird (siehe Seite 310).

Die Flasche steht nun bereit, die Kapsel ist entfernt, der Korken gezogen. Nun sollten Sie die folgenden Utensilien zur Hand haben:

KARAFFE. Sauber, trocken, nicht nach Waschpulver riechend, das Glas in Raumtemperatur. Es macht wenig Sinn, den Wein temperiert zu halten und ihn dann in Karaffen und Gläser zu gießen, die in letzter Minute einem kalten Schrank entnommen worden sind. Ist die Karaffe über längere Zeit nicht benützt worden und war sie mit dem Stopfen verschlossen, kann die sich darin befindende Luft abgestanden riechen, besonders wenn die Karaffe seit dem letzten Gebrauch nicht gut ausgespült war und nicht kopfüber trocknen konnte.

KERZEN. Am besten eignet sich eine etwa 10 cm lange Kerze in einem ebenso hohen Kerzenständer. Die Halterung des *Screwpull* (vgl. Seite 301) kann ebenfalls als Kerzenständer dienen. Über einer langen Kerze auf einem hohen Ständer kann nicht gut dekantiert werden, es sei denn, sie stünde auf einem niederen Tischchen oder Stuhl.

Die Alternative zur Kerze und ebenso wirksam ist eine elektrische Lichtquelle oder eine Taschenlampe, die auf den Tisch gelegt nach oben leuchtet.

TRICHTER. Dieser erleichtert das Umgießen, und wenn Sie einen benützen möchten, so sollte er aus Glas gefertigt sein. Ein altehrwürdiger Bordeaux verträgt sich nicht mit einem Plastiktrichter, dessen Sauberkeit mir überdies oft Anlaß zur Sorge bietet. Silbergerät schaut vornehm aus, doch wann und mit welchem Produkt wurde es letztmals gereinigt? Spuren von Politur vermögen den Wein zu beeinträchtigen.

Es gibt nur einen Wein, für den ich persönlich ein hübsches, antikes Silbergerät (Trichter und Sieb) verwende, nämlich für Jahrgangs-Port. Begründen kann ich das damit, daß die Ablagerungen in diesem Wein krustig und flockenartig sind, sich also leicht vom klaren Wein trennen und im Sieb zurückbleiben.

Das Vorgehen

Plazieren Sie den Kerzenständer nun an die Ecke eines Tisches, die Karaffe in der linken, die Flasche in der rechten Hand – und umgekehrt für Linkshänder.

Achten Sie darauf, daß der Hals der Flasche und ihr oberes Schulterende frei von Staub und Schmutz sind, damit Ihnen die Durchsicht nicht getrübt ist.

Wenn Sie einen Trichter verwenden, setzen Sie ihn auf die Karaffe. Ist keiner vorhanden oder ist er nicht absolut nötig, dann können Sie mit der gebotenen Sorgfalt auch direkt umgießen.

Nun lassen Sie die Karaffe entweder stehen oder ergreifen Sie sie am Hals mit der linken Hand – das hängt von Ihnen und von der Höhe des Kerzenlichts ab.

Mit der rechten Hand umfassen Sie die Flasche auf der Höhe des Etiketts, heben sie hoch und kippen sie seitwärts zur Karaffenmündung. Gießen Sie langsam, aber regelmäßig um. Sobald der Wein im Fluß ist, bewegen Sie die Flasche langsam gegen das Kerzenlicht, bis das Auge, die Unterseite der Flaschenschulter und das Licht sich auf einer Linie befinden. Diese Sichtlinie soll nicht vertikal, sondern leicht angewinkelt sein, weil sonst die Flamme das Glas schwärzt und Ihre Sicht behindert. Der ganze Inhalt muß in einem Zug umgeleert werden. Unterbrechungen könnten den Bodensatz aufwirbeln. Sie werden bald merken: Übung macht den Meister.

Bis Sie die richtige Kontrollposition eingenommen haben, wird etwa die Hälfte des Flascheninhaltes umgefüllt sein, bis Sie im Kerzenschein sehen, daß der Wein sauber durch den Flaschenhals ausfließt. Achten

Sie nun auf die ersten Spuren von Bodensatz, die sich normalerweise in Form eines feinen Fadens zeigen. Ich lasse diesen normalerweise so lange passieren, bis er sich in der oberen Schulter entweder verdickt oder gar grobe Stücke auftauchen. Dies ist der Moment, um die Flasche zurückzukippen und abzusetzen. Üblicherweise bleibt etwa ein Glas trüber Flüssigkeit in der Flasche zurück. (Wenn Sie davon kosten, werden Sie den Sinn dieser Zeremonie verstehen!)

Dieses Vorgehen findet Anwendung bei allen Weinen, ausgenommen bei Vintage Port.

Beschaffenheit und Menge des Bodensatzes können etwas variieren. Sie hängen ab von der Bereitungsart und dem Alter des Weines. Burgunderflaschen sind aufgrund ihrer weicheren Schulterrundungen etwas sorgfältiger zu dekantieren als Bordeauxflaschen, deren Schultern stärker ausgeformt sind.

VINTAGE PORT. Die vom traditionellen englischen Handel verwendeten Portweinflaschen sind aus extrem dunklem Glas produziert, zumeist so schwarz, daß das Füllniveau nicht ausgemacht werden kann, selbst wenn man sie mit einem sehr starken Licht zu durchleuchten versucht. Die Ablagerung oder Kruste unterscheidet sich vom üblichen Bodensatz durch ihre feste Form. Je schneller ein Jahrgangs-Portwein nach dem Flaschenabzug ins Fach gelegt wurde und je länger er dort geruht hat, desto regelmäßiger und kompakter wird sich eine Kruste bilden und desto leichter wird die Flasche nach Erreichen der Reife zu dekantieren sein.

Bei einem alten (sagen wir 25 Jahre und mehr) Portwein brauchen Sie keine Kerze. Traditionellerweise wurde er stets im Keller dekantiert: die Flasche sorgfältig aus dem Fach genommen, in ein Holzkörbchen gelegt (nicht in dessen heutige, sehr dürftige Flechtwerk-Imitation), der Korken gezogen und der Wein über Trichter und Sieb umgegossen. Er bleibt sauber, weil das Sieb die flockigen und flügeligen Ablagerungen zurückhält.

MUSSELIN UND PAPIERFILTER. Die Verwendung eines Filters mag dem Schüchternen und Old Zitterhand verführerisch einfach erscheinen. Doch bei Berücksichtigung all meiner vorerwähnten Ratschläge sollte dieser Gedanke eigentlich gar nicht erst aufkommen.

Immerhin kann es trotz Voraussicht und Sorgfalt einmal geschehen, daß eine Flasche erschüttert wurde oder daß das Depot sonstwie zuwenig Zeit fand, sich gebührend zu setzen. Dies dürfte der einzige Grund sein, um ein Stück feinen Musselins oder Leinen in den Trichter zu legen. Papierfilter – die üblichsten sind Kaffeefilter – sind eine eher unhaltbare, eine allerletzte Zuflucht. Meiner Erfahrung nach ist die Siebwirkung von Textilien nicht völlig zuverlässig, und Papier kann dem Wein einen leicht puderigen Geschmack vermitteln. Auch die Idee, den in der Flasche nach dem Zurückkippen verbliebenen Rest in ein separates Glas zu filtrieren, taugt nicht viel: Es gibt hier nichts mehr zu retten.
TRÜBER WEIN. Man stößt gelegentlich auf Wein, der eine wolkenförmige Trübung aufweist, die sich nicht absetzen will. Wurde er kürzlich beim Lieferanten erstanden, so ist er zurückzugeben. Handelt es sich aber um ein altes Einzelstück, so bleibt nicht mehr viel zu tun. Man kann ihn mit einem Papierfilter zu klären versuchen, doch dürfte der Wein sich ohnehin schon jenseits der Genußfähigkeit befinden.

DIE AUSSCHANKTEMPERATUREN BEI TISCH

Die Feststellung, daß es keine exakten Temperaturvorschriften gibt, mag die einen beruhigen, die anderen irritieren. Tatsächlich sind nur Empfehlungen angebracht, und die nützlichen unter ihnen berücksichtigen stets gewisse Zusammenhänge wie etwa die Jahreszeit, persönliche Vorlieben oder die Temperatur des Eßzimmers. Gewiß sind Extreme unsinnig, also *nie zu kalt und nie zu warm.* Aber auch: *besser etwas zu kalt als etwas zu warm.* Die Bedeutung dieses Grundsatzes ist weittragend, und seine Mißachtung erlaubt es dem Wein nicht, all seine inneren Qualitäten auf die schönste Weise zur Geltung zu bringen.
ROTWEINE: Es wird oft gesagt, Rotwein müsse bei Zimmertemperatur serviert werden. Aber diese Meinung stammt aus einer Zeit, da die Zimmer mit 18 bis 20 °C noch als geheizt galten. Und zudem spielen die heutzutage überaus differenzierte Palette von Gewicht und Stil eines Weines sowie sein Alter eine Rolle bei der Bestimmung der Ausschanktemperatur.

◇ Bordeaux, Burgund, Rhone, Italien: je höher klassiert und je reifer, desto mehr Temperatur soll man zulassen – und umgekehrt. Der Bereich liegt zwischen 17 und 20 °C.
Ganz generell gilt, daß Burgunder immer etwas frischer zu servieren ist als Bordeaux.
◇ Beaujolais und Mâconnais, Loire, leichte Italiener: 12 bis 15 °C, also bei Kellertemperatur.

WEISSWEINE. Sie müssen kühl serviert werden. Ja, aber wie kühl? Aufgrund meiner Erfahrungen verdient auch diese landläufige Meinung eine differenziertere Darstellung:

◇ Leichte, trockene, säurereiche Weine: Muscadet und die ganze Reihe von Weinen, die aus der *Sauvignon-Blanc*-Rebe erzeugt werden, wie etwa Sancerre, sollten kalt serviert werden. Bereich: 7 bis 10 °C. In die gleiche Kategorie gehören die gängigen Elsässer sowie die italienischen (z. B. Soave), portugiesischen (z. B. Vinho Verde) und spanischen Weißen.
◇ Hochklassige weiße Burgunder: obwohl auch trocken, weisen sie oft einen Alkoholgehalt von 12,5 bis 14° und eine reiche Struktur auf. Ein Bâtard-Montrachet beispielsweise, kalt kredenzt, kann seine Qualitäten nicht zeigen. Bei 12 °C einschenken und ihn im Glase erwärmen lassen, lohnt er mit einer wundervollen Entfaltung seiner Bouquetstoffe.
Dasselbe gilt für die hochrangigen natürlich-süßen Dessertweine aus Sauternes und vom Rhein und der Mosel (Trockenbeerenauslesen).
◇ Halbtrockene süße deutsche Weine gewöhnlicher Herkunft: 8 bis 10 °C.

ROSÉWEINE, gleich welcher Herkunft: 7 bis 10 °C.
CHAMPAGNER UND SCHAUMWEINE OHNE JAHRGANG sind sehr kalt zu servieren, das heißt bei 6 bis 8 °C. Bouquet und Geschmack haben nur bei einigen Jahrgangs- und den Lagen-Champagnern Format, so daß sie auch noch bei 10 bis 12 °C gute Figur machen.
SHERRY. Billige Sherries und Sherry-ähnliche Weine sind sehr kalt zu servieren. Gute *Finos* und *Manzanillas* um 8 bis 10 °C. Alte *Amontillados* und *Olorosos* dagegen bei 16 bis 18 °C. In Übersee wurde mir schon

empfohlen, *Cream*-Sherry *on the rocks* zu servieren. Nun gut, so sei's denn!

MADEIRA. Die Temperatur hängt von der Rebsorte ab:

- ◇ Sercial, der leichteste und trockenste: 8 bis 10 °C.
- ◇ Verdelho, eher halbtrocken: ebenso kühl, aber nicht zu kalt.
- ◇ Bual, reicher und mit mehr Körper: bei 13 °C oder, wenn alt und edel, bei 16 °C.
- ◇ Malmsey, der süßeste und reichste: bei 18 °C.

PORTWEIN

- ◇ Weißer Port ist im allgemeinen trocken oder halbtrocken. Also: sehr kalt servieren (6 bis 8 °C).
- ◇ Gewöhnlicher *Ruby* oder *Tawny* wird im allgemeinen bei Raum- oder *Pub*-Temperatur getrunken.
- ◇ Feiner alter *Tawny* ist das bevorzugte Getränk der Portwein-Exporteure in Oporto, wo sie ihn kühl servieren.
- ◇ Jahrgangs-Portwein bei Raumtemperatur: 16 bis 18 °C.

ZEITBEDARF FÜR TEMPERATURÄNDERUNGEN

DAS KÜHLEN VON WEISSWEIN. In einem auf 5 °C regulierten Eisschrank kühlt sich der Inhalt einer normalen 7-dl-Flasche etwa zwei Grad innerhalb von 30 Minuten ab. Aus einem guten Weinkeller genommen, kann eine Flasche Weißwein also in zwei Stunden auf die beste Trinktemperatur gebracht werden.

DAS TEMPERIEREN VON ROTWEIN. Das gleiche Maß gilt in umgekehrter Richtung. Aus dem Keller geholt und in ein Zimmer mit über 20 °C Wärme gebracht, wird sich der Inhalt um zwei Grad je halbe Stunde erwärmen.

DAS BEWAHREN DER SERVICE-TEMPERATUR

Weißweine sollten bei immer gleicher Frische eingegossen werden können. Die altmodischen Eiskübel erfüllen diesen Zweck eher ungenügend, weil sie Weine oft unterkühlen. Kommt hinzu, daß sie etwas kompliziert zu handhaben sind, und zudem löst das Wasser das Etikett. Eiskühler können für leichte trockene Weine und Schaumweine verwendet werden, bei denen ein sehr kalter Service erwünscht ist. Ein praktischer Tip: Füllen Sie nicht nur Eis in den Kübel, sondern zur Hälfte auch Wasser. Sie können die Flasche dann leichter zurückstellen. Und geben Sie eine großzügige Prise Salz dazu: Sie wird die Temperatur tief halten.

Der ideale Weg, um einen Wein in seiner besten Ausschanktemperatur zu bewahren, ist die Verwendung des Behälters Vinicool®, der heute wohl überall erhältlich ist. Er basiert auf dem einfachen Prinzip, wonach Warmluft steigt und Kaltluft fällt. Die Flasche bewahrt darin ihre Temperatur bis zum letzten Weintropfen. Die Transparenz des Vinicool®-Behälters erlaubt zudem, das Flaschenetikett zu sehen, und dieses löst sich auch nicht, weil der Behälter ohne Wasser funktioniert.

Und ein Letztes noch: Weißweingläser sind üblicherweise kleiner als Rotweingläser. Das hat seinen guten Grund, denn eine geringere Glasfläche übermittelt dem Glasinhalt auch weniger Raumwärme. Um diese Wirkung ganz auszuschöpfen, sollen Weißweingläser nur zur Hälfte gefüllt und öfter aus der kühlen Flasche nachgefüllt werden.

XVII
Anregung zur Kellerbuchführung

Tannat

Von all dem Geld, das ich seit
meinem Eintritt ins Erwerbsleben ausgegeben habe,
verschaffte mir keines einen bessern Gegenwert als jenes,
das ich für die Flaschen bezahlte,
deren Chronik in meinem Kellerbuch verzeichnet ist.

George Saintsbury,
«Notes on a Cellarbook», 1920.

Genauso wie man Wein trinken und sich an ihm erfreuen kann, ohne darüber zu schreiben, so kann man auch Weine erwerben, lagern und kredenzen, ohne ein Kellerbuch zu führen.

Sinneseindrücke in Worte zu fassen und zu notieren mag dem einen und andern als etwas wunderliche Verstiegenheit eines Weinliebhabers erscheinen. Für den nüchternen Fachmann ist diese Notiznahme ein unerläßliches Arbeitsinstrument. Im Kellerbuch aber finden sich Worte und Zahlen zusammen, es ist Buchhaltung, Sprachübungsheft und Erinnerungsbuch in einem, und darin liegt sicher der Grund, warum es in ordentlichen Haushalten und Weingeschäften seit Generationen geführt wird.

Kompliziert ist es nicht: Sie brauchen bloß die Anzahl der erstandenen Flaschen ein- und auf derselben Seite chronologisch wieder auszutragen. Was im einzelnen Fall sonst noch wert scheint, festgehalten zu werden, bezieht sich etwa auf den Anlaß, das Menü, die Gäste. Auf diese Weise wird es zu einer besonderen Art von Gästebuch, in dem man gerne zurückblättert und das neben der Erinnerung an Freunde auch etwa einen Vergleich zwischen dem damals bezahlten und dem aktuellen Preis zu ziehen erlaubt. Nachfolgend finden Sie eine Anzahl Seiten eines Kellerbuches eingebunden. Benützen Sie sie, wenn es Ihnen Freude macht. Wenn Sie Ihre persönliche Buchführung dann ausbauen möchten, können Sie sich immer noch ein eigenständiges Kellerbuch erstehen. An dieser Stelle möchte ich Ihnen noch ein paar Hintergrundinformationen weitergeben.

Kellerbücher – gestern und heute

Historisch gesehen widerspiegeln Kellerbücher den Geschmack ihrer Zeit. Sie werfen Schlaglichter, etwa in der Art von Samuel Pepys Tagebuch, auf den Lebensstil, den relativen Wohlstand, die Politik und die Wirtschaft im Sektor Wein. Soweit ich es überblicken kann, sind keine Kellerbücher aus dem Mittelalter erhalten, ganz im Gegensatz zu den vielen Aufzeichnungen darüber, welche Weine nach England verschifft wurden. Das Haushaltsbuch von John Hervey, dem ersten Earl of Bristol, die detaillierten Weineinkäufe von 1720 bis 1739 und seine Schlußfolgerungen ergeben einen guten Überblick über das Konsumverhalten in seinem Hause. Ich vermute jedoch, daß erst mit dem Aufkommen des traditionellen Weinhandels im 19. Jahrhundert Aristokraten und das wohlhabende Bürgertum damit begannen, jene Art von Kellerbuch zu führen, die wir heute als klassisch bezeichnen. Die vollständigsten und aufwendigsten Beispiele, die mir bisher zu Gesicht kamen, sind jene der Herzöge von Wellington in Apsley House und des Earls von Strathmore in Glamis Castle. Dies sind schwere, in Leder gefaßte Bände mit Rubriken für den Namen des Weines, den Jahrgang, das Kaufdatum, den bezahlten Preis, die Lagerfachnummer und die Chronologie der ausgetrunkenen Flaschen. Generationen von Butlern und Verwaltern haben sie in perfekter Weise und selbstverständlich ohne Kleckse geführt. Die exakten und lückenlosen Eintragungen sind wichtig für den Auktionator seltener Gewächse, der sich gelegentlich allein auf die in einem solchen Buch verzeichnete Lagerfachnummer abstützen konnte, um die Herkunft eines fraglichen Weines herauszufinden.

Einige Kellerbücher sind von beträchtlichem gesellschaftlichem Interesse. Christie's verkaufte sowohl die Weine wie deren Register des verstorbenen Sir Gerald Kelly, eines ehemaligen Präsidenten der *Royal Academy of Arts* und eines bekannten Weinkenners. Neben den statistischen Angaben notierte er die Namen seiner Gäste, das Datum der Mittag- oder Abendessen sowie die Charakteristika der kredenzten Gewächse.

Das berühmteste Dokument ist ohne Zweifel George Saintsburys Kellerbuch. Es regte den schrulligen Professor zur Niederschrift seiner *Notes on a Cellarbook* an, eine sowohl fesselnde wie amüsante Lektüre für den interessierten Leser und ein sofortiger Publikumserfolg, ein Werk auch, das zur Inspirationsquelle manch eines nachfolgenden Weinschriftstellers wurde. Sein eigentliches Kellerbuch, das ich vor der Versteigerung bei Christie's überprüfte, bestand aus ganz gewöhnlichen Notizheften, mit einem ungefähren Plan seines Kellers und fast unentzifferbaren handschriftlichen Eintragungen. So bleibt Hoffnung für uns alle ...

Das Kellerbuch

Die folgenden Notizblätter sind einfach und praktisch konzipiert. Besondere Originalität beanspruchen sie nicht, denn diese Rubriken finden sich mehr oder weniger in allen Lagerbüchern. Abgesehen von den Einträgen über Anschaffung und Verbrauch (interessant auch für die Nachwelt oder vielleicht gar als Inspiration für ein eigenes Buch!), werden sie die Grundlage abgeben für künftige Einkäufe. Wer Wein auch für den späteren Wiederverkauf einlagert, kommt eigentlich um eine schriftliche Begleitung nicht herum, müssen in solchen Fällen doch etliche wichtige Informationen festgehalten werden.

Date	Name of Wine	Vintage	Purchased from	Price	Quantity
Dec. 12 1974	Ch. Trotanoy (Pomerol) (Pomerol)	1971	Corney & Barrow	£72 per dozen	3 dozen
Date	***Occasion/guests***	***Fare***	***Comments***	***No. used***	***Balance***
July 13 1975	Dinner at Quarrendon Street June & Michael Hague	Cold roast beef etc.	Lovely deep fruity wine but unready	1 bottle	2.11
Nov. 18 1978	Dinner at Q.St. Len Evans, Peter Fox & wives	Rack of lamb	Quite good as the opening claret. Softening. Shows great quality & potential	2 bottles	2.9
Sept. 3 1980	At Christie's Jamie & Jack Davies (Schramsberg) Belle & Barney Rhodes (Napa)	Crown of lamb	Seems to be increasing in length and depth. Developing well	2 bottles	2.7
June 19 1981	25th. wedding anniversary lunch. Just Daphne & 9	Culham ham & pink chops in aspic	approaching its 10th. anniversary, the wine has come of age. Lovely	1 bottle	2.6

Autumn 1983	I notice the auction price Decide to sell 1 dozen (3 bottles missing on tak-	is up to £400 per dozen & replace it with 2 dozen -ing stock. Emma again?	of the 1981 vintage @ £140 (see folio 12)	1 dozen 3 bottles	1.6 1.3
April 14 1984	Bordeaux Club dinner Messrs. Waugh, Behrens, Ld. Walston, Jack Plumb & Neil McKendrick	Navarin of Lamb (brought by Michel Roux)	Sensationally rich, fully developed Pomerol silkiness (see tasting notes Vol. 56 p. 14)	2 bottles	1.1

Kauf-datum	Name des Weines	Jahrgang / Flaschenformat	Lieferant	Preis	Menge
12.12. 1974	Ch. Trotanoy, Pomerol	1971 7 dl	Corney & Barrow	£ 72 per Dz.	3 Dutzend
Getrunken am	*Anlass* *Gäste*	*Menü*	*Kommentare*	*Anzahl Flaschen*	*Saldo*
13. Juli 1975	Dinner an der Quarrendon Street. June + Michael Mayne	Kaltes Roastbeef etc.	schöne, tiefe Frucht, aber unreif.	1 Fl.	2/11
18. Nov. 1978	Dinner an der Quarrendon Street, Len Evans, Peter Fox und Gemahlinnen	Lammrücken	Ganz gut als erster Wein. Beginnt sich abzurunden. Zeigt grosse Qualität und Entwicklungspotential.	2 Fl.	2/9
3. Sept. 1980	Bei Christie's. Jamie & Jack Davis (Schramsberg) Betty and Barney Rhodes (Napa)	Lammrücken	scheint an Länge und Tiefe zuzulegen. Entwickelt sich gut.	2 Fl.	2/7
19. Juni 1981	25. Hochzeitstag Lunch. Nur Daphne und ich.	Culham Schinken und Lammkoteletten	Der Wein nähert sich seinem 10. Geburtstag. Beginnt Charakter zu zeigen. Sehr schön.	1 Fl.	2/6

Heibst 1983	Ich bemerke, dass der Auktionswert auf 400 £ per Dz. gestiegen ist. Entscheid: 1 Dz verkaufen und es durch 2 Dz des Jahrganges 1981 zu ersetzen, zu 140 £ pro Dz. (siehe Folio 12)			1 Dz	1/6
	(3 Flaschen fehlen am Lager. Schon wieder Tochter Emma?)			3 Fl.	1/3
14. April 1984	Bordeaux-Club-Dinner mit Waugh, Behrens, Ld. Walston, Jack Plumb und Neil McHendrick	Hammelragout, (geliefert von Michel Roux)	Sensationell reich, vollentwickelt, seidig (typisch Pómerol!) (siehe Deg. Notizen, Vol. 56, Seite 14!)	2 Fl	1/1

Zu trinken von / bis *(Empfehlung des Verkäufers)* 1980 - 85

Kauf-datum *Getrunken am*	Name des Weines *Anlass* *Gäste*	Jahrgang / Flaschenformat *Menü*	Lieferant *Kommentare*	Preis *Anzahl Flaschen*	Menge *Saldo*

Zu trinken von / bis *(Empfehlung des Verkäufers)*

Kauf-datum *Getrun-ken am*	Name des Weines *Anlass* *Gäste*	Jahrgang / Flaschenformat *Menü*	Lieferant *Kommentare*	Preis *Anzahl Flaschen*	Menge *Saldo*

Zu trinken von / bis *(Empfehlung des Verkäufers)*

Kauf-datum	Name des Weines	Jahrgang/Flaschenformat	Lieferant	Preis	Menge
Getrunken am	*Anlass Gäste*	*Menü*	*Kommentare*	*Anzahl Flaschen*	*Saldo*

Zu trinken von / bis *(Empfehlung des Verkäufers)*

Kauf-datum *Getrunken am*	Name des Weines *Anlass Gäste*	Jahrgang / Flaschenformat *Menü*	Lieferant *Kommentare*	Preis *Anzahl Flaschen*	Menge *Saldo*

Zu trinken von/bis *(Empfehlung des Verkäufers)*

Kauf-datum *Getrun-ken am*	**Name des Weines** *Anlass* *Gäste*	**Jahrgang / Flaschenformat** *Menü*	**Lieferant** *Kommentare*	**Preis** *Anzahl Flaschen*	**Menge** *Saldo*

Zu trinken von / bis *(Empfehlung des Verkäufers)*

Kauf-datum *Getrunken am*	Name des Weines *Anlass* *Gäste*	Jahrgang / Flaschenformat *Menü*	Lieferant *Kommentare*	Preis *Anzahl Flaschen*	Menge *Saldo*

Zu trinken von / bis *(Empfehlung des Verkäufers)*

XVIII
Über den Weineinkauf

Chardonnay

Die wahre Beredsamkeit besteht darin,
das zu sagen, was zur Sache gehört,
und eben nur das.

La Rochefoucault,
«Reflexionen», 1664.

Dieses Kapitel wurde angepaßt an die Verhältnisse in deutschsprachigen Ländern. Die Bearbeitung ist jedoch in ergänzendem Sinne zu verstehen und nicht als Ersatz für die originalen Ausführungen, die zwar auf den englischsprechenden Leser zugeschnitten sind, aber auch für deutschsprachige Weinfreunde von Interesse sein können.

So wird aus dem nachfolgenden Text ersichtlich, daß eine fabelhafte Vielfalt *das* herausragende Merkmal des heutigen Weinangebotes ist. Man weiß kaum, wo die Grenzen zu stecken, und dementsprechend steigt die Qual der Wahl. Wollte man diesem Gegenstand wirklich gerecht werden, so müßte man dieses Kapitel zu einem Lexikon mit weltweiter Gültigkeit ausbauen, ein eher sinnloses Unternehmen, weil es am Tage der Publikation seine Aktualität bereits eingebüßt hätte. Was ich aber tun kann, ist dem interessierten Leser ein paar grundsätzliche Aspekte allgemeiner Natur zu erläutern, die auf persönlicher Erfahrung beruhen.

Weine zum Lagern

Ob Sie nun an einen künftigen Genuß oder an eine Investition denken, die ausgewählten Gewächse müssen mehr als bloß die Fähigkeit besitzen, altern zu können. Das Kriterium liegt darin, daß die *Alterung gleichbedeutend sein muß mit einer Verbesserung*, was bei weitem nicht immer der Fall ist. Um dies beurteilen zu können, sind Kenntnisse unerläßlich über die Reblage, die Weinbereitung, Erfahrung und Charakter des Produzenten und die Merkmale eines Jahrganges. Das Château, die Domäne und der für die Arbeit im Rebberg und im Keller Verantwortliche müssen sich über ihr Potential und über Resultate ausgewiesen haben. Die Wetterbedingungen das Jahr hindurch und während der Weinlese müssen günstig sein, mit Sonnenscheindauer und Regenfällen im richtigen Maß und Rhythmus.

Es mag überraschen, daß von den Hunderten von Millionen von Hektolitern, die jährlich auf der Welt erzeugt werden, nur sehr, sehr wenige Weine durch eine Lagerung an Qualität hinzugewinnen. Um es deutlich auszudrücken: Viele gutgemachte Weine halten sich auch gut, doch schmecken sie besser in ihren jungen Jahren. Nur Spitzenprovenienzen aus ein paar wichtigen Anbauregionen gewinnen durch Alterung an Qualität, ja benötigen buchstäblich eine Entwicklungszeit, um zu voller Blüte und Reife zu gelangen.

ROTER BORDEAUX. Die führenden Châteaux aus guten und sehr guten Jahrgängen stehen im Mittelpunkt des Interesses. Obwohl die meisten Gewächse über einige Jahre gut haltbar sind, die unter einer der rund dreitausend Schloßbezeichnungen auf den Markt kommen, entwickelt sich nur etwa eine Hundertschaft davon über eine Zeitspanne von 10 bis 20 Jahren in positiver Weise, und unter diesen findet sich der kleine Kreis von 20 bis 30 Hochgewächsen, die Weltruf genießen und eine Investition wert sind. Die folgenden Jahrgänge eignen sich momentan am besten für eine längere Lagerung: 1990, 1989, 1988, 1986, 1985, 1982. Gute Jahrgänge für eine mittelfristige Lagerung: 1987, 1983.

Meine persönliche Liste der rund 20 Châteaux mit den besten Voraussetzungen für einen künftigen leiblich-geistigen Hochgenuß und Gewinn (in alphabetischer Reihenfolge):

Ch. Ausone (seit dem Jahrgang 1978)
Ch. Beychevelle (elegant, stilvoll)
Ch. Canon (absolut zuverlässig; feiner St-Emilion mit Schmelz)
Ch. Cheval Blanc (der Primus aus St-Emilion)
Ch. Ducru-Beaucaillou (so dezent und zuverlässig wie seine Besitzer)
Ch. Figeac (hochklassig; nicht nur der Preis beweist es)
Ch. Cos d'Estournel (erzeugt bessere und bessere Weine)
Ch. Gruaud-Larose (tief, fruchtig)
Ch. Haut-Brion (einmalig; harmonisch, elegant, aber erdbetont)
Ch. Lafite (Quintessenz von Delikatesse und Feinheit)
Ch. La Lagune (ein großer Bordeaux von unauffälliger Herkunft; reich, stilvoll)
Ch. Latour (massiv, solid, langlebig, hohe Qualität)
Ch. Léoville-Barton (oft unterschätzt, «the gentleman's claret»)
Ch. Léoville-Las Cases (ausgewogen, subtil, mit Länge; bester der zweitklassierten Hochgewächse)
Ch. Margaux (berühmt für Eleganz und Duft – die Königin des Bordeaux)
Ch. La Mission-Haut-Brion (maskulin, selbstbewußt, erdbetont)

Ch. Montrose (langsam in der Entwicklung, langlebig, verläßlich)
Ch. Mouton-Rothschild (*con brio;* brillant, intensiv, Naturtalent)
Ch. Palmer (fleischig, fast üppig in einem großen Jahr)
Ch. Pétrus (winzige Produktion, daher teuer; konzentriert und samtig)
Ch. Pichon-Lalande (fest, elegant, stilvoll)

Und eine persönliche Liste von Bordaux-Châteaux mit gastronomisch erfreulicher Zukunft, jedoch ohne monetären Wertzuwachs:

Ch. d'Angludet (Boden durchsetzt mit Halbedelsteinen; großer Charakter, preiswürdig)
Ch. Batailley (pflaumig, fruchtig, stämmig, konsistent)
Ch. Beauséjour-Bécot (zumeist stilvoll, im besten Fall ein brillanter St-Emilion)
Ch. Branaire-Ducru (unterbewertet, elegant, schmackhaft)
Ch. Calon-Ségur (etwas variabel; fest und fruchtig)
Ch. Chasse-Spleen (stets vorzüglich; erzielt Nachfrage und Notierungen wie ein klassifiziertes Hochgewächs)
Domaine de Chevalier (ein herausragender roter Graves)
Ch. Cissac (verläßlich, stilvoll, preiswürdig)
Ch. La Conseillante (ein herrlicher Pomerol, der die Anerkennung – und den Preis – verdient, die sein Besitzer verlangt)
Ch. L'Evangile (elegant, zu wenig bekannt)
Ch. La Fleur-Pétrus (fest im Fleisch, zuverlässig im Stil)
Ch. Gazin (im besten Fall ein edler, tiefer Pomerol)
Ch. Giscours (trocken, lebendig, frisch, hält gut)
Ch. Gloria (gut gemacht, Aspirant auf eine höhere Klassierung)
Ch. Grand-Puy-Lacoste (kompromißloser, klassischer Pauillac, fest, stilvoll)
Ch. Haut-Bailly (ein fester, fleischiger, roter Graves von hoher Qualität)
Ch. Latour-Pomerol (hohe Qualität, breit, fleischig)
Ch. Léoville-Poyferré (im besten Fall stilvoll und hochwertig)
Ch. Lynch-Bages (frisch, *Cabernet*-Aroma und -Geschmack, würzig)
Ch. Magdelaine (tief, melodiös, zu wenig bekannt)
Ch. Malescot-St-Exupéry (verläßlich, klassisch, langsam in der Entwicklung)

Ch. Mouton, Baronne Philippe (leichtgewichtig, frisch, feminin)
Ch. Pape Clément (der solideste und unter den großen Graves-Weinen den Médocs am ähnlichsten)
Ch. Pavie (normalerweise ein trockener, maskuliner St-Emilion; ausgezeichneter 1982er und 1983er)
Ch. Pichon-Baron (variabler und weniger fein als -Lalande, kann jedoch sehr gut sein)
Ch. La Pointe (leichtgewichtiger Pomerol, normalerweise preiswürdig)
Ch. Poujeaux (Theil) (zuverlässig, hohe Qualität)
Ch. Prieuré-Lichine (stilvoll und schmackhaft, zumeist seinen Preis wert)
Ch. de Sales (oft weich, geschmeidig, leichtverständlicher Pomerol)
Ch. Siran (fest, von einiger Eleganz)
Ch. Sociando-Mallet (nobel, konzentriert, verdiente höhere Klassierung)
Ch. Talbot (der elegante, trockene «jüngere Bruder» von Gruaud)
Ch. La Tour-de-Mons (stilvoll, absolut verläßlich)

ROTER BURGUNDER. Obwohl Burgunder aus den 20er Jahren noch immer ganz delikat sein kann und sich nicht selten besser präsentiert als vergleichbare Qualitäten und Jahrgänge aus dem Bordelais, ist es schwierig vorauszusehen, wie gut sich diese Provenienz hält, die aus Spitzenjahrgängen jüngerer Dekaden stammt.
Gewächse dieser Region haben sich schon immer schneller entwickelt als Bordeaux. Sie sind in ihrer Jugend weniger hart und tanninhaltig. Die wenigen Hochgewächse jedoch sind nicht nur haltbar, sondern benötigen eine Flaschenalterung, um alle Eigenschaften zur Blüte bringen zu können. Schulbeispiele kommen aus der Domaine de la Romanée-Conti: Sie gewinnen an Tiefe, an Vollkommenheit und seltsamerweise auch an Farbe.

Die besten Jahrgänge für eine Lagerung sind unzweifelhaft 1990, 1989, 1988, 1986 und 1985.

Die Weine aus der Côte de Nuits und die Lage Corton aus der Côte de Beaune dürften am geeignetsten sein für eine längere Lagerung (siehe auch Seiten 70f.); um sicherzugehen, beschränke man sich auf Hochgewächse von *genau bezeichneten Domänen* wie jene von de Vogüé, Henri

Gouges, Rousseau, Drouhin-Laroze und auf *Eigenlagen* führender Handelshäuser wie Drouhin, Jadot und Louis Latour (für zusätzliche Informationen über Burgunder-Produzenten siehe Bibliographie auf Seite 371).

JAHRGANGS-PORTWEIN. Diese Gewächse kann man nicht, man muß sie lagern. Vintage Port sollte idealerweise gekauft werden, wenn der neue Jahrgang auf den Markt kommt, und hierauf während mindestens fünf Jahren erschütterungsfrei und stets liegend in einem guten Keller aufbewahrt werden, damit sich die «Kruste» bilden kann. Port ist unter allen Weinen der Welt der stabilste und zuverlässigste, der im Alter kaum Sorgen, sicher aber viel Freude bereitet. Jahrgänge sind zudem einfach zu beurteilen, weil die führenden Erzeuger nur ihre besten Partien aus gelungenen Rebjahren mit der Jahreszahl versehen. Die hohe Qualität findet demzufolge ihren Ausdruck im *declared vintage. (Colheita* und *Novidade* sind keine Jahrgangs-Portweine im strengen Sinne, obwohl das Jahr der Weinlese auf dem Etikett angegeben ist. Sie sind *im Faß* gealtert, welches mit jüngerem Wein spundvoll gehalten wird.)

Jahrgänge zum Einkellern sind: 1985, 1983, 1977. Spitzenleistungen erbringen:

Cockburn (stilvoll, großer Name, obwohl nicht immer mein Favorit)
Croft (fest, aber geschmeidig; gute Frucht)
Dow (wahrscheinlich der trockenste von allen, schmackhaft, hochgetönt)
Fonseca (herrlich in Fleisch und Frucht; einer meiner Favoriten)
Graham (im allgemeinen der süßeste, ein edler, fleischiger, fruchtiger Wein; hohe Qualität; ihn mag ich am besten.)
Noval (ein individueller *Quinta*-Wein, heutzutage einer der leichtesten und femininsten)
Taylor (der massivste, mit charakteristischem, festem Rückenmark; braucht viel Zeit; große Haltbarkeit)
Warre (elegant, stilvoll, sehr zuverlässige Qualität; ein Schulbuch-Vintage-Port)

Voraussetzungen für eine gute Reife, doch ohne den Glanz von Wertsteigerungen besitzen auch Delaforce, Gould Campbell, Martinez, Offley, Rebello Valente und Sandeman.

ANDERE ROTWEINE. Die meisten guten Rotweine von solider Beschaffenheit sind über kürzere oder längere Zeit haltbar, doch wenige nur zeichnen sich durch Entwicklungsfähigkeit aus. Hier einige dieser Gewächse aus andern Ländern:

ITALIEN. Dieses Weinland *par excellence* würde in seiner kaum überblickbaren Vielfalt eine gesonderte Betrachtung verdienen. Entwicklungsfähige Jahrgangsweine werden jedoch nur in der Toskana (Chianti Classico, aber nicht von allen Produzenten), in Piemont (Barolo und teilweise auch Barbaresco, auch nur von ausgewählten Produzenten) und in Montalcino (Brunello di Montalcino) erzeugt. Die drei letzterwähnten sind normalerweise massive, gerbstoffreiche Weine, die nicht selten zehn und mehr Jahre Flaschenlagerung benötigen, um überhaupt Trinkreife zu erreichen.

Für mehr Informationen sind Bücher von zwei ausgezeichneten Autoren auf Seite 370 angegeben.

KALIFORNIEN: *Cabernet Sauvignon* und *Zinfandel* heißen die beiden Rebsorten, aus denen besonders im Napa-Tal langlebige und entwicklungsfähige Weine bereitet werden. Zu den besten Produzenten gehören Beaulieu Vineyards, Clos du Val, Heitz, Stag's Leap Wine Cellars, Robert Mondavi, Freemark Abbey, Louis Martini, Phelps, Ridge, Jordan, Trefethen und Mayacamas. Unter den *Cabernet Sauvignons* dürfte Heitz Martha's Vineyard der berühmteste sein – und auch der teuerste; Beaulieu Vineyards George de Latour Private Reserve begründete vor 40 Jahren die Tradition feinster Qualitätserzeugung im Anbaugebiet des Napa Valley; Stag's Leap spiegelt die unerreichte Brillanz von Warren Winiarski, Besitzer und Kellermeister in einer Person; und Louis Martini zeichnet sich in seiner unauffälligen, altmodischen Art aus durch stilvolle Weine, die langlebig und preiswürdig sind.

AUSTRALIEN. Die Weinszene vibriert. Es werden rote Gewächse erzeugt, die Aufmerksamkeit verdienen, besonders im Anbaugebiet von Coonawarra. Für den ausländischen Interessenten ist eine Beurteilung jedoch überaus schwierig angesichts der Vielzahl von Produzenten und der Tatsache, daß unterschiedliche Rebsorten aus verschiedenen Weindistrikten zusammengestellt werden. Neues wird erprobt, und die großen Weinjournale testen und empfehlen. Müßte ich unter den neuen

Produzenten einen auswählen, der hervorragende Rotweine mit Entwicklungspotential erzeugt, so wäre es Toltarni.

WEISSWEINE. Im wesentlichen sind Weißweine dazu da, in ihrer jugendlichen Frische getrunken zu werden. Unter den *trockenen* Weißen können nur allererste Provenienzen durch eine Lagerung an Qualität hinzugewinnen: große, klassische Burgunder (z. B. Montrachet) sowie solche aus dem Bordeleser Distrikt Graves (besonders Ch. Haut-Brion, Ch. Laville-Haut-Brion und Domaine de Chevalier).

Unter den *halbsüßen* und *süßen* Weißweinen gibt es indessen etliche, die Flaschenlagerung brauchen, um den Zenit ihrer qualitativen Entwicklung erreichen zu können. Dazu gehören Hochgewächse aus dem Sauternais, allen voran Ch. d'Yquem, aber auch die Rebgüter von Suduiraut, Climens, Coutet, Guiraud, Rieussec und La Tour Blanche. Ebenso in diese Gruppe gehören die Kleinproduktionen von Rhein und Mosel aus den führenden Weingütern: in der Pfalz jenes von Reichsgraf von Buhl, von Bürklin-Wolf, Bassermann-Jordan, Stumpf-Fitz; im Rheingau sind es die Namen von Schloß Vollrads, Schloß Rheinhardtshausen, von Schönborn, Groenesteyn, von Simmern, Senfter, Dr. Weil und der Staatsdomäne; in Rheinhessen gehören Franz Karl Schmitt dazu sowie G. H. Schmitt und Guntrum; an der Nahe sind es die Anheuser, von Plettenberg und Herf; und an der Mosel J. J. Prüm, Thanisch, Deinhard, von Schubert, das Bischöfliche Konvikt und Priesterseminar.

Von der Loire stammen Spezialitäten wie Coulée de Serrant von Madame Joly, ein paar Vouvrays mit Lagereigenschaften aus den Kellern führender Produzenten wie Foreau und Brédif sowie einige Côteaux du Layon aus besten Jahrgängen. Aus dem Elsaß eignen sich *Riesling* und *Tokay* aus einer *vendange tardive* (Spätlese) zur Lagerung.

DIE MAGNUMFLASCHE UND ANDERE GROSSFORMATE

Im allgemeinen ist bekannt, daß Wein besser hält und sich langsamer entfaltet, je größer das Flaschenformat ist, in das er abgefüllt wird. Umgekehrt verläuft die Entwicklung rascher in halben Flaschen, und die Qualität eines gar in Viertelflaschen abgefüllten Champagners ist von geradezu notorischer Unzuverlässigkeit, in welchem Alter er sich auch immer befindet. Die Begründung ist einfach: je größer das Weinvolumen im Verhältnis zur Fläche des Korkbodens und zum Luftkissen, das zwischen der Weinoberfläche und dem Korken liegt, desto langsamer der Oxydations- und Reifevorgang.

Unter dem Gesichtspunkt der Praktikabilität dürfte die Magnumflasche (Fassungsvermögen von zwei handelsüblichen Normalflaschen) als die geeignetste Größe bezeichnet werden. Andere *grands formats,* wie sie die Franzosen nennen, wie Doppel-Magnum und Jéroboam[1], beeindrucken zwar durch ihre füllige Präsenz, bieten jedoch in der Ver- und Anwendung einige Probleme: Sie können nur bei einem größeren Anlaß geöffnet werden, und ihre Handhabung erfordert viel Geschick und Sachverstand. So werden diese Großformate selten abgefüllt. Und was die acht Normalflaschen fassende Impériale betrifft, so scheint sie mir eher ein etwas spekulatives Handelsobjekt zu sein als eine Flasche, die gefüllt wird, um eines Tages auch wieder geleert zu werden.

In Burgund sind Formate größer als Magnum sehr selten, und in der Champagne werden Jéroboams und noch voluminösere Behälter auf Bestellung aus Normalflaschen umgefüllt; der Wein hat seine Entwicklungszeit also nicht in diesen Riesenflaschen durchgemacht. Diese sind denn auch sofort zu konsumieren.

Im Zuge einer totalen Kommerzialisierung all dessen, was vermeintlich Prestige bedeutet, werden heutzutage auch Weine in Großformate abgefüllt, bei denen weder Qualität noch Entwicklungspotential dies rechtfertigen. «Erlaubt ist, was gefällt», wird man vielleicht einwenden. Demgegenüber möchte ich zu bedenken geben, daß von altersher Wissen den Genuß erhöhe und nicht bloß Lust und Laune.

Weine für den Alltag

Meiner Erfahrung nach hält ein gut gemachter Wein während Jahren, sofern er unter geeigneten Bedingungen gelagert wird (siehe Kapitel XVI). Doch wollen wir nochmals deutlich festhalten, daß nicht nur der allergrößte Teil der Weltweinerzeugung für einen raschen Konsum bestimmt ist, sondern daß auch die Mehrheit der oft recht großzügig als «Spitzenweine» angepriesenen Gewächse zwar haltbar ist, sich jedoch durch Zuwarten keineswegs so verändert, daß man von einer Qualitätsverbesserung reden könnte. Diese ehrliche Betrachtungsweise bedeutet aber auch, daß in unsern Tagen eine kaum mehr übersehbare Fülle von guten Alltagsweinen verfügbar ist.

Für viele Konsumenten stehen bei einem Kauf nur gerade die Menge und der Preis im Mittelpunkt des Interesses – je billiger und je mehr, desto besser. Nun bin ich versucht zu sagen: je billiger, desto schlechter, doch ist das nicht so einfach, weil jedes Produkt, dessen Konsum eine gewisse Kultiviertheit voraussetzt, ja nur nach seiner wirklichen Qualität beurteilt werden kann, wenn eben diese Kultiviertheit beim Käufer auch vorhanden ist. Und weil dies zuweilen in eher ungenügendem oder auch eingebildetem Maße zutrifft, werden mindere Produkte nicht selten zu überhöhten Preisen angeboten und verkauft. Der Preis soll dabei die Qualität sichtbar machen. Nun, ich möchte hier keinen Vortrag über Narrenfreiheit und Preispolitik halten, dafür aber hoffen, daß der geneigte Leser eine Beziehung zu einem vertrauenswürdigen Weinhändler bereits angebahnt und erprobt hat. Sie kann ihn vor unangenehmen Überraschungen bewahren.

Sicher ist, daß Zeit und Geld vergeudet, wer mit Billigweinen in Literflaschen und Plastikbehältern die Welt des Weines zu entdecken versucht. Damit ist nicht gesagt, daß diese Erzeugnisse ungefällig seien. Doch selbst bei einwandfreier Erzeugung tragen sie nichts bei zur Freude am Entfalten des eigenen Sensoriums, zur Geschmacksverfeinerung und zu einem höheren Lebensgefühl.

Allerdings unterstütze ich auch nicht das andere Extrem, also jene Art von Menschen, die Wein nicht trinken als bekömmlichen Begleiter im all- und sonntäglichen Leben, sondern sich nur mit feinsten und seltenen Gewächsen anläßlich von selbstorganisierten Weinproben beschäftigen.

Ich bin der Verkörperung dieser Weltanschauung kürzlich in Amerika begegnet: Der Mann wußte von meiner Leidenschaft für das Degustieren und Beschreiben von großen Gewächsen und war überrascht, als ihm zugetragen wurde, daß ich zu Hause mit meiner Familie jeden Tag Wein zum Essen trinke.

Auf die mir öfter gestellte Frage, welcher denn mein Hauswein sei, würde ich am liebsten antworten: Ein gut gepflegter roter Bordeaux ist für mich das kompletteste aller Getränke. Tatsächlich aber betrachte ich es als einen Teil meines Berufes, meinen Horizont stets zu erweitern, und zudem weisen die Preise für guten Alltags-Bordeaux stark steigende Tendenz auf, so daß sich die Bekanntschaft mit andern Provenienzen auch von der Kostenseite her empfiehlt. Weißweine trinke ich übrigens eher selten und vorwiegend dann, wenn meine Frau ein Gericht mit Fisch oder Seefrüchten zubereitet hat.

Wie ich einkaufe? Nun, ich gehe zu Weinproben und erstehe mir da, was ich am liebsten mag, im besondern deutsche Weine für den Sommer und jungen Bordeaux. Aus Katalogen von Weinhäusern wähle ich von Zeit zu Zeit ein mich interessierendes Probesortiment, und selbst vom lokalen Supermarkt bringt meine Frau manchmal einige halbe Flaschen zum Verkosten mit. Finden wir etwas uns Zusagendes, dann beeilen wir uns mit dem Erwerb von ein oder zwei Kartons, weil in Ladengeschäften und Warenhäusern die Vorräte oft nicht sehr umfangreich sind. Und wenn ich so aus der Schule plaudere, darf ich noch erwähnen, daß mir manchmal Musterflaschen gebracht werden, etwa von Freunden aus Amerika, die mein Interesse für die Fortschritte in Kalifornien kennen. Es ist jedoch nicht so, daß ich mit Kostproben überhäuft und mit Bitten um einen Kommentar bedrängt werde, wie man das aus meiner publizistischen Tätigkeit vielleicht herleiten könnte.

Bevor ich nun ein paar konkrete Empfehlungen gebe, noch eine Bemerkung: *Alltagswein muß nicht Massenwein sein.* Der Preis, der für charakterlich durchaus eigenständige Gewächse zu entrichten ist, liegt heutzutage um 10 DM/Franken. Billigeres gehört in die Kategorie der (hoffentlich gut gepflegten) Massenweine. Teurer allerdings ist nicht automatisch besser. Ich weiß, daß ich mich wiederhole, aber ich kann nicht genug auf den Wert einer bewährten Beziehung zu einem guten Weinfachmann hinweisen. Weinskandale können von Weinspezialisten zwar auch nicht verhindert werden, doch arbeitet nicht mit Betrügern zusammen, wer sein Geschäft versteht und einen Ruf zu verlieren hat. Und noch etwas: Hauswein sollte nicht immer von gleicher Herkunft sein. Achten Sie auf etwas Abwechslung, die Auswahl ist ja so groß!

Frankreich. Aus Frankreich kommen jung trinkbare, wohlschmeckende und teilweise noch immer preiswerte rote Bordeaux der «Bourgeois»-Klasse aus Médoc, St-Emilion und den weniger bekannten Distrikten von Bourg, Blaye und Fronsac. Nahe dem Bordelais, in Bergerac, liegt das Pécharmant, ein kleiner *Appellation-contrôlée*-Bereich mit guten Weinen zu vernünftigen Preisen.

Einen angenehmen und sauber gepflegten Burgunder unter 10 DM/Franken zu finden ist infolge des geringen Angebotes kaum mehr möglich, wobei ich hier vom reinen *Pinot noir* rede und nicht von seiner Mischung mit der *Gamay*-Rebe, die als *Passe-Tout-Grain* auf den Markt kommt.

Das Rhonetal kann noch immer Stil und Qualität zu fairen Preisen bieten, und in diese gleiche Kategorie gehört auch das südfranzösische Gebiet Languedoc-Roussillon.

Unter den weißen Franzosen sticht das Elsaß hervor mit zumeist zuverlässigen und preiswürdigen Qualitäten (Hugel und Trimbach wären hier zu nennen). Die Muscadets von der Loire sind trocken und meistens von gutem Niveau.

Italien. Trotz den von der Natur her vergleichbaren Voraussetzungen erzeugt Frankreich mehr Weine der Spitzenklasse als Italien. Im mittleren Qualitätsbereich jedoch haben sich die Gewichte verschoben, wiewohl die Preise diesen Sachverhalt (noch) nicht widerspiegeln, weil in französischen Notierungen noch immer viel vermeintliches Prestige mitbezahlt wird. Zum Preis einer einfachen roten «Appellation Bordeaux contrôlée» oder auch «Appellation Bordeaux Supérieur controlée» kann man heute in Italien beispielsweise einen köstlichen individuellen Chianti Classico finden. Trotz hinderlichem Bürokratismus sind die Fortschritte in der italienischen Kellerwirtschaft nicht zu übersehen. Nur: In Italien fehlt noch ein gewisses Selbstbewußtsein und eine klare Linie, der man folgen kann. Noch wird zuviel kopiert und experimentiert, woraus eine unübersehbare Vielfalt in Stil und Qualität resultiert. Der in Italien Heimische mag charaktervolle Tischweine entdecken, besonders in der Toskana (Chianti, Montalcino), in Piemont, im Veneto, aber auch in Sizilien (z. B. Regaleali). Italien lohnt das Sprichwort, wonach Probieren über Studieren geht.

SPANIEN. Ein Alltagswein in meinem Qualitätsverständnis kommt aus dem Rioja-Alta oder Rioja-Alavesa, nicht aber aus der tiefer gelegenen Rioja-Baja-Zone. Unter den empfehlenswerten Gewächsen gibt es zwei Richtungen: die tanninhaltigen und altmodisch erzeugten Lagerweine (z. B. Riscal) und die geschmeidigen, fruchtigen, jünger zu trinkenden Weine (z. B. Cáceres, Torres).

PORTUGAL. Das Land bringt robuste und verläßliche Rotweine aus Dão und Bairrada zu vernünftigen Preisen auf den Markt.

DEUTSCHLAND, ÖSTERREICH, SCHWEIZ. Ein Wort zu den drei Ländern, in denen diese Buchausgabe gelesen wird. Die beiden erstgenannten weisen eine quantitativ bedeutende Produktion auf, besonders in weißen Weinen. Einzuordnen ist diese jedoch – einmal abgesehen von den Gewächsen der Spitzenweingüter – in die Kategorie der Massenweine. Anderseits ist zu sagen, daß kein ausländischer Fachmann und Beobachter dem in einem Anbaugebiet wohnenden Weinfreund Empfehlungen zu «seinen» Weinen abzugeben hat – im Gegenteil: die Pflege einer direkten Beziehung zum Winzer ist wohl die bereicherndste Möglichkeit zur Erweiterung von Wissen und Genuß und damit auch zur Wahl eines Hausweines, die ja auch sehr von lokalen Gewohnheiten geprägt ist.

AUSTRALIEN UND USA. Die Bürger dieser Länder sind vielleicht in bezug auf Wein die am meisten begünstigten von allen. Sie bezahlen wenig oder gar keine Steuern auf dieses Getränk, und Alltagsweine sind generell solid und zuverlässig, manchmal fast attraktiv und unglaublich preisgünstig.

Mein letzter Rat in diesem eigentlich allzu weitläufigen Gebiet von preiswürdigen Alltagsweinen lautet: Finden Sie die Weinverständigen, lesen und hören Sie deren Empfehlungen und prüfen Sie sie. Weinjournale und auch andere Druckerzeugnisse aller Art werden angeboten, manchmal gar *massen*weise. Gut beraten ist, wer auch dieses bedenkt . . .

Wo Wein einkaufen?

Mit Ausnahme jener Weinliebhaber, die in den «trockenen» Staaten Amerikas leben oder unter dem Joch von Staatsmonopolen leiden, wie beispielsweise die Kanadier und einige Nordländer, erfreut sich die Mehrheit unter uns einer Vielfalt von Angebotsformen und einer Auswahl von Weinen, die eigentlich keine Wünsche offenlassen sollte. Theoretisch zumindest stimmt das. In der Praxis sieht es allerdings etwas anders aus.

Absatzschwierigkeiten der Weltweinproduktion sind seit jeher fast die Regel, und die Gegenwart macht da keine Ausnahme, trotz – oder vielleicht wegen – der großen Wirtschaftsräume. Der Erzeuger steht unter dem Preisdruck des Handels – Exporteure, Großhändler, Einzelhändler –, der seinerseits im Korsett einer harten Konkurrenz steckt. Auch hier: Theoretisch sollte der Endverbraucher davon profitieren können. In der Praxis aber führen Preisdruck und Wettbewerb oft zur Verminderung des Qualitätsniveaus. Wer also bloß auf den Preis achtet, kann sich plötzlich im Besitz von Weinen wiederfinden, die ihn mehr ärgern als freuen.

Auf dem Weingut. Die Verteilerkette beginnt schon beim Erzeuger. Verkäufe unter der Kellertür sind heutzutage üblich und werden in zunehmendem Maße getätigt. Ausnahmen sind hier die angesehenen Bordeaux-Châteaux. Der Ausbau der Überlandstraße machte Burgund von Paris aus schnell erreichbar, und die Zunahme der Direktverkäufe verringerte die Versorgung der traditionellen Handelshäuser in Beaune beträchtlich. Die Kellertür ist weit geöffnet für die zufälligen und regelmäßigen Käufer, durch alle Anbaugebiete Deutschlands, Österreichs, Italiens und anderswo in Europa – die paar hundert englischen Rebberge eingeschlossen. In der Neuen Welt würden nicht wenige australische und kalifornische Produzenten in finanzielle Nöte geraten, wären da nicht die regelmäßigen Bareinnahmen dank den Verkäufen an Besucher vom Wochenende.

Es macht Spaß, direkt beim Weinbauern zu kaufen, und der Wein ist, man vermutet es, unverfälscht und unverschnitten. Die Auswahl ist jedoch beschränkt auf das oder die Erzeugnisse aus der eigenen Produktion. Der Wein ist zumeist sehr jung oder dann aus Jahrgängen, die vielleicht etwas schwierig über den Handel abzusetzen sind. Die Preise sind nicht so vorteilhaft, wie es den Anschein macht. Immerhin, während im Bordelais und in Burgund der Weinbergbesitzer zumeist nur gerade ein Gewächs erzeugt, dessen Stil abhängt vom Klima und vom Alter der Rebstöcke[2], produzieren deutsche Weingüter verschiedene Qualitäten und Stile, den angebauten Rebsorten gemäß sowie dem gewählten Datum der Weinlese und der Kleinlage – all dies sind, natürlich, Variationen zum Thema Weißwein.

In Kalifornien ist das Spektrum größer. Individuell geführte Weinbetriebe wie Mondavi präsentieren dem Besucher eine ansehnliche Auswahl von Roten und Weißen in einer erstaunlich großen Breite von Qualität und Preis: so die klassischen *Chardonnay* und *Cabernet Sauvignon,* beide in normaler und in «Reserve»-Qualität erhältlich, einen germanischen *Johannisberg-Riesling*[3], einen rubinroten *Zinfandel,* einen erfrischend trockenen *Fumé-Blanc,* der an die Loire erinnert, und so fort. In Australien können Weinproduktionsbetriebe manchmal eine unglaublich weit gespannte Auswahl aufweisen wie beispielsweise in jenem kleinen Unternehmen südlich von Adelaide, in dem sich Käufer mit roten und weißen, mit trockenen und süßen, mit port- und sherryähnlichen Weinen sowie mit «Champagner» und gar mit Vermouth eindecken können.

DER GROSSHÄNDLER ODER EXPORTEUR. Das sind die traditionellen Weinkaufleute zwischen Produktion und Handel, am deutlichsten verkörpert im französischen *négociant-éleveur.* Ihre früher alles überragende Stellung im wirtschaftlichen wie im politischen Leben hat sich inzwischen abgeschwächt, der Stern der «Weinprinzen» von Bordeaux und der ehrenwerten Großbürger von Beaune und Nuits-St-Georges ist etwas verblaßt, obwohl noch immer ein Großteil der Produktion über sie läuft. Im allgemeinen verkaufen diese Häuser nicht an zufällige Passanten, obwohl wenige unter ihnen, darunter auch einige Bordeaux-Châteaux, sich eine private Kundschaft aufgebaut haben.

Bis in die 60er Jahre Hauptabnehmer direkt bei den Rebgütern, Verwerter von einfachen Konsumweinen und bedeutendste Lagerhalter der klassierten Hochgewächse, führen sie heute vergleichsweise nur noch begrenzte Lager und bieten dem Handel vor allem ihr großes

Fachwissen, ihre lokalen Kenntnisse und Beziehungen auf Kommissionsbasis an.

EXPORTEURE UND IMPORTEURE. Jedes wichtige Einfuhrland hatte seinerzeit für bestimmte Gewächse stets den gleichen Exporteur. Dieser war in London, New York und in andern Weltstädten durch einen Agenten vertreten, der den nationalen Händlern ein wohldotiertes und exklusives Angebot unterbreiten konnte.

Der Wandel in den Funktionen des traditionellen Weinhandels im Vereinigten Königreich, in Norddeutschland und Holland sowie die vertikale Diversifikation von großen Brauereien und Spirituosen-Konglomeraten reduzierte die Bedeutung der herkömmlichen Exporteure/ Importeure, ohne sie aber gänzlich zu eliminieren; viele gute Häuser haben überlebt. Der Mann von der Straße war sich der Existenz dieser Vermittler kaum bewußt, weil sie keine private Kundschaft bedienten. Heute jedoch handeln sie ähnlich wie die *négociants* als Agenten und Händler, und einige unter ihnen haben Markenweine kreiert und sich ihrer Vermarktung im großen Stil angenommen.

DER EINZELHANDEL. Auf dieser Stufe kommen die meisten von uns Konsumenten in Kontakt mit dem Wein. Es ist auch der vom Staat und durch Gesetze und einschränkende Bestimmungen am stärksten reglementierte Bereich.

Gaststätten werden ebenfalls als Einzelhändler betrachtet, und sie neigen dazu, eigenen Gesetzen zu folgen, was einem Wirtschaftszweig, der sich durch individuelle Leistung auszeichnen soll, auch nicht zu verübeln ist. Nur eines haben sie alle gemeinsam: die hohen Verkaufspreise, und es ist dem Leser ein kleiner Trost zu wissen, daß die Kritik durch die Gäste eine historische Dimension hat, zurückzuführen auf die Zeit nach der Französischen Revolution, wo man begann, in öffentlichen Lokalen zu speisen.

Doch lassen Sie mich die Übersicht über den Einzelhandel abschließen mit einer Beschreibung der verschiedenen Formen, in denen er dem Weinfreund begegnen kann. Sie mag als Wegweiser zu einem zufriedenstellenden Einkauf dienen.

◇ DER TRADITIONELLE ENGLISCHE WEINHÄNDLER. Seitdem Wein erzeugt wird – und dies geht zurück auf Kleinasien und Jahrtausende vor Christus –, so lange gibt es Weinhändler. Im Mittleren Osten und in Griechenland genossen sie hohes Ansehen. Die Händler des Mittelalters bildeten einen wohlhabenden und exklusiven Kreis, doch was wir als den traditionellen Weinhandel in England betrachten, ging aus den Kaffeehäusern des 17. und 18. Jahrhunderts hervor und nahm seine endgültige Gestalt im 19. Jahrhundert an. Die Firma Berry Bros. and Rudd in der St. James's Street, London, ist der Inbegriff für diese überaus solide Art von Handelsgeschäft und seine Entwicklung. Glücklicherweise überleben noch einige dieser traditionsreichen Unternehmen, doch sowohl in London wie in Hauptstädten der Grafschaften in England, Schottland und Wales, früher gut versorgt mit Weinhändlern, sind sie weitgehend verschwunden. Leider gibt es heute so wenig Weinhändler mehr im Vereinigten Königreich wie gelernte Buchhändler, Maßschneider, Sattler und ähnliche Berufe, die oft auch Berufung waren. Der Wandel vollzog sich rasch. Er begann in den 50er Jahren mit Kapitalknappheit sowie Nachfolge- und Erbschaftssteuerproblemen. Viele Weinhandelsfamilien verkauften ihr Geschäft einer großen Brauerei. Dann, in den frühen 60er Jahren, wurde die Preisbindung aufgehoben, und ein intensiver Wettbewerb begann. Heute läuft ein stets wachsender Anteil des britischen Weinhandels über Supermarktketten.

Doch – ich unterstreiche nochmals das «glücklicherweise» – ein paar alte Geschäfte haben überlebt, mit Empfangszimmern, bequemen Sitzgelegenheiten und soviel Diskretion, daß kaum eine Flasche in Sicht ist; wo junge Gentlemen aufmerksam beraten und Bestellungen entgegennehmen. Allerdings scheint mir, als benützten einige unter ihnen die betagten Fassaden und Einrichtungen eher als prestigereichen Vorwand, um hinter ihm irgendwelche Markenweine eines Konglomerates zu kommerzialisieren. Der Respekt vor einer langsam gewachsenen Reputation ist offenbar nicht jedermanns Sache. Man lasse sich darum von Schnörkel und Grünspan nicht zu sehr beeindrucken. Anderseits wurden junge Firmen gegründet, und unter ihnen gibt es ein paar, die sich wie der Phönix aus der Asche erhoben haben und die entstandene Lücke ausfüllen, die aus persönlicher Freude und Kenntnis Auswahl und Beratung anbieten und sich in Sprache und Präsentation ehrlich darum bemühen, ein kulturelles Erbe weiterzupflegen.

◇ DER WEINHANDEL DER HANSESTÄDTE. Bremen, Hamburg und Lübeck verdienen eine gesonderte Erwähnung, weil sich hier wie kaum anderswo eine erstaunliche Erneuerungsfähigkeit im Rahmen einer großen Tradition manifestiert. In diesen Hafenstädten ist der Weinhandel, zumal mit Bordeaux, seit Jahrhunderten heimisch. Die älteste, 1678 gegründete Firma blüht bis heute fort und gilt als Beweis einer soliden und zuverlässigen Kaufmannstätigkeit, gegründet auf Vertrauen und Leistung. Auch die fünf in Bremen ansässigen Importeure von Rang sind keineswegs nur Überbleibsel der Tradition und Geschichte des Weinhandels. Ein hochwertiges Sortiment und ein Verkauf durch ehrliche Information sichert ihnen eine starke Stellung, die in ihrer Bedeutung weit über ihre Region hinausreicht.

◇ ... UND ANDERSWO IN DEUTSCHEN LANDEN UND IN EUROPA. In der Bundesrepublik Deutschland und in der Schweiz hat sich die Zahl der alteingesessenen Weingeschäfte ebenso drastisch reduziert wie in England. Viele ehemals namhafte Familienbetriebe befinden sich heute im Besitz von Großunternehmen, für die bekanntlich andere Geschäftsgrundsätze zählen als jene, die für den persönlich verantwortlichen Alleininhaber gültig waren. Das heißt nicht, daß Großverteiler stets mindere Qualitäten anbieten würden, doch kann kein Angestellter einer Großfirma in Denk- und Handlungsweise mit dem Inhaber eines Familienbetriebes verglichen werden, und dies scheint mir von entscheidender Bedeutung zu sein: In wenigen andern Branchen prägen Erziehung, Bildung und Geschmackskultur so sehr die Auswahl und das Angebot wie im Weinhandel – eine Tatsache, deren Tragweite oft übersehen oder durch Hochglanzwerbung übertönt wird. In Österreich gibt es nur ganz wenige Weinspezialgeschäfte (in der Art von Vinotheken) mit einem hochstehenden Angebot. Das Entstehen eines weinkulturellen Klimas wird durch die sehr hohe Konsumsteuerbelastung insofern behindert, als sie naturgemäß die Verbreitung billiger Massenweine fördert.

Ähnliche Entwicklungen sind in Holland und Dänemark im Gange. Norwegen, Finnland und Schweden leben unter der Fuchtel eines staatlichen Alkoholmonopols, obwohl ich bei einem kürzlichen Besuch eine Tendenz zur Liberalisierung feststellen konnte, stimuliert von einer Grundwelle von hohem Interesse für Wein.

Frankreich, Italien und Spanien als große Produktionsländer haben schon seit jeher eine andere Absatzstruktur im Einzelhandel. Gut assortierte Weinläden sind aber auch da allenthalben zu finden.
◇ DIE NORDAMERIKANISCHE SZENE. Abgesehen von den sogenannten «trockenen» Staaten in Amerika und der konsumentenunfreundlichen Monopolwirtschaft in den kanadischen Provinzen war in den USA in den vergangenen 15 bis 20 Jahren ein überaus rasch wachsendes Interesse an Wein festzustellen, und eine bemerkenswerte Zahl von hervorragend dotierten und geführten Weinläden sucht der Nachfrage gerecht zu werden. Die Prohibition zwischen den beiden Weltkriegen war unglücklicherweise nicht nur ein ausgesprochenes soziales Desaster, sie begünstigte auch das Aufkommen von Händlern und das Entstehen von Handelspraktiken, die entfernter von der britischen Tradition nicht hätten sein können. Zwielichtige Geschäftemacher wurden nach Aufhebung der Prohibition «Weinhändler», und es brauchte Jahrzehnte, um schlechte Gewohnheiten auszumerzen – wobei dies in gewissen Städten Amerikas noch immer nicht gänzlich gelungen ist. Immerhin bewirkte die Wende von den «harten» Spirituosen hin zur kultivierten Welt des Weines, sekundiert vom Einfluß einer wachsenden Weinpublizistik, daß dem Mann von der Straße heute der Zugang zum Wein überaus leicht gemacht wird.
Der Unterschied zwischen dem guten Weinhändler in Amerika und seinem englischen Gegenpart liegt, soweit ich sehen kann, im breiteren, oft höchst verführerisch präsentierten Sortiment in Übersee, dem jedoch die Kontinuität durch eine gewissenhafte Lagerhaltung fehlt. Dort sieht der Weinliebhaber die neuesten Importe alsogleich vor sich ausgebreitet. Des traditionellen englischen Händlers Auswahl mag kleiner sein, doch sind die geführten Provenienzen zumeist so lange verfügbar, wie die gedruckte Preisliste in Kraft ist.

DAS FÜR UND WIDER EINZELNER ABSATZFORMEN – ZUSAMMENFASSUNG

Lassen Sie mich zum Schluß noch auf die Vor- und Nachteile der einzelnen Vertriebsformen eingehen.

DER TRADITIONELLE WEINHANDEL. Man erwartet vor allem eine befriedigende Auswahl von guten bis erstklassigen Weinen, verbunden mit guten bis erstklassigen Dienstleistungen. Der Kundschaft wird zumeist auf Kredit geliefert, da und dort wird gar eine Kontoeröffnung ermöglicht. Der Weinhändler kennt sein Lager, die Verfügbarkeit, vielfach auch den Kunden und ist zumeist zur Beratung fähig. Ein Hauslieferdienst wird erwartet und ebenso ein unbeschränktes Rückgaberecht, wenn der Wein nicht den persönlichen Geschmackskriterien des Käufers entspricht. Musterflaschen können angefordert und in aller Ruhe zu Hause verkostet werden.

Dienstleistungen müssen entschädigt werden, doch der Wettbewerb läßt die Preise auf einem vernünftigen Niveau. Und ein Händler gewährt oft auch Rabatte für größere Bezüge, für Ersparnisse im Lieferdienst (beim Abholen durch den Kunden) oder für Barzahlung.

Sicherlich ist niemand der Tradition verpflichtet, doch verdient der Weinhändler meiner Ansicht nach eine besondere Empfehlung, denn ohne ihn, ohne seine Individualität und Ansprüche würden Produktion und Handel von Qualitätsweinen weiter zurückgehen und damit erneut ein Zweig welken am Baum unserer Lebenskultur. Und auf einem weniger idealisierenden Niveau muß der Glaube als irrig bezeichnet werden, wonach der Einkauf beim Weinhändler teurer sei als beispielsweise im Supermarkt. Wenn es um das Verhältnis von Preis und Qualität geht und nicht bloß um den billigen Einkauf, sind die meisten Weinhändler nicht zu schlagen.

Einschränkend ist zu bemerken, daß Tradition moderne Vertriebsformen – wie zum Beispiel Angebote per Post – nicht ausschließt. Papier jedoch nimmt alles an, und so fällt dem privaten Weinliebhaber die nicht immer leichte Aufgabe zu, die Spreu vom Weizen zu unterscheiden. Hochglanz, Superlative, Vergleiche mit berühmten Namen usw. sollten zumindest skeptisch stimmen.

VERMITTLER, DIE AUF EIN GEBIET SPEZIALISIERT SIND. Eine völlig neue Entwicklung, in den 60er Jahren noch unbekannt, ist das Aufkommen von Händlern, die sich auf ein bestimmtes Anbaugebiet beschränken. Zu finden in der Bundesrepublik Deutschland, in der Schweiz und in andern Ländern, bieten sie auffallend oft ein beschränktes Spezialsortiment besonders aus Italien oder Spanien an, was mit den qualitativen Verbesserungen zu tun haben mag, die in diesen zwei großen Weinländern erzielt worden sind.

Wie überall hängt auch hier das Niveau von der Geschmackskultur des verantwortlichen Einkäufers ab. Wer an solchen Weinen interessiert ist, kann zweifellos das Wählen mit einem guten Gespräch verbinden und dabei seinen Wissensstand über ein Weingebiet erhöhen. Voraussetzung dafür ist allerdings, daß sich der Firmensitz im Land des Käufers befindet und nicht im Produktionsgebiet. Trifft letzteres zu und erfolgen die Kontakte über die Direktwerbung, dann ist eher Vorsicht geboten.

DIREKTVERKAUFSFIRMEN. Diese sind vorwiegend in der Schweiz, aber auch in Deutschland tätig, offerieren französische Weine und operieren mit der Unkenntnis und dem Zeitmangel einer wohlhabenden Kundschaft. Dieses wenig ehrenwerte Verfahren beginnt zumeist mit schönklingenden Texten in Inseraten und Weinbriefen, worin mittels eines Gutscheines zum Bezug einer Gratisprobe aufgefordert wird. Nicht sie kommt dann ins Haus, sondern ein distinguierter Vertreter mit Referenzliste und Musterköfferchen. Zu einer Bestellung überredet, erwacht der Konsument oft erst später und bemerkt, daß er zum Narren gehalten worden ist. Wer die Seriosität dieses Absatzkanals prüfen möchte, bestehe auf der Zustellung von ganzen Musterflaschen gegen Rechnungstellung und erteile einen Auftrag erst nach unbeeinflußtem Verkosten.

WEINABTEILUNGEN GROSSER WARENHÄUSER. Die meisten Warenhäuser führen eine spezialisierte Weinboutique, und die besten unter ihnen können es in Auswahl und Dienstleistung mit jedem Weinhändler aufnehmen. Nachteilig kann jedoch eine ungenügende Lagerhaltung sein, besonders wenn die Weine über längere Zeit Neonlicht und/oder zu hoher Temperatur ausgesetzt sind.

DIE GROSSVERTEILER. Etliche Lebensmittel-Großverteiler verfügen über ausgebaute Weinabteilungen. Ob sie Kredit gewähren, beraten und Hauslieferungen ausführen, ist von Fall zu Fall abzuklären. Ebenso unterliegen Verfügbarkeit und Kontinuität in der Lagerhaltung andern Gesetzen als im traditionellen Weinhandel. Die Qualitäten sind eher auf einen breiteren Publikumsgeschmack ausgerichtet als auf jenen des individuellen Weinliebhabers. Achten Sie auch hier darauf, wie die Weine gelagert sind.

Weinverkauf über die Gastronomie. Auch dies ist ein junges Phänomen und im Grunde genommen nichts anderes als die Erweiterung des Geschäftsbereiches von initiativen Gastwirten. Die Auswahl kann in der Gaststätte probiert und der Wein mit dem Wirt diskutiert werden. Natürlich hat dieser nicht den gleichen Überblick über die Produktion wie der Weinhändler, doch ist dies auch nicht seine primäre Funktion. Wer sich mit einer kleinen Auswahl begnügt, kann auf diese Weise gute Weine erwerben. Über die Preise muß man sich zuvor informieren.

Lebensmittel-Einzelhandel und Traiteurgeschäfte sind oft so geführt wie Weinhandelsgeschäfte: Man findet von gewöhnlichen Konsumweinen bis zu besseren Gewächsen so ziemlich alles in den Regalen, manchmal nicht sehr fachmännisch gelagert und/oder ausgestellt. Achten Sie (auch hier) auf den Ruf, den ein Einzelhändler genießt!

Cash-and-carry-Geschäfte. Diese autofreundlichen Warenhäuser «auf der grünen Wiese» verfügen manchmal über ein verführerisches Sortiment zu verlockenden Preisen. Für jeden regelmäßigen Weintrinker ist die zumeist in Kartons pro Sorte angeführte Mindestmenge kein Hindernis. Wie die Bezeichnung aussagt, gibt es keinen Kredit, doch ist dieser im herkömmlichen Sinn auch nicht mehr so wichtig, weil Kreditkarten diese Funktion übernommen haben. Im Gegensatz zu Supermärkten arbeiten gewisse Cash-and-carry-Geschäfte mit Beratern, die wenigstens ihr Sortiment kennen. Gleich wie bei Supermärkten hingegen ist das Ziel, durch schnell sich umsetzende Weine einen hohen Cash-flow zu erzielen, was die Aufrechnung einer kleineren Marge erlaubt als im traditionellen Weinhandel.

Weinauktionen. In England haben sie ihren Ursprung in Kaffeehäusern, und Auktionatoren bezogen, ähnlich wie *Lloyds Insurance Underwriters,* eigene Geschäftsräume schon im 18. Jahrhundert. Doch ist Wein eigentlich immer schon versteigert worden im Zuge von Liquidationen mit dem Zweck, Raum zu schaffen für die Einkellerung des neuen Jahrganges, was zum Fachausdruck *«sold lock, stock and barrel»* führte und gleichbedeutend ist mit einer Lagerräumung in Bausch und Bogen. Doch abgesehen von diesen eher unregelmäßig stattfindenden Ausverkäufen (die zu guten Gelegenheitskäufen führen *können),* von Wohltätigkeitsauktionen (die es *selten* sind) und den gelegentlichen Weinversteigerungen, die etwa in Sydney, Paris und anderswo stattfinden, gibt es nur zwei Auktionshäuser in der Welt mit spezialisierten Wein-Departementen und einem vollamtlich tätigen Expertenstab: Christie's und Sotheby's in London.

Christie's ist der älteste Versteigerer von Kunstwerken und Wein. Der Geschäftsgründer, James Christie, veranstaltete seinen ersten Verkauf – Bordeaux und Madeira – im Dezember 1766 und gründete damit eine lange Tradition, die nur nach dem Zweiten Weltkrieg unterbrochen wurde, weil öffentliche Versteigerungen vorübergehend untersagt waren. Ein völlig neu konzipiertes Wein-Departement begann 1966 seine Arbeit, und im gleichen Jahr erwarb Christie's die jahrhundertalte Londoner Auktionsfirma W & T Restell.

Sotheby begann im 18. Jahrhundert als Buchhändler und erweiterte seinen Geschäftsbereich erst später auf Kunstgegenstände. Seine Weinabteilung geht auf das Jahr 1970 zurück.

Beide Unternehmen dominieren zusammen das Feld der Weinauktionen und machten aus London den weltweiten Kristallisationspunkt für den Handel von feinen und seltenen Gewächsen. Die Hauptattraktion für den kultivierten Interessenten ist die unerreichte Auswahl von Weinen und Jahrgängen, die zum Ausruf gelangen. Christie's allein organisiert 40 Auktionen im Jahr, wovon 32 in London stattfinden und die restlichen acht in Genf, Amsterdam, Chicago und Tokio. Der Umfang eines Loses hängt ab vom Seltenheitswert und von der Anzahl der zum Verkauf stehenden Flaschen. Der Steigerungspreis liegt eher hoch. An einer auf hochklassige Bordeaux spezialisierten Auktion von Christie's erreicht der Zuschlagpreis durchschnittlich mehr als 300 £ (900 bis 1100 DM/Fr.) per Los zu 12 Flaschen. Günstigere Käufe können an den in South Kensington organisierten Versteigerungen getätigt werden. Die Zuschlagsumme muß innerhalb von sieben Tagen entrichtet werden, und die Weine werden nicht vor der Zahlung ausgeliefert, weil der

Auktionator im Auftrag des Einlieferers handelt. Entgegen einer irrigen Meinung unterhält der Versteigerer kein Lager und verkauft auch nicht auf eigene Rechnung. Er handelt ausschließlich als objektiver Mittelsmann und versucht, einen fairen und gerechten Preis zu erzielen. Was die alte Formel *caveat emptor* betrifft (Vorbehalt des Käufers, aus dem das Recht zur Mängelrüge abgeleitet wird), so kann die Trinkbarkeit von sehr alten Weinen nicht garantiert werden. Ein erfahrener Stab von Experten kann den Zustand jedoch sehr treffend beschreiben und mit hoher Objektivität beratend auf Anfragen eingehen. Überdies ermöglicht die Gelegenheit zur Degustation vor der Auktion dem potentiellen Käufer, die zum Gebot stehenden Weine selbst einzuschätzen.

Diese in England selbstverständliche Seriosität und Objektivität ist bei Auktionen in andern Ländern nicht ohne weiteres gegeben. Das Thema «alte Weine» ist derart kompliziert und auch ungewöhnlich, daß Kompetenz selbst unter gestandenen Weinfachleuten nur selten zu finden ist. Die mit dieser Verkaufsform verbundenen Begriffe von Prestige, Exklusivität, Spitzenqualität usw. aber werden ziemlich freizügig in Anpreisungen und Beschreibungen verwendet, ganz im Gegensatz zu den Qualifikationen von Christie's und Sotheby's, die die Charakteristika einer jeden Versteigerung und eines jeden Gewächses (inklusive seiner Herkunft) unzweideutig bekanntgeben, basierend auf profunder Erfahrung und einem ausgesprochenen Sinn für Objektivität. Dieser Hinweis mag genügen und ist auf zwei Ausnahmen nicht zutreffend: auf die im Kloster Eberbach (Rheingau) durchgeführten Versteigerungen von Raritäten und Spezialitäten sowie auf die im Drei-Jahres-Rhythmus organisierten übergebietlichen Spitzenweinversteigerungen des Verbandes Deutscher Prädikatsweingüter e. V. im Kurhaussaal zu Wiesbaden.

Welches sind nun die Vor- und Nachteile für den an Auktionen Interessierten? Ins Auge springt einerseits die unerreichte Auswahl von Hochgewächsen und Jahrgängen, die zur absoluten Spitze gehören, und anderseits die günstigen Einkäufe, die auf der entgegengesetzten Seite der Qualitätsskala getätigt werden können (Liquidationen, Lagerräumungen). Nicht vorhanden ist die Kontinuität der angebotenen Weine: Dieselbe Provenienz erscheint normalerweise nicht mehr auf einer nächsten Versteigerung. Es wird Barzahlung verlangt, und um die Auslieferung muß sich der Käufer selbst kümmern, wobei solche aus Übersee einen spezialisierten Frachtagenten einzuschalten haben. Wenn ein Wein an der Vordegustation nicht verkostet werden kann, müssen vollständige Beschreibungen und zuverlässige Beurteilungen schriftlich vorliegen, denn es ist die Pflicht des Auktionators, sowohl den Käufer wie auch den Verkäufer zufriedenzustellen. Doch auf den Zuschlag hin liegt das Risiko beim Ersteigerer, es sei denn, er würde noch im Auktionssaal Einspruch erheben.

Zusammenfassend wird der Leser mir sicher beipflichten, wenn ich sage, daß die beinahe unerschöpfliche Auswahl und Verfügbarkeit, das breite Qualitätsspektrum und die Preisgestaltung noch nie so attraktiv waren wie in unserer Zeit. Und so wünsche ich Ihnen viel Freude und Genuß beim Wein – aber vergessen Sie nicht, ihn vorher zu kosten.

[1] Jéroboam, ein zärtlich und doch massiv klingender Name und ein eindrückliches Format, ist Festfreude und Augenweide zugleich. In Bordeaux faßt sie sechs Normalflaschen zu 7,5 dl, also 4,5 l Wein. Alte mundgeblasene und handgefertigte Exemplare zeigten früher große Unterschiede im Fassungsvermögen, die von etwa fünf bis zu sechseinhalb Normalflaschen reichten. In Burgund und in der Champagne heißt eine Doppel-Magnum (d. h. vier Normalflaschen oder 3 l Inhalt) normalerweise Jéroboam.

[2] Über diese zwei entscheidenden Qualitätsfaktoren gibt *Das Große Buch der Weinjahrgänge* erschöpfend Auskunft, unterstützt durch zahlreiche Degustationsbeispiele aus allen klassischen Anbaugebieten (siehe Bibliographie Seite 368).

[3] Vor zehn Jahren noch ein Mißerfolg, gelingt er heute fast überall in Kalifornien. Einige Winzer lesen die Trauben früh, um die erfrischende Säure zu erhalten (z. B. Phelps), andere gar mit *pourriture noble* (Edelfäule), um das Gegenstück zu einer deutschen Trockenbeerenauslese (TBA) zu erzeugen (z. B. Freemark Abbey).

XIX
Bibliographie

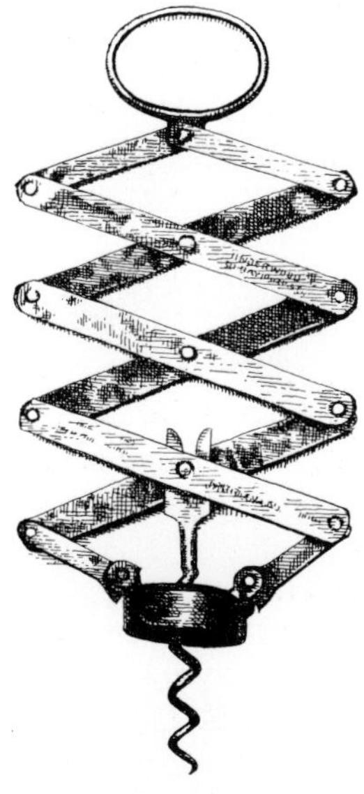

«Kommen Sie am nächsten Donnerstag zu mir zum Diner»,
sagte eines Tages Herr Greffuhle,
«Sie können mit Gelehrten oder
mit Literaten zusammentreffen, wählen Sie.»
«Meine Wahl ist schon getroffen»,
erwiderte ich, «wir dinieren zweimal.»
Das geschah auch wirklich,
und das Essen der Literaten war weitaus
anspruchsvoller und gepflegter.

Brillat-Savarin, «Physiologie des Geschmacks», 1825.

Bücher sollten dazu beitragen, den Wissensstand und das Verständnis für Wein zu erweitern. In diesem Rahmen ist Platz sowohl für Schöngeistiges wie auch für das reine Sachbuch, obwohl ersteres nur annehmbar ist, wenn es fachkundig und stilvoll gehalten, und das zweite, wenn es zutreffend und vorurteilsfrei verfaßt ist.

Frühere Generationen von Autoren scheinen mir literarischer und rundum kultivierter veranlagt gewesen zu sein als die heutige Generation, die eher zur profanen Vermittlung von allgemeinen Informationen und Meinungen neigt, welche – leider – allzuoft aus zweiter Hand stammen. Es kann nicht übersehen werden, daß in den jüngst verflossenen Jahren eine Flut von Weinbüchern den Markt überschwemmt hat. Einige wenige dürfen als hervorragend qualifiziert werden, einige auch enthalten neue Betrachtungsweisen; die meisten aber bieten mehr Wiederholung als Originales. Unverarbeitetes Material kann heute nicht einmal gefunden werden, um ein neues Kapitel zu schreiben, und doch folgen sich Neuerscheinungen Schlag auf Schlag. Willige Autoren lassen sich von Verlegern ermutigen, ein anscheinend unersättliches Publikum zufriedenzustellen.

Aus dem Kreis von jüngeren Weinautoren sticht Hugh Johnson hervor mit seiner einzigartigen Fähigkeit, das reiche Material zu verarbeiten und so bündig zusammenzufassen, daß trotzdem alles Wesentliche vollständig und verständlich dargestellt ist. Der kürzlich verstorbene Cyril Ray war einer der wenigen Stilisten. Er verstand die Wörter und freute sich an ihnen. Er komponierte, polierte und war einer der ganz wenigen Schriftsteller, die auch mit Witz über Wein schreiben können.

Zur Auswahl

Ein Büchersammler bin ich nicht. Mein Beruf brachte es mit sich, daß sich meine Regale während der letzten 30 Jahre mit einer großen Zahl von Weinpublikationen füllten. Ich las alles, was mir in die Hände fiel, von A bis Z, obwohl sich manches wiederholte. Doch immer war ich – und bin es heute noch – dankbar für neue Einsichten und Betrachtungsweisen. Da mein Tag oft nicht mehr genug Stunden zählt, hat sich meine Lesefreude etwas gedämpft.

So stellt das folgende Verzeichnis eine sehr persönliche Auswahl dar.[1] Es beginnt mit jenen Werken, die die eigentliche Sinnesprüfung zum Gegenstand haben, unabhängig davon, ob ich mit den darin ausgedrückten Methoden und Meinungen einiggehe oder nicht. Hierauf folgen Bücher, welche den Wissensstand über Wein erweitern, und schließlich jene, die zum tieferen Verständnis beitragen können.

Den meisten Publikationen ist eine Kurzkritik beigefügt, denn jeder, der den Mut aufbringt, seine Meinung drucken zu lassen, öffnet sich der Kritik, selbst wenn es sich um ein so subjektives Thema wie die Sinnesprüfung handelt. Aber so ist es nun einmal im Leben. Ich bin mir meiner eigenen Verwundbarkeit bewußt!

[1] Das Verzeichnis ist auf den deutschsprachigen Leser zugeschnitten, wobei gute englische und/oder französische Titel darin verblieben sind, im besonderen dort, wo in deutscher Sprache nichts Gleichwertiges zu finden ist.

Wissenschaftliche Werke über die Sinne

Das Kapitel VI dieses Buches enthält eine allgemein verständliche und fachlich einwandfreie Darstellung der Sinnesempfindungen, soweit diese für den Weinliebhaber von Bedeutung sind. Die folgenden Angaben mögen jenen als Hinweise dienen, die sich in den Gegenstand vertiefen möchten.

Grundriss der Sinnesphysiologie. Hrsg. von Robert F. Schmidt, Springer Verlag, Berlin, 1977/1985 (5., neubearbeitete Auflage).
Verfaßt für den Studenten der Medizin. Behandelt alle menschlichen Sinne.

Zur Physiologie des Geruchs- und Geschmackssinnes. R. v. Baumgarten, Springer Verlag, Berlin, 1975.
Gibt den aktuellen Stand der Forschung wider. Für Mediziner geschrieben.

Bücher über die organoleptische Sinnesprüfung von Wein

Die Hohe Schule für Weinkenner. Emile Peynaud, Albert Müller Verlag, Rüschlikon-Zürich, 1984.
Ausgezeichnetes Werk über das Weinprobieren und -beurteilen, vom Doyen der französischen Önologie.

Eine Anleitung zur Degustation edler Weine. Max L'Eglise. D.I.V.O., 1985 (vergriffen).
Kompetent und mit gallischer Exaktheit verfaßt vom Direktor der önologischen Forschungsanstalt in Beaune.

Précis d'initiation à la dégustation. Jacques Puisais et R. L. Chabanon, Paris, 1969 (vergriffen).
Detailliert und kompetent.

Wines. Their Sensory Evaluation. Maynard B. Amerine and Edward B. Roessler. Revised and enlarged edition. Freeman, New York, 1983.
Formelreiches, überaus gründliches und weitgehendes Werk dieser beiden führenden Professoren an der University of California.

Bücher, in denen die Weinprüfung das Hauptthema bildet

Physiologie des Geschmacks oder Physiologische Anleitung zum Studium der Tafelgenüsse. Brillat-Savarin, Heyne Verlag, München, 1976/1991 (2. Auflage). Übersetzung des berühmten Klassikers «Physiologie du goût», Paris 1825 (Taschenbuch).
Noch heute das Buch der Bücher über den Geschmack, geistreich und amüsant.

Das grosse Buch der Weinjahrgänge. Michael Broadbent, Raeber Verlag, Luzern und Stuttgart, 1983 (2. Auflage); Hallwag Verlag, Bern und Stuttgart, 1993 (3. Auflage, in Planung).
Originales Werk von unvergleichlicher Fülle über Charakter, Qualität und Entwicklung der klassischen Gewächse der Welt von 1653 bis 1982. Mit über 5000 Degustationsnotizen.

La dégustation. Académie du Vin, Bordas, Paris, 1984.
Das Schulbuch, das Spurrier in den Kursen seiner Académie du Vin in Paris verwendet. Gut aufgebaut und umfassend.

The Taste of Wine. Pamela Vandyke-Price, MacDonald and Jane's, London, 1975 (vergriffen).
Enthält 60 Seiten höchst originaler Degustationsnotizen. Der andere Buchteil offeriert etwas weniger originale Bemerkungen über Produktion, Geographie usw. Sehr ansprechend gestaltet.

Nachschlagewerke

Der grosse Weinatlas. (Hugh Johnson, Hallwag Verlag, Bern und Stuttgart, 1972/1992 (24. Auflage).
Verständlich geschrieben, von erstaunlichem Informationsreichtum und hervorragend präsentiert. Das Buch, das ich auf eine einsame Insel mitnehmen würde.

Die grosse Weinenzyklopädie. Alexis Lichine, Mosaik Verlag, München, 1981 (vergriffen).

Das zweite Buch, das man zur Hand haben sollte. Zwar gibt es noch andere Enzyklopädien, aber diese verwende ich am meisten.

DAS WEINLEXIKON. Frank Schoonmaker (deutsche Bearbeitung: Dr. Horst Dippel), Fischer Verlag, Frankfurt am Main, 1989.

WEIN VON A BIS Z. Hans Ambrosi, Gräfe und Unzer Verlag, München, 1992.

DER GROSSE JOHNSON. Hugh Johnson, Hallwag Verlag, Bern und Stuttgart, 1984/1993 (6. Auflage).

BÜCHER ÜBER WEIN IM ALLGEMEINEN

DIE GROSSEN WEINE DER WELT. H. G. Woschek, Heyne Verlag, München, 1985.

Umfassende, fleißig zusammengetragene und preisgünstige Taschenbuchausgabe, mit einer Sektion über das Geschmackserlebnis und die Weinsprache.

DAS GROSSE BUCH VOM WEIN. Hugh Johnson und Arne Krüger, Gräfe und Unzer Verlag, München, 1991 (10. Auflage).

Deutsche Bearbeitung der englischen Ausgabe *Wine* von Hugh Johnson. Von Arne Krüger tadellos für deutsche Leser bearbeitet und ergänzt.

HUGH JOHNSONS WEINGESCHICHTE. VON DIONYSOS BIS ROTHSCHILD. Hallwag Verlag, Bern und Stuttgart, 1990.

Aus einer fünfjährigen Studie entstanden: die großen Weine der Welt mit ihren Wurzeln und Traditionen.

REBEN – TRAUBEN – WEINE. Jancis Robinson, Hallwag Verlag, Bern und Stuttgart, 1987.

Sorgfältige Analyse der Beziehungen zwischen den Rebsorten der Welt sowie Wesen und Geschmack der Weine.

WEINBUCH. E. Peyer und W. Eggenberger. Fachverlag des schweizerischen Wirteverbandes, Zürich, 1987 (8. Auflage).

Ausgezeichnete, verständlich geschriebene Einführung in die Weinkunde für den Nachwuchs im Gastgewerbe wie auch für jeden interessierten Laien. Mit Schwergewicht auf Schweizer Wein.

Bücher über Weinländer

Die Weine Frankreichs. Woschek/Galant, Gräfe und Unzer Verlag, München, 1984 (4. Auflage).

Atlas der französischen Weine. Hugh Johnson und Hubrecht Duijker, Hallwag Verlag, Bern und Stuttgart, 1992 (3. Auflage).
Kompetent und vollständig.

Vignes et vins de France. Jacquelin et Poulain, Flammarion, Paris, 1960.
Sehr komplettes Handbuch, alle Angaben über Bodenbeschaffenheit, Rebsorten, Reblagen, Erträge usw. enthaltend (vergriffen).

Atlas der deutschen Weine. Hugh Johnson, Hallwag Verlag, Bern und Stuttgart, 1990 (2. Auflage).

Der deutsche Wein. Hrsg. Hans Ambrosi und Helmut Becker, Gräfe und Unzer Verlag, München, 1978.
Hervorragend ausgestattetes Standardwerk über den deutschen Wein (vergriffen).

Schweizer Weinatlas. Diverse Autoren, Pharos Verlag, Basel, 1975/1982 (4. Auflage).
Sorgfältig gestaltet, gründlich und mit ausgezeichnetem Kartenmaterial.

Italiens Weine. Burton Anderson, Hallwag Verlag, Bern und Stuttgart, 1985/1992 (6., aktualisierte und erweiterte Auflage).
Zuverlässig und umfassend.

Atlas der italienischen Weine. Burton Anderson, Hallwag Verlag, Bern und Stuttgart, 1990/1992 (2. Auflage).

Catalogo Bolaffi dei vini d'Italia. Luigi Veronelli, Bolaffi, Torino, o. J.
Umfassendes Werk über die italienischen Weingärten, gestaltet in Katalogform. Von Italiens führendem Weinjournalisten.

Spanische Weine. Jan Read, Hallwag Verlag, Bern und Stuttgart, 1993 (2. Auflage).
Guter Taschenführer.

Atlas der spanischen Weine. Burton Anderson, Hallwag Verlag, Bern und Stuttgart, 1992.

THE WINES OF AMERICA. Leon D. Adams, McGraw Hill, New York, 1990 (4. Auflage).
Verständlich und umfassend, verfaßt vom Doyen der amerikanischen Weinschriftsteller.

DIE WEINE KALIFORNIENS. Sepp L. Darwisch/Rudolf Lantschbauer, Hugendubel, München, 1991.

KALIFORNIENS WEINE. Bob Thompson, Hallwag Verlag, Bern und Stuttgart, 1991.

ÜBER EINZELNE WEINREGIONEN

BORDEAUX ET SES VINS. Cock & Féret, Edition Féret & Fils, Bordeaux, 1991 (14. Auflage).
Die «Bordeaux-Bibel». Aufgeführt und beschrieben sind alle Châteaux, große und kleine, geordnet nach Distrikt.

BORDEAUX. Robert M. Parker, Jr., Hallwag Verlag, Bern und Stuttgart, 1992 (Übersetzung der 2. amerikanischen Auflage, Simon & Schuster, New York, 1991).
Der Erfolgstitel aus den USA, mit der genauen Beschreibung und Bewertung von 2700 Weinen aus 677 Châteaux.

DIE SPITZENWEINE VON BORDEAUX. Hubrecht Duijker, Müller Verlag, Rüschlikon-Zürich, 1985.
Die 100 bedeutendsten Rebgüter in einem schön ausgestatteten und leicht lesbaren Werk. Viele originale Detailinformationen.

DIE GUTEN WEINE VON BORDEAUX. Hubrecht Duijker, Müller Verlag, Rüschlikon-Zürich, 1981.
Gleiche Qualifikation wie für vorstehendes Werk. Behandelt die Qualitätsweine, die nicht zu den ersten Hundert gehören.

DIE WEINE BURGUNDS. Pierre Poupon und Pierre Forgeot, Editions Presse Universitaire de France, Beaune, 1981.
Der burgundische Klassiker in deutscher Sprache. Fachlich einwandfrei, übersichtlich, prägnant (vergriffen).

DIE GROSSEN WEINE DES BURGUNDS. Hubrecht Duijker, Müller Verlag, Rüschlikon-Zürich, 1982 (2. Auflage).
Hervorragend beschrieben und gestaltet.

DIE GROSSEN WEINE: ELSASS, LOIRE, CHAMPAGNE. Hubrecht Duijker, Müller Verlag, Rüschlikon-Zürich, 1982.
So empfehlenswert wie alle Duijker-Bücher.

DIE BESTEN WEINE: RHONE UND SÜDFRANKREICH. Hubrecht Duijker, Müller Verlag, Rüschlikon-Zürich, 1986.

GROSSE CHAMPAGNER. Serena Sutcliffe, Hallwag Verlag, Bern und Stuttgart, 1989.

DER RHEINGAU. Hans Ambrosi und Bernhard Breuer, Busse und Seewald Verlag, Herford, 1978/1991 (4. Auflage).
Mit herausnehmbarer Karte aller Weinberglagen, 120 Lagenskizzen und sorgfältiger Fachredaktion.

MOSEL – SAAR – RUWER. Gesamtwerk Deutscher Wein, Band 1, Winfried Heinen, Heinen Werbeagentur, 1978.
Exakt kartographiert, hervorragend illustriert.

FRANKEN. Gesamtwerk Deutscher Wein, Band 7, Winfried Heinen, Heinen Werbeagentur, 1985.

THE STORY OF PORT. Sarah Bradford, Christie's Wine Publications, London, 1983 (vergriffen).

SHERRY. Julian Jeffs, Faber and Faber, London, 1982.

MADEIRA. Noël Cossart, Christie's Wine Publications London, 1984 (vergriffen).

DIE GROSSEN WEINE VOM KAP. Laszlo/Pongracz/Baumgartner, Woschek Verlag, Mainz, 1984.

MONOGRAPHIEN

LAFITE. Porträt eines großen Weines, Cyril Ray, Raeber Verlag, Luzern und Stuttgart, 1980.

CHÂTEAU MARGAUX. Nicholas Faith, Christie's Wine Publications London, 1980/1989 (französische Bearbeitung des englischen Originals bei Editions Fernand Nathan, Paris, 1981).

Sach- und Personenregister

Dank

Die folgende Liste enthält die Namen einiger Privatpersonen, Firmen und Organisationen, die mir während der vergangenen dreißig Jahre ein- oder mehrmals Gelegenheit zu außergewöhnlich interessanten Weinproben boten. Ihnen und vielen mehr bin ich zu großem Dank verpflichtet.

Dr. Robert A. Adamson, Roger Aldridge, David Allan, Sir Anthony Alment, *Les Amis du Vin, Antinori, Aquitaine Society, Avery's, Barolet,* Joseph Berkmann, *Bischöfliches Konvikt, The Bordeaux Club,* Jean-Eugène Borie, *Bouchard Père et Fils,* K. C. Bourke, *Brooks's Brown Bros, Milawa, von Buhl, Cambridge University Wine & Food Society, Ch. Canon, Castle Hotel Taunton, Champagne Academy, Chapoutier, Consumers' Association, Coq Hardi, Cordier, Corney & Barrow, Cossart Gorden,* Lord Crawshaw, *Cruse et Fils,* Jean Darroze, John Davy, *Decanter Magazine, Deinhard's, Delor,* Dr. Willis Dickens, *Dolamore's,* Heinz ten Dornkaat, Robin Don, *Doudet-Naudin, Dow,* Robert Drouhin, Maj. General Dyer, Richard Edmunds/Boodle's, Douglas Erickson, *E.V.A.,* Len Evans, *Exeter University Wine Society, Ferreira's,* Lloyd Flatt, Denis Foley, *Percy Fox and Co.,* Konstantin Franck, *Freemark Abbey, French Wine Farmers, Frescobaldi, Gault-Millau,* Victor Gibson, *Gidleigh Park, Goedhuis & Co.,* Ernst Gorge, *Gramps, Grant's of St. James's,* Edward Hale, Arthur Hallé, *Hallgarten's, Hardy's, Harvey's of Bristol, Ch. Haut-Brion, Hedges & Butler, Charles Heidsieck,* Joe Heitz, *Hellmer's, Heublein's,* Jack Hill, *Houston House, Hugel et Fils, Paul Jaboulet Ainé,* Hugh Johnson, *Nathl. Johnston,* Col. N. Johnstone, Lenoir Josey, *Justerini & Brooks,* Hans-Walter Kenderman, *Reichgraf v. Kesselstatt,* Tawfig Khoury, *Krug, Ch. Lafite,* Max Lake, Lalou Bize-Leroy, Mills B. Lane, *Ch. Lascombes, Ch. Latour, Louis Latour, Lawler's, Hugues Lawton, T. A. Layton, Layton's, Lebègue,* Alexis Lichine, A. Ling, *Lindeman's, Loebs & Co., de Luze, Ch. Lynch-Bages, Graham Lyons, Madeira Wine Co., Ch. Margaux,* Louis Martini, Melvyn Masters, Graf Matuschka-Greiffenclau, Fred May, *Mayacamas, Mentzendorff's,* Jean Miailhe, Tim Miller, David Milligan, *La Mission Haut-Brion,* Robert Mondavi, R. Montgomery-Scott, Denman Moody Jr., *Morris's Rutherglen, J-P. Moueix, Ch. Mouton-Rothschild, Moillard, Ch. Musar,* B. R. Nash, *Northern Wine Society, Quinta do Noval,* Marvin Overton, *Oxford University Wine Society,* Peter Palumbo, *Parrot and Co., Ch. Pavie,* Kerry Payne, *Penfold's,* David Peppercorn, Sir John Plumb, Sam Pray, Freddie Price, *Prunier's, Redman's,* Hanspeter Reichmuth, Willi J. Reitz, Peter Reynier, Dr. Bernard L. Rhodes, Conte Riccardo Riccardi, Geoffrey Roberts, *Dom. de la Romanée-Conti,* Baron Philippe de Rothschild, Eric de Rothschild, E. Penning-Rowsell, David Rutherford, *The Saintsbury Club,* Robert Sakowitz, *Sandeman's von Schorlemer,* Berek Segan, Hermann Segnitz, Jacques Seysses, Peter A. Sichel, Dr. Louis Skinner Jr., David Somerset (Duke of Beaufort), Steven Spurrier, *Stag's Leap, Ch. Suduiraut,* Dr. John Taams, *Ch. Tahbilk,* Christopher Tatham, *Taylor's, Third Form Club, Thoman's, Thorman Hunt, Trimbach, Tyrrell's, Clos du Val, de Villamont, Vintner's Club San Francisco,* Harry Waugh, *Whitwham's, International Wine and Food Society,* Parry de Winton, *Wynns, Yalumba,* Robin Yapp, Harry Yoxall, *Ch. d'Yquem.*